财新图书
Caixin book
series
U0904221

财新图书
Caixin book
series

王　烁\主编
黄　湘\编选

变革世界的中国策 II

CHINA'S POLICY CHANGE THE WORLD

中国主动或被动的改变 将如何重塑世界版图

凤凰出版传媒集团
江苏文艺出版社
JIANGSU LITERATURE AND ART PUBLISHING HOUSE

序言：什么变革 有何对策

——财新传媒主编、财新网总编辑 王烁

2010年年初，财新团队重新出发，200位同仁创建了《新世纪》周刊、《中国改革》杂志和财新网三位一体的全媒体平台。你手上的这本新书《变革世界的中国策》，浓缩了这个中国最著名专业新闻团队一年的工作成果。

秉承独立的新闻理念，财新团队告别过去的辉煌，在新媒体时代给出专业新闻出义的回答，既一以贯之，又与时俱变。在重大问题上发挥舆论领袖作用，以调查报道的操作方法，挖掘更完整事实，做理性与科学精神的启蒙，我们的变与不变，与这个时代、当前中国的变与不变，同声同气。

《变革世界的中国策》，什么变革？有何对策？

世界一眼可见的最大变化，是在2007年发酵，2008年爆发，2009年进手术室，2010年观察善后的这场金融危机。有关这场危机的思考和洞见汗牛充栋，许多也见诸本书。我不再重复。

中国应该有什么对策？有人相信，华盛顿共识的时代结束了，新的时代精神是北京共识：政府主导、经济干预。提出这个名词的乔舒亚·库珀认为建立在北京共识基础上的中国经验具有“普世价值”。

我们的看法与此不同。前一段时间我参加北大国家发展研究院的学者媒体对话“思·辩圆桌”，在国际形势与“中国模式”一节发言。正好与本书的主题相符若契。

我说，关于“中国模式”与中国经济增长这个主题，至少要分成三件事。第一件是中国经济长期高增长本身，这有目共睹；第二件是存在着一套能被称为“中国模式”的组合，这也是有目共睹，其特征主要是政府主导，集中关键资源于政府认为最能够带动增长的领域；第三件是能用所谓“中国模式”来解释中国经济的增长吗？

与“北京共识”不同，我的答案是不能。

中国经济增长有一千个原因，我试举其中最重要的两条：20世纪80年代初农村土地承包改革，将农民从土地上解放出来，并实质上允许其自由流动；2001年年底加入WTO。前者使农民进入城市，成为产业工人，创造了中国至今仍未耗竭潜能的庞大生产能力。后者标志性地使中国融入全球化进程，庞大的生产能力得以充分释放，立即催化此前无法想象的强劲动力。

2001年，中国加入WTO，人们开始说中国成为世界工厂。

2002年，人们开始说中国向世界输出通货紧缩。

2003年，人们开始说人民币被低估。

2004年，人们开始谈论中国崛起的各种版本。

解放农民，加入WTO，不是所谓“中国模式”的一部分，它是全能政府放松管制，允许中国经济与社会回归正常的极为重要的两步。中国经济的持续高增长，动力来自经济与社会的正常化，来自全能政府从经济与社会领域的渐进式撤退。

回到“中国策”，回到“北京共识”，回到“中国模式”，说一千道一万，现实是，它们都是全能政府从经济与社会后撤但只撤到一半的产物。过去30多年中国经济增长是因为还剩下的这一半特别伟大特别正确，还是因为好歹总归是撤走了一半？

一位国内最大的投资机构负责人问我，你觉得中国经济未来增长的动力在哪里？我理解他的言下之意：今天的经济，政府主要靠卖地，企业主要靠买地，银行主要靠吃利差，股市主要靠Pre-IPO，如此单调单薄。会不会出大问题还有争议，走不了太远是肯定的。

我的简单回答是，看看已经撤走的那一半，什么取代了它？答案很清楚：以经济自由化为主的内部自由化，再加上全球化。那就让它们接着前进，取代还没撤走的那一半！

更复杂的回答，基于对决策者、企业家、投资者、工人、农民、学者的观察与采访、调查与对话的真切版回答，来自我的同事们，在这本书里。

目 录
CONTENTS

第一篇 通胀与汇率

第二篇　金融监管与改革

第三篇　投资与贸易

Chapter 1

第一篇

通胀与汇率

▶ 中药通常是一服药里有好几味药，分别具有不同的功能，同时配合起来达到总的疗效。就缓解中国国际收支的不平衡，特别是贸易的不平衡来说，需要加快转变经济发展方式和结构调整，减少对外部需求的依赖性，扩大内需，特别是扩大消费内需和发展服务业。这些举措都类似中药，是好几味药。汇率也是其中发挥中药作用的一味药。

我采用中医的比喻有三层含义：一是不选择激进的休克疗法，而是选择渐进疗法；二是不指望一个单项措施起到特别大的作用；三是在反馈的基础上进行动态调整和允许试错。

——周小川（中国人民银行行长）

▶ 中国的通缩是一个实体经济的通缩，但在资产市场里面是一个非常通胀型的，而这个通胀是完全反映了货币供应量的上升，十年来中国货币供应量上升10.6倍。

中国经济需要调整，中国经济的调整也不能解决世界的问题，经济调整的核心并不是汇率，而是家庭收入过低的问题，家庭收入过低的问题是一个政治问题。所以这不是一个货币政策的问题，或者是利息的问题。如果用货币政策解决经济的问题的话，可能是坏处多于好处。

如果能够把家庭的收入在经济当中提高50%，这是世界正常水平，中国和世界其他国家经济摩擦就可以基本得到解决。如果中国不做这样的改革的话，这个摩擦永远不会解决。所以，注意力不要集中在一个简单的汇率问题，而是要看得更广。

——谢国忠（独立经济学家，玫瑰石顾问公司董事）

第一章｜中国如何应对通胀

危险的实际负利率

刘利刚（澳新银行中国经济研究总监）

彭博新闻社近日有这样一条耐人寻味的报道，描述了北京大学教授迈克尔·佩特斯（Michael Pettis）遇到的一个故事，讲故事的人是他的学生，故事的主人公则是这位学生的姑姑。

这位学生说，他的姑姑“为了在六年后供儿子上大学，必须用自己的工资收入来弥补存款收益的损失”。

这个故事，很多人会觉得不可思议。存款放在银行里，怎么会有损失呢？是的，存款放在银行里是不会有什么“损失”的，损失是相对学费的价格而言，因为存款收益的增速远远低于学费的增速。

中国正面临实际负利率

存款的收益，即存款所得的利息；而学费的上涨速度，则代表了服务价格的增长，也部分反映了通胀率。利率上升的速度赶不上通胀的速度，这就意味着社会的实际利率为负。

从经济学的概念来说，实际负利率指存款利率低于通胀率，这意味着储户的未来实际购买力将受损。一旦实际负利率持续的时间过长，其结果将造成消费和投资的严重错配。在金融市场不发达的状况下，消费者有两种选择，一种是购买一种质量和价格相对便宜的“替代品”，来对冲通胀带来的损失。另一种选择则是继续储蓄，希望有朝一日能够购买当年的某个标的物。但是，大多数具有经济理性的人群会选择前一种选择，客观上为资产泡沫推波助澜。

中国 2010 年 7 月通胀率在 3.3%左右，创下 21 个月以来的新高，而一年期的定期存款利率却只有 2.25%，二者存在着 105 个基点的利差。

同时，市场利率也在不断上升。根据央行近日公布的《第二季度货币政策执行报告》，二季度以来，货币市场利率不断提高，6 月末，隔夜和一周上海银行间拆借利率（Shibor）分别为 2.27%和 2.62%，分别较年初上升 112 个基点和 105 个基点；三个月和一年期 Shibor 分别为 2.63%和 2.62%，较年初分别上升 80 个基点和 37 个基点。与此形成鲜明对比的是，由于存款利率受到管制上限的限制，储户无法从中获益。

这些事实表明，储户事实上在补贴银行以及投资者，这只能导致更多的投机资金进入房地产等收益率相对较高的投资领域，进一步造成房地产价格的上升以及地产泡沫的累积。

这样的情况，在 2007—2008 年间已经发生过。由于通胀率在那一期间不断上升，中国出现了长期的负利率，举例来说，中国的 5 年以上的抵押贷款利率为 6%左右，存款利率为 3%～4%，而中国的名义通胀率在 2007 年 7 月以后，却一直处于 6%左右的高位。换句话说，中国的实际存款利率为负、实际抵押贷款利率则几乎为零。在这样的情况下，风险投资市场在“储蓄搬家”的大背景下出现了暴涨，在极短的时间内，上证综合指数一路上升至 6000 点以上，而房地产市场的同比涨幅也超过了两位数。结果，资产泡沫在 2008 年年底由于美国次贷危机爆发而最终破裂，上证指数在一年时间内暴跌到 1600 点的水平，而中国一些大中城市的房价也出现了 20%左右的下跌。

历史会重演吗？当然会，只要有套利的机会，投资者们都会逐利而来。不同的是，眼下由于受到政府的调控，房地产市场的投资将受到一定程度的限制，但是，“天下攘攘，皆为利往”，嗅觉灵敏的投机资金很可能将进入其他的投资领域，比如黄金和农产品。我们目前看到的大蒜、生姜和绿豆等农产品价格的暴涨，其背后就存在着大量的逐利资金，而这些资金正是看准了目前较为低廉的资金成本和实际负利率造成的风险偏好上升。值得警惕的是，中国的投资工具较为有限，大量的资金追逐有限的投资工具，却缺乏相应的对冲工具，这无疑将加大市场的风险和波动性。

在这样的背景下，中国很可能在更大范围内面临资产泡沫的风险，而这样的风险一旦蔓延甚至恶化并导致泡沫破裂，将对整个宏观经济造成不堪设想的影响。美国因长期低利率而导致的房地产泡沫应为前车之鉴。2001 年，美国经历了“互联网经济泡沫”和“9·11”事件后，经济发展速度明显放缓，为恢复市场信心，实现美国经济软着陆，美联储在短期内将美国联邦基金利率由 5. 5%骤降到了 1%，并将此利率持续了一年之久，当年的美国核心 CPI 却一直维持在 2%以上，这也造成了美国的实际负利率。长期负利率导致资金大肆进入房地产投资领域，最终房地产泡沫破裂，造成了美国次贷危机的产生。

货币工具如何选择

目前，中国居民的通胀预期居高不下，央行的二季度货币政策报告中，也提到了“尽管价格水平比较稳定，但当前通胀预期和价格上行风险也不容忽视……中国人民银行第二季度城镇储户问卷调查显示，居民对当期物价满意指数较上季下降 4.2 个百分点，再创历史新低。未来物价预期指数升至 70.3%，仍处于历史同期中的较高水平”。这意味着，尽管名义 CPI 并没有出现明显上行，但是，大多数人的实际物价感受其实已经开始失衡了，这对把管理通胀预期作为重要政策目标的央行来说，无疑是一个极大的挑战。

面对负利率造成的通胀以及资产泡沫忧虑，央行也开始实施一些政策调整，包括提高银行存款准备金率以及允许人民币重新升值，以保证通胀和资产泡沫不至于失控。与此同时，由于中国经济出现了一定程度的减速，如何在这一情势下合理使用政策工具，也是中国央行面临的政策难题。

笔者曾对中国的货币政策的执行效果做过一些定量研究。研究结果显示，在中国的货币政策体系中，多种政策工具（包括利率、汇率以及公开市场操作）的配合使用，其叠加的政策效果是最为显著的，而这样的配合使用也能够有效降低宏观经济，特别是通胀和产出缺口的波动性。更重要的是，利率政策可以帮助货币当局微调货币政策。

由于存款准备金率上调空间有限，同时，多次上调存款准备金率后，其政策效果也开始弱化。与此同时，人民币汇率尽管出现一定的升值，但总体来说，人民币升值的速度仍然是缓慢而渐进的，这也决定了其政策效果也是长期而缓慢的。在这样的情况下，利率政策应当是央行手中较为理想的政策工具。

当然，由于中国经济增速出现了一定程度的下滑，很多研究者认为，加息对中国经济来说，有一定的负面影响。但是，退一步讲，央行可以选择使用单边提高存款利率而保持贷款利率不变的做法，这样既可以减少对企业的影响，以保证储户不会遭遇由于实际负利率造成的购买力下降。单边上调存款利率后，市场也容易形成贷款利率即将上调的预期，这也可以在一定程度上降低投机需求。在经济出现减速风险的情况下，单边上调存款利率也可以为更严格的政策工具的使用留出一定的政策空间。

目前的存款利率与1—7月的通胀率之间0.45个百分点的差距，意味着中国央行至少需要在今年提高存款利率54个基点（央行通常每次加息的单位是27个基点），以保障实际负利率逐步转正。

对中国央行来说，货币政策的一个重要目标就是实现经济的再平衡，这意味着，消费占GDP的比重需要不断上升，而投资的比重则需要降低。在实际负利率面前，这个目标显得遥不可及。更重要的是，将来资产泡沫的破灭，会带来新一轮的银行呆坏账的上升。

如果负利率持续下去的话，那位学生的姑姑也会变得富有经济理性，从而加入资产投机的大军，为中国资产泡沫的洪流推波助澜。央行到那时再加息的话，效果已不明显。货币政策调控力度的加大，也将会使宏观经济的波动加剧，影响中国经济又快又好地发展。

中国“宽货币”终结的内外条件

刘煜辉（中国社科院金融研究所中国经济评价中心主任）

货币是否超发

2003年以来，中国进入了一个历史上最宽松货币的时期。

期间中央银行的货币政策表述历经了“适度宽松、宽松、适度从紧、从紧”等多次变化，但每年央行都向市场注入大额净头寸，2006年为14500亿元，2007年为4700亿元，2008年更高达18600亿元，2009年是高达27500亿元。

2010年1—4月，货币当局曾经试图加力从市场回收流动性，通过公开市场操作回收头寸5880亿元，通过三次提高存款准备金率冻结头寸9500亿元，对冲掉外汇占款增加额10903亿元，上半年央行从市场净回收流动性4477亿元。

但是，随着欧债危机加剧以及对国内经济所谓“二次探底”的担忧，央行三季度在公开市场净投放头寸9470亿元，加上6月19日“汇改”重启，外汇占款猛增1万亿元，在整个三季度，市场投放的净头寸增加1.9万亿元之巨。货币政策事实上重回极宽的轨道。

与其说央行在向经济中注水，不如说是“被注入”，因为外汇占款成为这个时期绝对的货币供给的“主水泵”，多数情况下央行是被动的。尽管这个时期的中国央行堪称全球最繁忙的央行之一，央票和存款准备金率频繁操作，依然无法对冲掉外部涌入的水。宏观严重失衡的矛盾累积和汇率改革的失措，以外汇占款的形式彰显出来。

中国的货币超发了多少？争议很大，史上一直就有“中国货币迷失之惑”。因为不断有以往非市场的要素（如土地）被资本化，注入经济体中。即便如此，我们也可以从简略的指标看看货币之量。

2002—2009 年，央行资产从 5 万亿元涨到 24 万亿元，广义货币从 18 万亿元涨到 68 万亿元（超过美国的 8.8 万亿美元，而中国的 GDP 只有美国的 1/3），银行资产从 23 万亿元涨到 88 万亿元，而同期名义 GDP 只涨了 1.83 倍。

若 M2 未来两年回归 17％的设定增长目标，2012 年，中国广义货币（M2）将如预期突破 100 万亿元大关，M2/GDP 将达到 2.5，美国只有 0.6 到 0.7，日本只有 1。

“宽货币”何时终结

中国历时已久的“宽货币”何时终结是所有人都关心的问题。

一旦来临，意味着人民币及人民币资产将向下重估，对宏观经济来讲，是全局性的信用收缩。

在我看来，“宽货币”终结取决于内外两个条件。从内部条件看，人民币现贬值压力，引发资金外流。从外部条件看，美元长期强势确立，过去十几年全球跨境资本流向将逆转，大量资金出现长期持续回流美国的势头。

先看内部条件，人民币何时出现贬值趋势呢？我以为，只有以下两类情况发生才行。

一是中国立即放开资本项管制。某种程度上讲，人民币被高估的同义词是人民币自由兑换。如果现在宣布允许国内居民和企业人民币换成外币去海外投资，将出现何等光景呢？谁会去花伦敦金融城周边高级公寓的价格去买下北京四环的普通商品住宅呢？大家都会作出理性选择。

二是经济实现主动的有效减速，或者说是去掉实际汇率升值的"势"，因为人民币升值的压力本质上是经济超高速增长，而减速意味着信贷需要严格地紧缩，长期利率要上抬以抑制投资冲动，特别是地方政府的财政需求，经济要忍受结构调整的阵痛。

显然，以上两种情况都是短期内可能性很小的政策选项。

尽管通胀压力的累积已经愈加严重，但"宽货币"依然需要维持，这是因为宏观决策者不希望看到资产泡沫刚性破裂。那将是件很麻烦的事。因为随着人民币资产估值下沉，土地市场将落入谷底，政府平台债务将演变成银行的幽灵，从而使得整体信用陷入收缩，因为中国银行信贷的90%是以人民币资产作为抵押而发放的。经济有可能失速而"硬着陆"。

"保增长、调结构、控通胀"是相互矛盾的政策目标，最后总会妥协于"保增长"，政府对平滑短期增长速度的关注大大超过了推进结构改革和经济转型。

"宽货币"内部终结条件难以产生，未来的终结就只可能看外部条件的变化了。

未来外部世界存在两种可能

一种可能是全球汇率战升级而失控，储备货币国家以货币贬值的方式为过度负债埋单而最终导致货币危机。我们将会看到美元贬值掀起的货币狂潮和世界性的严重通胀，而后，美国大幅加息以抑制恶性通胀的到来（主要是油价的失控）。

另一种是向好的设想。一旦美国经济再平衡初现曙光，工业再造的战略布局完成，恢复其"重构、创新和再投资"的体制活力，美元将进入一个持续上涨阶段。

然而，这两种可能性短期内都还难以看到端倪。无论哪种可能性到来，中国的泡沫就到了头，政府即便想稳也稳不住。中国经济遭遇硬着陆将难以避免。

中国唯有抱定闯关的决心，加快经济发展方式的调整。若以“鸵鸟”政策来维持，宏观稳定将悬系于外部货币条件的变化，这始终是极其危险的。

一次加息不足以说服市场

当下，“紧信贷”的宏观调控只是不敢全局紧缩的无奈选择。

既然不敢主动启动“宽货币”的终结条件，就只能通过数量管制和微观（行政）手段来应对宏观问题。

中国经过两年的信贷高速扩张，必然进入清理扩张后遗留风险的时期，包括房地产、政府平台贷款和过剩产能等。信贷增幅会从 2009 年的 33% 的高峰逐级压缩至 20% 以下。银监会从资本充足率、动态拨备率、杠杆率和流动性比率四大监管指标织成了一张监管的高压网，剑指国内商业银行粗放式管理模式存在的诸多风险隐患。毋庸置疑，未来一段时间，一定是谁扩张，谁难受。

放任宽货币，怕刺破泡沫，通过微观管理（行政手段）处理宏观问题。控制信贷增长而放任资金成本过低，终究不是办法。经济有其自身的规则。

行政手段或能短期抑制资产价格，但经济中货币的整体水位还在快速上升。货币从楼市中溢出必将推高物价通胀压力，整体负利率的加深将导致资产价格上涨。市场反过头来会迫使人们改变长期习惯的市盈率（租金回报率，内部隐含收益率等），人们的风险承受能力被负利率所催升。资产价格的泡沫本质上是人的动物性的宣泄。这是金融经济学中资产定价的基本道理。股市、楼市会不会降，会降多少，最终还要取决于整体的负利率水平变化。

尽管中国央行启动了 34 个月以来的首次加息，但价格工具的效果需要经过一个传导过程，关键在于要使得被调控者相信调控者的坚决抑制通货膨胀和资产泡沫的意图和决心，然后自觉调整行为，从而使得经济指标达到政策目标。否则，价格工具的效果将难以显现。

政府是否已经抱定了刺破泡沫、经济主动减速的决心？市场是否相信很重要，政府犹豫的时间实在是太长了，全局性紧缩政策的掣肘因素实在太多，出其不意的一次利息调整恐怕很难使得市场相信货币当局敢连续加息。

“宽货币和紧信贷”的搭配使得资产泡沫失去了未来“软着陆”的前景，通胀会愈加严重。在宽货币终结外部条件出现前，中国式通胀将不可避免地演变成一种长期压力。

反通胀不能仅靠货币政策

张雪春（中国人民银行金融研究所研究员）

如果高通胀预期自我实现，无疑将造成政策震荡，继而导致经济和市场的大幅波动。因此，未来数月通胀与政策之间如何互动，关系到中国经济复苏的质量和可持续性。

宏观经济政策选择将很困难，需要未雨绸缪，重点关注一些可能的新涨价因素。2010年由于翘尾因素产生的价格上涨大致在0.8%～0.9%。同时，随着经济复苏，劳动力、土地等要素成本上升，节能减排、环保成本上升，以及可能的要素价格改革，将会推动国内生产成本上升。更关键的因素，是大规模投资导致的天量货币投放——新开工项目多，投资多，金融机构贷款中中长期贷款多，能否遏制这一趋势对反通胀至关重要。

全球流动性泛滥可能从两个途径影响中国通胀。一是在汇率制度缺乏弹性的情况下，发达国家经济复苏是一个漫长的过程，而中国经济强劲复苏，外部投机资金流入，导致国内流动性进一步过剩，进而通过需求拉动渠道影响通胀；另一是美元贬值推高国际大宗商品价格，进而通过输入性成本推升渠道影响通胀。中国正处于城市化和工业化快速推进阶段，对大宗商品尤其是金属原料和原油等矿物资源需求快速增长，市场行情大幅涨落对中国经济尤其是通胀影响很大。

水、电等公共品是国民经济的命脉。水、电等公共品价格上涨，不但会通过生活资料的渠道直接反映到消费者物价指数（CPI）上，而且会以原材料和生产要素价格上涨的形式，从工业产业链的上游逐层传导到下游，间接地反映到生产者物价指数（PPI）和消费者物价指数上。中国的水、电等公共品价格形成机制尚未完全市场化，其价格上涨向一般价格水平的传导更加复杂。人为压低水、电等公共品价格而导致的过度消费将是中长期通胀的一个潜在压力。价格管制不应成为抑制短期通胀的工具，但如何建立公开透明定价机制，防止将企业低效率转移给一般消费者或弥补财政缺口，需要认真研究。

由资产价格上涨产生的需求拉动和成本推动的通胀潜在可能性不容忽视。资产价格上升会引起未来商品和服务的价格上涨预期，这是通过财富效应、投资效应以及金融加速器效应等多渠道实现的。较高的资产价格增加了财富水平，从而增加消费，导致总需求上升。如果总需求上升超过总供给，就会产生通胀压力。因此，股票和房地产等资产价格也包含了关于未来实际产出和通胀的信息。中国的房地产价格的上涨预期对整体通胀预期影响尤其显著。同时，房地产价格上涨，必然会导致居住成本上升，促使工资水平上升。

由于CPI设计存在诸多问题，中国居民对通胀的感受高于CPI反映的通胀水平。在中国城乡二元经济格局下，CPI是按绝大多数农民的消费结构选择消费品并确定权重，还是以中国经济中主要消费群体的消费状况确定，对经济决策和引导市场预期尤为重要。当前流动性过剩和产能过剩并存，制造业产品在CPI中占40%左右的权重，产能过剩对物价上涨起了抑制作用。食品类商品在CPI中占34%左右，但不论城市还是农村近几年的恩格尔系数都在大幅下降，食品在CPI的权重显然过高，导致CPI相当程度上与粮食是否丰收，以及生猪供给状况密切相关。同时，中国在计算自有住房的消费支出的变动时，主要以购买商品住房抵押贷款利率的变化来估算，这意味着，只要利率政策不变，房价无论如何变化，居住因素的价格变动在CPI中都无法反映。最近，占城市居民消费比重越来越高但在CPI中权重很小的公共服务价格频繁涨价，更造成居民切身感受的通胀和CPI出现巨大反差。

CPI多高算高，取决于央行对通胀的理解和承受能力，也取决于市场预期。在中国这样的转轨国家，需要一定的通胀来适应经济结构调整和价格改革，这显然不是3%以下的通胀所能做到的，5%～6%以下的通胀应该是央行能够承受的，但关键是央行能否将这样的承受能力透露给市场主体。很可能一旦通胀超过3%，市场主体就会产生宏观经济政策大幅调整的预期。

要提高货币政策的有效性，应对潜在通胀，需要管理好预期。当通胀预期被较好地锚定时，货币政策会更加成功。反之，就会影响宏观经济稳定。同时，货币政策措施对产出和通胀产生作用有时滞后，因此货币政策的决策应该具备前瞻性。行政的管理显然无法适应市场预期，反而可能使市场主体无所适从。管理好市场预期，要求增强央行独立性，提高政策制定的透明度。货币政策透明度的不足，会导致公众预期难以把握，而公众从众心理的“羊群效应”无疑将增加宏观经济的波动。

提高货币政策的有效性，应对潜在通胀，还需构建良好的货币政策环境。货币总量目标有效的关键是央行能有效控制基础货币。但由于历史遗留问题与经济、社会因素交织在一起，中国央行基础货币的投放受到多种因素的影响，这使央行在基础货币的管理中常常“心有余而力不足”。

要有效控制通胀，单靠货币政策不够。金融危机以来，虽然利率政策未变、准备金政策未变，但出现了天量信贷井喷，为什么？三个条件造成这种情形：地方政府的投资冲动，金融机构治理结构不完善，监管部门对资本监管不到位。只要这三个条件还存在，反通胀努力就会事倍功半。解铃还须系铃人，进一步改革，理顺各方关系，才能为央行制定有效货币政策创造良好环境。

厘清通胀压力方能果断应对

哈继铭（中国国际金融有限公司首席经济学家）

何谓通货膨胀？其定义五花八门，莫衷一是。我认为在给通货膨胀下定义前，必须了解这一易于意会却难以定义的经济现象的危害——价格上涨导致民众购买力下降和资源错配。

狭义的通胀定义是指消费物价上升，因为它提高了人们的日常生活成本；更为广义的定义则应包括住房价格，因为在商品房拥有率较低和城市化空间较大的经济中，房价上涨将导致广大民众住房购买力下降。另外，在价格完全或部分受政府管制的经济中，通货膨胀也许不完全表现为物价上涨，而是以商品短缺或受价格管制企业的亏损为表现形式。这种通胀称为隐性通胀，其危害是资源错配（比如电价管制导致高能耗企业盲目发展，最终使发电厂或提供补贴的政府不堪忍受）。我们不妨把隐性通胀和显性通胀的叠加称为实质通胀。

从以上定义看，中国当前有无通胀？应该说，在狭义通胀定义下，中国无严重通胀。消费者价格指数（CPI）2010 年一季度上涨 2.2%，3 月 2.4%，虽已高于一年期存款利率，但偏离不大。但是，如前所述，狭义通胀难以充分反映通货膨胀对经济和社会的危害。在广义通胀的定义下，中国已存在高通胀。住房价格 2009 年上涨 22.4%，2010 年一季度上涨 14.5%，均高于同期 8.8% 和 9.8% 的收入增速。中国城市居民多半尚未购买商品房，房价的大幅上涨削弱了他们的购买力，而且攒钱买房的动机降低了他们对其他商品的购买力。中国实质通胀也高于CPI。煤价高企而电价管制，造成发电企业巨额亏损（2004年为400亿元），同时单位GDP电耗上升，显示出资源错配。

那么，中国通胀原因何在？

首先，货币发行过多。广义货币（M2）在2008—2009年分别增长17.8%和27.7%，预计2010年增长19%，三年累计增长近80%，而这三年经济累计增长为30%。这表明，如果货币流通速度不变，价格上涨的潜在水平可能高达50%。这就形成通胀预期，它使人们预感到未来的通货膨胀风险加大。地价、房价、资源价格，总之一切供应有限的商品价格都预期上涨。

其次，利率过低。人们是否心甘情愿决定把钱存在银行，取决于实际利率，即当前利率水平与预期通胀之差。实际负利率推高通胀，因为比起把钱存在银行，人们更愿意购买价格在未来有望上涨的商品。目前2.25%的一年期存款利率已经低于狭义通胀定义下的3月CPI，更远低于房价涨幅，因而低于人们的通胀预期。

通货膨胀的成因还包括汇率僵化。僵化的汇率有助于提高中国出口产品的国际竞争力、吸引FDI，却提高了外汇储备，从而增加了货币供给。同时，国际大宗商品价格的上升将直接输入中国，提高国内生产成本。铁矿石进口价格的上升促使国内钢铁提价即为一例。中国经济较高的开放度则使可贸易商品的国内价格难以相应上涨，因此价格上涨的压力主要由非贸易品承担，而非贸易品中最重要的部分正是房地产。这种非贸易品与可贸易品比价的上升，反映了实际汇率的升值，只是这种升值没有通过名义汇率的调整体现，而表现为房地产价格的大幅上涨。

“民工荒”也助长了中国的通货膨胀。中国劳动力市场正在发生深刻的结构性变化。几十年来，中国廉价劳动力供给充裕，这得益于巨大的人口红利——20世纪50年代至70年代高出生率时期的出生人口（俗称“婴儿潮”）进入劳动力市场，其中大量农村剩余劳动力进城务工抑制了劳动力成本的上升。但目前中国这代人已步入中老年，大多数人既无城市户籍也无城市住房，更愿意返乡工作和生活。而其下一代多为独生子女，不仅人数不及上一代，而且即使进城务工，也非熟练工。两代人成长的生活环境差异也影响了对低端工作的接受程度和对收入的要求。这就产生了工资上涨的压力和劳动生产率下降的可能，从而带来单位产品价格上涨的趋势。数据显示，中国劳动力的平均年龄已从1990年的25.5岁上升到2010年的34.2岁。劳动大军年龄的增大表明中国人口红利的优势已成强弩之末，人口结构正在逼近所谓的“刘易斯拐点”，即就业增长开始推动工资上涨。

最后，通货膨胀的成因还包括全要素生产率下降。生产率的提高得益于工人技术水平的提高（由非熟练工成为熟练工）、企业管理水平的改善、行业竞争的加剧、企业产能利用率的上升等因素。全要素生产率的提高，可以部分抵消劳动力成本和原材料价格上升所产生的通货膨胀压力。而中国近期经济复苏和增长更多依靠积极财政政策和宽松货币政策下的资本投入拉动，全要素生产率有所下降，未来能否改善尚不确定。

如何治理通胀和管理通胀预期？承认有通货膨胀压力是治理通胀的关键。如果民众已经认识到以上通胀因素，并且因此产生的通胀预期强于政府有关部门对通胀的反应，那么这种通胀预期可能愈演愈烈。因此，应当将政府的政策意图明确地晓之于众。政策透明度的提高是降低通胀预期的重要武器。在具体政策上，可以考虑以下四项措施。

其一，货币政策由适度宽松转为适度紧缩。因为这三年的货币和信贷扩张将快速提高中国货币存量和总体经济的杠杆率，所以应该考虑在未来一段时期内将货币增速与GDP增速的差异降至低于历史平均水平，从而实现货币刺激政策真正意义上的退出。

提高利率水平是货币政策适度收紧的重要手段。抑制房地产价格过快上涨的关键是加息。虽然出台新的税收措施会对房价有一定的抑制作用，但难以保证房价的长期理性增长。美国和其他国家的教训显示，即使建立了房地产税收制度，低利率依然是泡沫的罪魁祸首。

其二，发展和透明化地方政府融资渠道。地方政府对本轮银行信贷扩张的量和质上都有重要影响。目前，估计地方融资平台贷款存量达到6万亿~7万亿元，而且各地方政府的未来偿还能力差异较大。中国应当努力发展地方政府债券市场，使其融资行为受到市场的监督和检验。这也将降低对银行信贷的过度依赖，从而降低通货膨胀压力。

其三，重启汇改。汇率升值不仅能降低输入型通胀，而且可以分担实际汇率的上行压力。汇率的渐进调整将鼓励出口企业向高附加值转产，或向要素成本较低的中西部地区转移，同时也给企业留有调整时间。其作用可谓一举三得：抑通胀，调结构，促平衡。

其四，用改革红利弥补人口红利。人口红利不可长久。我估计，2015年中国劳动人口在总人口中的占比将出现拐点，人口进入老龄化，不仅社会负担加重，房地产需求也可能出现拐点。应当未雨绸缪，避免那时“经济衰了，房价跌了，成本涨了”的风险。避免这一风险的关键是改革。通过户籍制度和土地制度改革提高农业生产的规模效益，把更多的农民从土地中“解放”出来，扩大城市化空间，加快城市化进程。

联储的量化宽松与中国的通胀风险

黄益平（北京大学国家发展研究院教授、财新传媒首席经济学家）

日前，美联储决定实施第二阶段量化宽松的货币政策（QE II），国际经济界一片哗然。新兴市场国家的经济首脑都颇有微词，连德国、法国的财长也在大西洋彼岸发出了批评之声。

争论的焦点自然是这样的政策究竟能否帮助美国实现经济和就业的复苏，尤其令国际经济界担心的是这一政策将给世界经济带来怎样的负面影响。尽管这个决策是相对独立的美联储做出的，在这场国际经济争论中，美国总统奥巴马却成了众矢之的。

本文将讨论两个问题。第一，量化宽松的货币政策可能给美国经济带来什么样的影响？第二，这样的外部环境又将如何影响中国的通胀前景。这里讨论的通胀，并非狭义的消费者价格，也包括资产价格。

本文的结论是这样的：美国的量化宽松政策对实体经济复苏可能有微弱的帮助，但是，泡沫的风险已经骤然增大。从近期看，最大的风险可能积聚到中国等新兴市场国家。中国本已面临巨大的通胀风险，现在亟须采取措施积极应对。

美联储缘何实施量化宽松政策

与1929年开始的“大萧条”相比，此次全球经济衰退的延续时间要短得多。“大萧条”发生时，全球工业生产负增长持续了大约40个月，这次只持续了约10个月。2009年第二季度，世界主要经济体欧、美、日的GDP全部出现了强势反弹。到2010年年初，各大央行已经开始讨论宽松货币政策退出问题。不过，第二季度，欧洲债务危机忽然明显恶化，世界经济“二次探底”的可能性迅速提高，各国经济的一些领先指标，如制造业采购经理指数，明显下滑。今年第三季度，美国GDP增长的年率已经降到2%以下，宽松货币政策退出的计划已经终止。

经济增长减速，本在意料之中。全球金融危机之后，经济增长潜力已经下降了0.5～1个百分点，经济复苏出现一些反复也在意料之中。不过，最令各国央行担心的是十分疲软的劳动力市场。美国的失业率一直在9.5%～10.0%之间徘徊，有十多个州的失业率甚至超过了10%。美国2010年的财政赤字已经超过GDP的10%，公共债务占GDP的比例更是高达90%。这样，支持经济复苏的重任就责无旁贷地落到了央行肩上。

美联储开始实行量化宽松的货币政策，其实是从2009年开始的。当初，央行准备了大量资金直接购买资产抵押的证券，强力挽救狂泻的资产价格。世界上其他主要国家的央行，包括英格兰银行，采取了同样的措施。这一政策对于稳定金融市场起到了十分重要的作用。这次，美联储再安排6000亿美元购买中长期国债，被外界称为美国的“4万亿刺激政策”（因为6000亿美元相当于人民币4万亿元）。

持续大规模地实施量化宽松的货币政策，发明权应该归于日本央行。20世纪90年代日本经济一蹶不振，日本央行连续多年实行零利率政策，将银行间拆借市场的隔夜利率压到0.1%，但是，全国金融中介仍然沉寂依旧，经济活动依然没有任何起色。2001年3月，日本央行破釜沉舟，推出量化宽松的政策。不过，它所瞄准的是各商业银行放在央行的经常账户里的余额。经常账户本来是用于存放存款保证金的，因为央行不付利息，余额高了，就会迫使商业银行把这些钱动用起来，比如发放贷款，从而推动经济活动。

2001年3月之前，日本商业银行放在央行的经常账户的资金大概是4万亿日元，基本是存款保证金的数额。日本央行先将这个余额的目标定在5万亿日元。在随后的几年里，这个数额不断提高。到2006年3月量化宽松货币政策退出的时候，这个目标已经达到35万亿日元。如此之大的资金规模，确实对市场利率产生了影响，隔夜利率最低降到了0.001%。

那么，日本的政策对经济产生了什么样的影响呢？经济学家们曾经对日本量化宽松政策的效果做了大量分析，结论稍有差别，但大体上还是达成了一些共识。多数经济学家发现，量化宽松政策的最重要的作用是提高了日本央行保持低利率这一承诺的可信度，这也是中短期市场利率下降的原因。量化宽松政策对改善企业融资环境，尤其是降低资金成本，起到了一定的作用。不过，总体看来，这一政策在刺激经济增长方面的成效不明显。

美国量化宽松的货币政策的效果会不会不一样？这种可能性是存在的，最重要的一个区别，在于日本企业的资产负债表在20世纪90年代初被全面摧毁，一直没有修复。而美国企业在经过一轮去杠杆化之后，已经有很大的改善。不过，过去一年多，联储资产负债表大幅扩张，银行的资产负债表却萎缩了，这就是为什么尽管联储一直执行宽松的货币政策，但货币供应量却根本没有加速。换句话说，联储实际是取代了银行等金融机构的中介功能，这有助于缓解经济衰退，却起不到支持经济增长的作用。

美国将炮制一个更大的泡沫？

国际经济界对美联储政策的一点质疑是量化宽松的货币政策可能重新制造一个巨大的泡沫。钱多了，最终需要找到一个释放的出口。一个泡沫破灭时，制造一个更大的泡沫就可掩盖所有的问题。许多投资者认为，美国在世纪之交遭受互联网泡沫破灭，就是通过维持宽松的货币政策吹起了房地产市场的泡沫。这可能带来了一段时期的经济繁荣，但问题是，泡沫起来了，将来总有一天还要破灭。这样，就在宽松的货币政策与资产泡沫之间形成了一个恶性循环。如此看来，部分投资者预期美国将出现新的泡沫也是有道理的。

联储宣布实施 QE II 政策之后，资本市场很快作出了反应。国债市场的收益率曲线发生了非常有意思的变化。一年期以内的国债的收益率被钉在了 0.3% 以下，这主要是因为联储基金的隔夜利率目标接近零。但是，三年期国债的收益率却从 0.5% 上升到 0.81%，表明市场认为如果货币政策持续宽松，最终联储将被迫加息。但事实上，五到十年期的国债的收益率可能起不来，因为量化宽松政策的 6000 亿美元就是为这个时段的国债量身定做的，如果联储大量购买这些国债，收益率就会被持续压低。

更有意思的是十年期以上的国债的收益率的变化，30 年期的国债的收益率已经超过 4%，比三年期的国债要高出 3.86 个百分点。收益率曲线变陡，表明投资者对未来通胀的预期大幅度上升。也就是说，量化宽松的货币政策意在压低市场利率，但长期利率反而上升了，也就是说，资本市场对通货膨胀及资产泡沫的担忧因量化宽松政策而加剧。

问题是，如果美联储量化宽松的政策真的将制造一个更大的泡沫，这个泡沫将会在哪儿？有的专家认为应该在美国，尤其是新能源产业。随着节能减排成为全球性的政策，新能源已经成为投资界新宠，美国又在这方面具有绝对的技术优势。不过，我认为，近期内，美国形成新泡沫的可能性比较低，毕竟过去十几年美国已经经历了两轮资产泡沫从形成到破灭的过程。更重要的，美国经济将维持相当长时期的低增长；增长慢，投资潜力就会受到明显的限制。

美元与日元之间有一个根本性的区别，即美元是事实上的世界货币。美联储全力开动印钞机，货币可能流向世界各地，再说美国基本上没有什么资本管制措施。从投资者的角度来看，借美元到世界各地投资其实是一笔非常好的买卖。美国经济增长缓慢，利率非常低，货币存在贬值倾向，量化宽松的货币政策又进一步增加美元贬值的压力。这就是说，美元是当今世界用于套息交易的最佳货币，类似多年前的日元。今天借美元，成本很低，以后归还时如果美元贬值了，那就更合算了。所以，现在大家都愿意借美元，连中国企业家都是如此。

借了美元投到哪里？现在最热门的是两个市场：大宗商品市场和新兴市场国家。许多大宗商品价格本来就与美元汇率之间存在负相关关系，再加上新兴市场国家经济强劲反弹，原油价格已经从每桶30多美元上升到90美元，黄金价格也屡创新高。当然，市场价格会有反复，但往上走的趋势非常明显。新兴市场国家的投资潜力更是不言自明：经济增长快，市场利率高，货币升值压力大。其实，最近流向新兴市场经济的资金规模已经非常庞大，许多国家，如韩国、印度、巴西，都在干预外汇市场，避免货币升值过快，甚至考虑采取资本管制手段。

中国通胀与泡沫的风险将大幅上升

新兴市场中投资潜力最大的，恐怕非中国莫属。尽管2010年年初以来中国经济增长也有所放慢，但全年增幅将超过10%已经没有什么悬念，2011年应该也可以保持在9%左右。这样的增长速度自然是非常令人瞩目的，再加上中国在国际市场上的影响力越来越大。央行已经从2010年10月开始加息，人民币升值的趋势也非常清晰。从现有的数据判断，最近，流向中国的资本陡然增加，以至于央行行长公开提出要建一个“池子”来蓄纳庞大的外资。可见，投资者对中国市场的热情，已经不是猜想，而是事实。这就给中国的宏观经济管理造成了极大的困难。

即使没有外资干扰，中国的通胀压力已经十分明显。2009年头10个月，中国还在通货紧缩之中，但从2010年年初开始，CPI就稳步上升，从8月的3.5%，到9月的3.6%和10月的4.4%，食品价格上涨已经超过10%。更重要的是国内专家普遍认为官方的CPI数据存在低估的可能，有专家猜测，实际通胀已经高达5% ~ 6%。低估的主要原因可能是一些服务业价格上升非常快，但官方数据没有反映出来，而且CPI构成中，服务业的比重也明显低于实际开支的比重。

即使不考虑低估的问题，从8—10月，CPI的环比增长已经分别为0.6%、

0.6% 和 0.7%。这说明，最近 CPI 环比增长年率已经超过 8%，这不但远远超过央行确定的 3% 的目标，也明显高于一些经济学家认定的 5% 的最高值。判断经济指标的态势，环比数据比同比数据要重要得多，因为同比变化所反映的是过去 12 个月的变化的累积，而环比变化所反映的却是最新态势。这是为什么国际投资者和主要国家央行官员一般都不看同比数据，而只关注环比数据。

中国通胀风险大，不仅仅反映在当前的 CPI 数据上，更重要的是国内还存在三大推动力量：

第一，食品价格往往是指示中国高通胀的一个领先指标。一些专家往往轻视食品价格上涨的全局性风险，其理由是食品价格上涨往往跟气候变化有关。这一点诚然没错，通胀毕竟是个货币现象。但是，食品价格上升，首先反映了宽松的货币政策环境，更重要的是，它容易推动通胀预期。中国在改革期间几次比较大的通胀风潮，包括 1988 年、1993 年、2004 年和 2007 年的高通胀，无一例外，都是从食品价格上升开始的。

第二，2009 年下半年以来，中国出现了民工短缺的现象，工资水平大幅上升。一些调查发现，许多省份的工资上涨幅度已经超过了 20%。经济学家们讨论中国是否已经到达"刘易斯拐点"，即劳动力市场将从过剩转向短缺。我的判断是中国离那个拐点已经非常近，一个直观的证据是农村中几乎已经没有中青年劳动力了。无论如何，工资上升恐怕不是一个短期性现象。工资上涨，有利于改善收入分配和增加消费开支，但也不可避免地会提高通胀压力。更何况，其他生产要素的成本，如电价、燃气价和水价，也在普遍上升。

第三，中国流动性过剩的问题已经非常严重。2009 年全年新增贷款达到 9.6 万亿元，2010 年很可能超过 7.5 万亿元。钱如此之多，存款利率又低于 CPI，这样就迫使投资者投机。2009 年是炒股市、炒房地产，2010 年又转向大蒜、绿豆、棉花、苹果和食糖等。这些价格轮番上涨的背后，是庞大的流动性需要找到出口，行政手段干预不解决根本问题。我与王勋和华秀萍曾经做过一个关于通货膨胀决定因素的研究，2010 年年初，我们根据那个结果预测，如果流动性状况不能从根本上改变，2010 年的通胀将上升到 7% ~ 8%，现在看来大致应验了。

升值、加息和加强资本管制

在这样的国内经济背景下，美联储的量化宽松政策就变成了中国新的通胀与泡沫的风险因素。美联储印了钱，就会往世界各地流，中国的地势比较低，流进来的钱就会更多。但钱进来了，总有一天会走，这就会对中国造成沉重的打击。在这方面，亚洲是有前车之鉴的。20 世纪 90 年代初，美国实行宽松的货币政策，资金大量流向东南亚国家，特别是印尼、泰国和马来西亚。但是，1996 年，美联储开始加息，资金就逐步回流，最终导致东南亚资产泡沫的破灭，并酿成了严重的金融危机。

现在，美联储又要继续实施量化宽松的货币政策，中国可以和其他新兴市场国家一起提出批评，但并不能改变美国的政策。中国所能做的，就是把自己的房子打扫干净，把门看紧。如果世界上将形成一个新的泡沫，不能让这个泡沫形成在中国的土地上。具体的对策就是三条，即升值、加息并且加强资本管制。

首先，升值这个问题比较简单，方向也比较明确。过去一直不升，结果造成了非常严重的经济结构失衡，而且，国内货币政策的独立性受到很大的影响，再加上恶化国际经济关系，实在是得不偿失。

升值对降低各种经济风险都至关重要，但升值的方式有很多种，可以是逐步升值，也可以是一步到位。我认为，一步到位不是最优选择，第一是不知道到底多少算到位，第二是一次升太多对企业冲击太大，第三是改革的目的其实是建立市场机制而非升值。因此，比较好的选择是稳步升值，但是可以尽量缩短调整的时间。

其次，升值以后，加息就非常重要。过去，我们认为货币升值时不应该加息，这两个之间有替代性，都是紧缩货币政策的手段。而且，加息可能进一步增加升值的压力。但是，日本在广场协议以后，货币升值，但央行减息。理由很简单：降低升值的压力并抵消一部分货币升值的负面影响。

结果制造了一个超级的资产泡沫。中国不应该重蹈日本的覆辙。加息如果扩大国内外利差，确实可能增加热钱的流入，但是，如果加息把资产价格压住了，热钱也可能减少。

最后，中国可以在短期内考虑加强资本管制。资本管制与中国改革的大方向是不一致的，但这是一个临时性的手段，一是要应对美国量化宽松的货币政策，二是为汇率调整提供一个平稳的环境。管制主要集中在两个领域：第一，要加强打击热钱流入，现在很多热钱进来，走的是经常项目的通道，其实是违反中国现行政策的。第二，也可以采取一些措施，限制短期资本的流动。当然，这些措施不可能完全消除热钱，但是，可以增加资本流动的成本。而且，这些管制是临时性，一旦汇率调整大局已定，应该赶快放弃这些管制，同时加快资本项目开放进程。

通胀有多远

沈明高 高善文 乔虹 李新新 叶翔 诸建芳 叶伟强

2010年11月初，美联储再启量化宽松政策（所谓QE II），拟在2011年二季度前购买总额为6000亿美元的较长期美国国债。虽然这一决策各界此前已有预期，但它仍必将在国际金融市场掀起狂潮，不断推动全球商品价格的大幅上涨，更在新兴经济体中催生更大的资产泡沫和通货膨胀预期。作为国际资本一直青睐的对象，高速增长的中国经济首当其冲。

如何看待我们面临的境况？中国目前的通胀状况处于什么样的水平，是否会因QE II而加剧？它又将怎样影响和改变人们的生产及投资行为？中国经济如何渡过这一难关？

通胀压力，内外交织

叶伟强（《中国改革》执行主编）：我们接下来要讨论的问题，无论是对中国，还是对全世界，都极为重要和迫切，这就是通胀到底离我们有多远。

就在早些时候，很多专家还认为通胀马上会冲高回落。现在看起来情况不容乐观，尤其是美国第二轮量化宽松政策启动后，情况大不一样。美国发动印钞机，全球资本潮水高涨。鉴于通货膨胀归根到底是货币现象，我们的讨论就从量化宽松政策开始。如何解读这一政策呢？

李新新（Dbservatory Group 高级分析师）：美联储的第二轮量化宽松政策，是几十年来美国货币政策中非常重大的一个事件，影响非常深远。

量化宽松指的是短期名义利率接近于零或者到了零以后，央行已经无计可施，唯一剩下的政策工具只有其自身的资产负债表。

常规情况下，在央行资产负债表中，资产方是国债和外汇储备，负债方是现钞和存款准备金。特别情况下，央行可能采用买断金融资产的方式，而不通过质押回购的方式；买断金融资产不一定是国债，也可以是“两房”债券、企业债和股票等。这是在资产方，改变了资产的结构、规模和风险水平。负债方一般通过放出基础货币，即现钞加存款准备金。最后的结果，货币政策的中间目标不是利率，而是存款准备金的数量或货币供给总量。

这次美联储量化宽松政策跟上一次不同，最具特色的是跟通胀挂钩。以前美联储政策里面有一个“双目标制”，即价格稳定和经济增长（或完全就业），但从来没有说价格稳定到什么水平。这次的通胀率目标非常明确，达 2% 或稍低，如果不能实现这个目标，量化宽松政策就会持续下去。所谓“通胀不起，宽松不止”。

这次美国量化宽松的争议很大。其传导的机制是使美元贬值，产生刺激作用，拉低中长期国债的利率水平，使企业融资和家庭消费成本更低；另一方面，通胀预期促使大家消费。这些看法都有道理，但都不是这次量化宽松最主要的目的。最主要的机制是资产组合再平衡：美联储出手买债，新增的债券供给基本上被美联储完全消化掉，这样把私人的需求完全挤出，私人只能买股票、企业债、房屋抵押债券，各种大宗商品等，带来的结果是整个风险偏好的上升和风险溢价的降低。现在的现象是只有美元在贬，其余大宗商品、金融产品的价格在涨，这恰恰是美联储的目标所在。

这次的机制不是通过商业银行而是资本市场。美国与日本等其他主要经济体相比，在企业融资和经济方面的结构都不一样，因为美国主要是以直接融资为主，间接融资为辅。日本那次量化宽松是放出存款准备金让银行放贷，这次美国是通过资本市场发生作用，这一次量化宽松的作用远远大于日本的那一次，也大于美联储的第一轮。

美联储的估计是，第一轮量化宽松放出 1.5 万亿美元，相当于降低了联邦基金利率 50 个基点；这次每增加 5000 亿美元的量化宽松水平，就相当于降息 50 到 70 个基点，效率是上一轮的三倍。这次是以通胀为目标，只要通胀不达标可以一直做下去。打个比方，现在付了一个“首付”，以后有“月供”，什么时候达标就可以停止。这种流动性的水平是非常可怕的。

叶伟强：这一轮量化宽松通过什么途径对我们产生影响？

乔虹（高盛中国宏观经济学家）：国际宽松货币政策会通过几个渠道推高中国的通胀。最直接的影响是美元贬值，大宗商品的价格直线向上走。所有的风险偏好上升，都买大宗商品，这又推动价格进一步上升。大宗商品方面肯定会输入一部分通胀。

更重要的渠道是货币。货币政策的输入靠的是金融状况指数。美国货币政策非常宽松，无论是从风险偏好的产品预期、热钱流入以及其他方式，这种货币政策都可以直接传导进入。

外部环境确实存在这样的压力，但中国是不是必然会通胀？通胀只要下得去手，理论上都不是难以遏制的。中国货币发得多，大部分的影响已经出现。现在我们看到的一部分通胀可能是短期现象，并不是需求或供给出现了任何问题，主要是预期发生了变化，这也使得通胀可能比原先预想的更恶劣。不过政策如果有效地调整，还是可以遏制的。

叶伟强：难以遏制的通胀会在多大程度成为现实？

叶翔：我觉得通胀已经来了，中国的 CPI 已经涨到 4% 以上。价格上涨背后，除了自然灾害还有更深层的原因。如果今天没有美国的量化宽松政策，中国会不会有持续通货膨胀的问题？如果有，说明问题主要是自己的，当然美国的量化宽松政策加剧了这个问题。

我的看法是，中国有一个结构性所引起的通胀，尽管今天看到有很多的行业总体上供过于求。劳动力成本原来是无限供给，现在总量上还是供大于求，但结构上可能开始出现供不应求。结构性问题何以导致整个劳动力的成本上涨？这个问题目前也没有一个很好的答案。

高善文：我想提出几方面的证据，重点是五方面的技术性论证，供大家进行更专业的讨论：

第一，检查不同种类粮食作物的横断面数据，其劳动力密集程度，与从一个长时间序列看到的农产品的累计涨幅，这两组数据有一个非常强的正相关关系，相关系数在 0.7 ~ 0.8。这说明一方面，低端劳动力的工资在非常快速地上升；另一方面，低端劳动力工资快速上升在推动广谱的农产品价格上升。

第二，低端劳动力的工资。从 1990—2004 年，剔除通货膨胀以后，农民工工资的累计涨幅是零，而 2004—2009 年农民工工资的累计涨幅是 300% 左右，如果说最近的劳动力工资上升是因为工资增长，劳动力的需求上升，但是从 2004—2009 年农民工需求就一直上升，工资一直在增长。

第三，以 20 世纪 90 年代初为基础，考虑 CPI、PPI 和 CPI 食品的定基数，包括剔除食品以外的定基数。从 2003—2010 年，我们看到了一个越来越大、越来越难以弥合的食品价格与整体 CPI 之间的裂口，这意味着在过去比较长的时间里，食品价格平均和累计涨幅大大高于非食品价格的累计涨幅。

第四，计算日本 1960—1970 年，台湾和韩国从 1984—1995 年的数据。期间日本 CPI 年均涨 5% ~ 6%，平均 PPI 涨幅只有 1%，这么大一个裂口，原因主要是食品价格快速上升，包括一部分大量使用低端劳动力的服务价格出现上升。这样的结果，韩国、中国台湾地区在 1984 年以后也出现过。

第五，考察中国 1978—2010 年这近 30 年的数据，我们单独把食品价格的波动拿出来，再把中国 GDP 缩减指数剔除食品拿出来，两个系列的相关系数高达 0.9。食品价格广谱上升的时候，大多数 GDP 缩减指数也快速上升。另外，一种食品越容易保存，它和 GDP 缩减指数的相关系数越高，不能保存，两者相关系数没有统计的意义。

这些告诉我们，驱动食品价格波动的原因主要是通货膨胀预期，驱动通胀预期的因素是 GDP 缩减指数的波动，驱动 GDP 缩减指数的原因有两种因素，一种是中国经济自身的凉热，一种是国际经济的周期性因素。

把所有结果合在一起，我们得到结论：传统经济冷热、全球通货膨胀预期在继续推动中国食品价格摆动的同时，低端农民工的工资年均涨幅越来越高。从1990—2004年，剔除通货膨胀以后，农民工工资累计涨幅是零，从2005—2010年农民工工资年均涨幅20%，城市熟练劳动力工人工资的涨幅不会超过12%，整个经济的名义增速在15%～16%。它清楚说明，农民工工资处在非常高速的增长之中，推动广谱食品价格的上升，系统推高中国通货膨胀的中轴。

整个全球经济的同步、中国经济的凉热，通过通货膨胀在强化或者弱化这个机制，货币政策本身所产生的通货膨胀预期因素，在这一机制中产生比较大的影响。

在一个相对中性偏保守的基础上来看，2011年二季度的通货膨胀会超过5%，2011年全年在4%或者更高一些的水平。

通胀势头有多猛

叶伟强：2011年中国的通胀形势是大家极为关注的问题。在座的其他各位认为情况会怎样？

沈明高（花旗集团大中华区首席经济学家）：通货膨胀率首先要说是统计部门的数字还是真实的数字。我的看法是，真实的通胀率要在统计数字基础上加2个百分点。如果说真实的CPI，中国可以承受4%～6%的通货膨胀，超过6%就算比较高。按这个标准来衡量，通货膨胀已经开始起步，明年有可能达到4%～6%。

短期的波动与长期的力量可以分开。市场担心通货膨胀也就最近一个多月的时间，在此之前都觉得加息可能性不大。为什么有这么突然的转变？货币驱动因素比较大。现在基本上所有小宗农产品种类都有泡沫。这是2011年通胀很担心的因素。另一个是工资上涨的因素。还有，结构调整本身也带来通胀影响。“十二五”规划，未来家庭收入的增长至少不低于名义GDP的增速，消费需求的增加会带来通胀压力。

2011年的通货膨胀可能是长期的结构性因素加上短期货币因素叠加的结果，会比今年高。

诸建芳（中信证券研究部执行总经理、首席宏观经济学家）：从整个市场来看，2011 年差不多都是推动价格往上的因素，但从我们跟踪的情况来看，也有一些缓和通胀的因素。

美联储的措施，市场已有预期，现在的价格已经部分体现这个预期。未来实际操作所带来的影响可能没有那么强。另外，2011 年全球或中国经济增长可能没有 2010 年高，大体上放缓，基本面不是强烈推动价格上升。

另外，我们对湖南、四川猪肉价格做了调研，2011 年还有冲高回落或回稳的状况。因为赢利在不断刺激，母猪补充、存栏增加，供给有较多改善。因此，2011 年通胀未必会进一步上升。

至于何谓真实的通胀指标，没有一致公认的口径。回到统计局的数据来预测，我们认为 2011 年 CPI 增幅 3% 略多的可能性较大。这并不是很严重的问题。

李新新：这一轮通货膨胀有非常明显的全球特征。这是怎么产生的呢？流动性产生于发达国家，但没有停留在欧美日三大经济体，去了新兴市场国家，通胀压力非常明显是从大宗商品生产国开始转向制成品的制造国，沿着全球供应链从下往上传导。

因为中国汇率调整比较慢，加息也刚刚开始，所以某种意义上讲，我们替美国或者替发达国家扛了很大一部分通胀压力。这时候还感觉通胀问题不大。但我觉得完全没有必要把所有压力都自己扛。你不调整汇率和利率政策，全球供应链通胀压力传导不下去，相反会造成以后更大的问题。那时，等美国通胀率上升到 2%，很可能新兴市场国家通胀率已经是两位数。

乔虹：我同意世界各地不一样热。发达国家经济增长不好，就用长期的低利率政策。他那边感冒就把屋子里调得很热，大家一起桑拿，这让新兴市场国家遇到更大的问题。

不过，2011 年中国通胀可能是 3%，短期会冲高，但马上就回来。大家一度都预期 CPI 在 2010 年 10 月最高，11 月掉头向下，但现在还往上冲。这是短期现象，长期不会持续，因为政策制定者一定会改变政策方向。

叶翔（汇信资本有限公司董事总经理）：2011 年通胀会比 2010 年高，

但是全年达不到 4%，在 3.5% 左右。2012 年大体上比 2011 年更高，波动上行。通货膨胀因素里有一个是真实的，即成本拉动或者需求引起，另外还有通胀预期。美元贬值带来资源价格上涨，对价格有上推作用，但是全球的需求并没有那么快速增长，这短期又会对价格产生抑制作用，但总体是往上升的。

沈明高：2010 年通胀在 4% 以上。2012 年要看政策怎么走，没有政策动作的话，2012 年 CPI 会更高。叶翔说的预期是对的，但是预期可以管理。要管理预期，紧缩政策，甚至不惜让 GDP 增长放慢来抑制通胀，后年肯定比明年低。政策的走向很关键。要有加息和不加息的判断，才能来讨论后年怎么办。

叶翔：在抑制通货膨胀和经济增长的权衡中，全世界政府都要把增长放在通胀前面。跟房价一样，涨起来了政府压，还不敢压得太重，怕压死了。压得不够就会涨得更多，涨得更多他压得更重。

高善文（安信证券首席经济学家）：考虑到央行加息，我担心明年下半年和后年上半年比较困难。主要大宗商品中，我们说粮食价格不会涨是因为库存多，粮价上涨抛库存平粮价，如果库存补不进来的时候，未来抑制粮价的能力就会下降，这使通货膨胀持续时间会比较长一些。我的看法是，加息肯定会，但刚开始确实会比较慢，特别在确认全球经济复苏持续之前会比较慢。

乔虹：我有三个不太一样的看法。第一，进行整个宏观经济逆周期调控时，加息绝不是唯一的手段。这一次大家感受非常明显。跟以前周期比起来，尤其政策调控和小周期的形成，频繁了很多。从 2009 年 7 月央行开始发三年期央票，8 月银监会出手，到 2010 年 4 月，有利于控制通胀和资产价格上涨的政策都出台了。特别是现在这个阶段，中国经济政策是在为自己考虑。

第二，政府不把 CPI 的目标定为 3%，改为 4%，大家的预期就变了。

第三，是不是工资上涨就会通货膨胀？我强烈反对这种看法，工资上涨可能导致通胀，但不是必要条件。工资和通胀有两个巨大的鸿沟，一个是生产效率，效率提高，单位劳动成本下降；另一个是需求强不强，即劳动成本上升能否转移到下游。

如何应对货币贬值

叶伟强：刚才大家谈了应对通胀的政府对策，而对普通民众来说，一个很现实的问题是，通胀来了怎么办，如何应对手里的钱“变毛”的情况？

叶翔：肯定是投资，但未来的投资不像以前那么容易。房地产可能涨得多的地区会下跌，但有些地方还会涨，这需要选择。另外就是买股票，如果在A股和H股中选，我倾向于买H股，因为由于香港的联系汇率制，如果避免美国的“水”流到中国香港，香港利率可能比美国低。但是内地可能会加息，内地和香港的资金成本在扩大。现在虽然只有十几只H股高于A股，但未来这种情况会更加普遍。

乔虹：投资领域有个板块漂移学说，两个板块交叉摩擦最严重的地方，肯定上涨得快，比如现在的美国货币政策下，香港的位置就属这样。香港的房价2009年年底至2010年年初，已经超过了1997年的最高值。也许可以追涨，但风险偏好度要足够高。现在美联储决心明确，大家可以歌照唱，舞照跳，等到音乐停止找一把椅子坐下。不过，我认为，另一种方法就是稍微审慎些，有一点防范机制。我觉得A股不是个坏选择。

最好的做法是借一个会贬值的货币，投到一个需求非常强的地方，能借美元的借美元，美元有一段时间还要继续贬。可以买一些美国或者欧洲资产，现在处于历史低位，还是有一些价值的。

李新新：要购买黄金，虽然现在黄金价格已经到达1400美元每盎司的高位。很多人觉得黄金价格是对通胀的对冲，这种看法不太准确。黄金实际上是对所有主权货币信用的对冲，各大经济体的储备货币的主权信用在大幅度下降。黄金价格虽然已经很高，但应该还在牛市的上半场。

叶翔：黄金不是避免通货膨胀的手段，而是为了避免货币贬值。2010年5月，欧洲债务危机爆发时，所有商品都下跌，黄金涨，表明市场对货币不信任。一旦货币涨起来，黄金就会下跌，因为制约黄金的因素最主要是不产生利息。通货膨胀起来之后利息就上升了，债券利息往上升。通货膨胀初期因为利息滞后于通货膨胀，黄金价格上涨；通货膨胀下半段，利息向上升的时候，黄金已经不上涨了，因为其他的债券是生息的，所以黄金要掉头。

沈明高：有一个投资者跟我讲，现在什么都是泡沫，而最大的泡沫是现金。从这个角度讲，持有货币现金的风险比较大。投资方面，从流动性来讲H股好于A股，但我觉得A股还是比H股有吸引力。这跟目前所处的阶段有关系。现阶段中国经济还有向下的风险，流动性比较多，还有资金的流入。

解决目前困境最好的办法是要开放服务业市场，让服务业吸引更多的资金进来，来化解对通货膨胀、对股市的压力，政府可以在服务业上退出，政府拿到这部分钱去解决社保、医保和地方融资平台问题。让民间资本进入服务业，来推动经济增长，目前看来这是对中国市场最安全的办法。

诸建芳：从通胀角度看，资产类的可以考虑，农产品类的投资要规避一下。像炒大红袍。茶叶毕竟是茶叶，处理不好有很大的问题。农产品的储存，像苹果甚至粮食类，都是有周期的，有的最长四年需要轮换，有的两三年。

资产类可以考虑股市，买房也可以考虑。现在住房需求被压着，供给也受到了比较大的伤害，刚性需求迟早要体现出来，这是压制不了的。

高善文：研究资产配置，一般性的模式很可能不存在。通胀与资产配置之间的关系，如果打一个很通俗的比喻，像一场失败的婚姻，有刚开始的热恋期，随后的蜜月期，也有很痛苦的争吵和最后的分手。通货膨胀刚刚起来的时候，一般资产市场都会有很好的表现，随后，随着货币政策剧烈紧缩，资产会剧烈下跌。所以，选择时机比选择资产组合更加关键。

第二章｜人民币汇率之争

汇率战无赢家

斯特劳斯·卡恩（国际货币基金组织总裁）
李增新 张继伟（《新世纪》周刊记者）

全球经济复苏及再平衡的前景如何？国际货币基金组织（IMF）总裁多米尼克·斯特劳斯·卡恩（Dominique Strauss-Kahn）对财新传媒《新世纪》周刊记者说，“最终问题是美国到底会怎样”。

2010年9月28日，IMF秋季年会前，财新传媒《新世纪》周刊记者在华盛顿特区IMF总部采访了斯特劳斯·卡恩。他认为情况很可能会变好。

IMF在年会前发布的《世界经济展望》报告认为，全球经济复苏仍然脆弱，而新兴市场则面临资本流入及货币升值。预计全球经济2010年和2011年将分别增长4.8%和4.2%，“与早先的预测基本一致，但下行风险依然严峻”。其间，发达国家增长率远远落后于新兴市场。

此时，又到了议论全球再平衡的重要时刻。美国国会众院通过法案，要对汇率低估国实施贸易报复，中国政府领导人发出不要参与压迫人民币升值的呼吁；持续通缩之中的日本将关键利率调低至接近零，而印度等新兴市场年内已数次加息；东亚、南美多国则开始干预外汇市场，竞相压低本币汇率。

汇率政策的摩擦已被提升到“战争”的地步。根源再次归结为失衡，危机后复苏的不平衡。IMF 认为，无论是内部还是外部再平衡，“目前的进展都过于缓慢”。

这是我们对斯特劳斯 · 卡恩的第三次专访。第一次是 2008 年 2 月 15 日，他以 IMF 总裁身份首次访华，当时，美国次贷危机正愈演愈烈且结果难料。第二次是 2008 年 11 月 4 日，距雷曼兄弟公司倒闭不足两个月，危机已升级为全球风险，并危及实体经济，各国决策者不但缺乏步调一致的有力行动，贸易保护主义却乘机泛起，世界经济顿时陷入黑暗之中。

这一次，金融危机阴影渐散，欧洲主权债务市场经历了最动荡的时刻，而美国、欧元区及日本三大经济体复苏依旧疲弱，新兴市场则面临资本流入剧增，以及与此相伴的货币升值和资产价格上升压力，一些国家基于国内外因素，正酝酿新一轮的经济、汇率干预或反制措施。

当前，人民币汇率问题便是争执的最显眼目标和施压对象。

上一次，IMF 媒体负责人的一项要求正是“提问不要涉及人民币”；这一次禁区已破，斯特劳斯 · 卡恩的声音不仅代表全球最重要的国际金融机构之一，更可能会影响各国未来政策实施的手段。

危机改变了 IMF。斯特劳斯 · 卡恩领导下的改革，使 IMF 回到全球经济决策舞台的中心：它推出的“灵活信贷安排”（FCL）一改传统贷款僵化缓慢的执行程序，为经济根基良好的国家提供强有力的快速支持，使墨西哥、哥伦比亚、波兰最终无须启用贷款就平息了市场风波；在希腊债务危机中，IMF 与欧盟携手，为欧元区提供 1100 亿欧元保障（IMF 承担 300 亿欧元）；在全球政策协调中，IMF 又在 20 国集团（G20）峰会上，为将来金融体系改革、全球经济再平衡出谋划策……其结果之一是，IMF 持有的货币资源从危机之初捉襟见肘的 2500 亿美元猛增了 3 倍至万亿美元。

现在，斯特劳斯 · 卡恩考虑的问题包括，如何促成维系全球协调的态势，打压日渐高涨的货币战、贸易战情绪；考虑构建真正的“强劲、平衡和可持续的全球增长框架”。

后危机时代的国际货币体系改革中，IMF 是否能成为公正、可信的监督人、协调人、裁判员和执行者，更取决于其自身的改革进程，而这需要获得成员国的信任。若要实现理想规划，提高 IMF 合法性成为要务，斯特劳斯·卡恩的重担并没有减轻。下个月就是首尔 G20 峰会，要谋划未来全球金融监管体系和经济增长框架。

重要的是美国怎样

“美国仍有不确定性，至少还需要有三季度、四季度的更多信息来判断，但 IMF 还是比较乐观。”

发达国家与新兴市场经济复苏冰火两重天，货币、贸易等争端由此而生。IMF《世界经济展望》预测，新兴市场和发展中国家今年的经济增长率为 7.1%，明年为 6.4%，而发达国家今年仅增长 2.7%，明年增速更可能降至 2.2%。

即使在发达经济体内部，也不尽一致。美国经济衰退在 2009 年 6 月底正式结束，但国内生产总值（GDP）增长率也自 2009 年四季度强劲的 5.6%，一路下滑至 2010 年二季度的 1.7%，失业率至今已连续 18 个月高居 9% 以上，初步的复苏尚未带来就业的明显改善。作为回应，美联储在 8 月 10 日暂停了量化宽松货币政策工具的自然回收，又在 9 月 21 日发出“制造通胀”的宣言，进一步放松货币几成定局。

在大西洋彼岸，欧元区主权债务危机仍在反复，即使有欧盟与 IMF 联袂主演的大救市，希腊、葡萄牙、意大利之后，近来爱尔兰与西班牙银行危机又使其国债利差急升。一方面，财政紧缩方案面临着国内政治的强烈反弹（如近期的欧洲大罢工）；另一方面，欧洲央行行长特里谢最终难敌政治压力，开始购买主权债务，“欧式”数量型放松意味着又一架印钞机正式启动。

在发达经济体之间，财政政策是整顿还是刺激？欧元区勒紧腰带的紧缩措施能否推行下去，是否过严而抑制复苏？如何看待美欧持续货币放松对全球流动性及新兴市场的影响？

《新世纪》：如何评价全球经济复苏不同步和它造成的政策不同，特别是在发达国家之间、发达经济体与新兴市场之间的政策矛盾？

斯特劳斯 · 卡恩：我认同你的说法。全球复苏的一个重要特性就是不同步。复苏发生在亚洲、南美和非洲。现在欧洲情况不妙，很显然他们的复苏很慢。但最终问题、也可能是最重要的问题是美国到底会怎样，美国仍有不确定性，至少还需要有三季度、四季度的更多信息来判断，到底是像我们的基线预测一样（我们比较乐观），虽然比较慢，但是还是会回到正轨，还是有一些下行风险？

各国状况不同，因此应对政策也不同。这与危机刚爆发的时候大不相同，当时全球几乎在同一时间面对同一个危机，于是不同国家才能够在货币和财政领域都实行同方向的政策。现在，危机快要过去，形势自然发生了变化。

但我们继续要强调的是，即使政策不同也必须要有协调，比如通过G20的相互政策审议（mutual assessment）途径。协调不代表统一，不代表各个地区政策相同。协调意味着各自都要做好自己的工作，以建立一个大家都能变得更好的体系。

《新世纪》：欧债危机是否已经结束，爱尔兰会不会变成新的爆发点？

斯特劳斯 · 卡恩：我们正在密切关注爱尔兰情况，但是爱尔兰GDP大概只占欧元区的1%。爱尔兰可能确实会有问题，但不太可能引发欧元区的一次大危机——我们认为两种情况也都会有解决措施。

更让人担忧的是欧元区经济增长不够快。虽然金融危机基本上已经结束了，但其社会影响特别是失业影响还没有过去。

《新世纪》：如何评价在欧债危机中IMF与欧盟的合作？解决这一危机会不会把腰带勒得太紧了？

斯特劳斯 · 卡恩：第一个问题，我认为我们与欧盟当局和欧洲央行在希腊危机中合作得很好，特别是现在双方合作所需要的各方面条件都已具备。

关于财政紧缩的问题，我的答案是，这取决于不同国家的不同情况。有些国家确实在悬崖边上，需要使劲勒紧腰带，希腊的例子大家都知道。但另一些国家还有很大空间，他们需要在中期内整顿财政，但不需要那么快行动，而是眼下要更多支持需求。

《新世纪》：对那些可能采取持续刺激的国家，致使全球流动性猛增，IMF 能不能约束他们？

斯特劳斯 · 卡恩：如果情况恶化，发达国家尾部风险升高，他们就只能重新放松货币政策，才能避免经济下滑。我目前不敢肯定是否会出现这种情况，但他们必须有能力这么做。

当然，影响会伴随而来，美国货币政策对全球的影响是真实存在的。所以在今后几个月，我们需要对美国经济未来走势作出准确判断。我们认为情况很可能会变好。当然谁都没有百分之百的把握。但不能因为美国私营部门需求不强，需要继续刺激，就来责备美国。美国复苏停滞或减弱，对任何国家都不利。

货币争论可能掩盖结构问题

“协调就是每个人做好自己的工作。不能指望由别人来解决你自己必须解决的结构问题。”

正如斯特劳斯 · 卡恩所说，随着危机大体过去，各国逐渐回到将重点瞄向本国的政治需要，全球政策协调的动力正在减弱。近日美国报端频现“贸易战”“货币战”字眼，这为本就脆弱的全球经济复苏蒙上阴影。

2010 年 9 月 29 日，美国众议院以 348 票对 79 票的“大比分”通过了 HR2378《公平贸易货币改革法案》(又称“莱恩 – 莫菲”法案)，它旨在促使美国商务部在确定贸易伙伴国存在汇率低估，并对本国行业构成事实性损害后，可实施反补贴贸易救济措施。中国正是法案的头号标靶。

虽然在 2010 年内形成立法的可能性较低，但美国政府势必承受更多来自各行业及民众的压力。众院版草案规定，美国商务部在决定反补贴救济措施水平时，要参考 IMF 的方法论与结论，这又将 IMF 推至聚光灯下。

好在磋商的大门并未锁住。正如不少支持法案的美国议员所说，目的在于推动变革而非制裁。

最佳佐证之一，即为众院最终版本语调略有软化，由最初的（确定存在低估后）“要求”商务部采取措施，变为“有权”行动。即使确认整体币值低估，美国行业、企业还要独自申请，逐案审理。

无独有偶。面临总统大选压力，为应对雷亚尔在过去一年间升值超过 30%，巴西于 10 月 4 日将外资的金融交易税从之前的 2% 提高至 4%。此前，日本政府在 9 月对外汇市场实施六年多以来的首次干预，抛售 2 万亿日元。而市场参与者猜测，除巴西、日本外，东亚、东南亚及南美的多国央行现在都在干预汇市。

在一些发达国家看来，外汇干预甚至“汇率操纵”，正是刺激本国超前消费、逆差堆积、失业上升的一大祸首；而新兴市场则会认为，富国不负责任的赤字财政政策及不断印钞，带来了热钱、资产泡沫和通胀。

对此，IMF 如何作出评判？作为重要的国际金融机构，又当如何阻止货币战、贸易战？斯特劳斯 · 卡恩自然转到了再平衡与人民币汇率，并且继续寻找一种全球方案。

《新世纪》：美欧持续数量型放松政策，有人说也就是不断印钱，给新兴市场带来很大麻烦，这是不是再平衡的一大障碍？

斯特劳斯 · 卡恩：我相信美欧会反过来说，中国政策也让他们头痛。这正是我们在这里要解决的。诚然，各国有自己的主权，有权利也有意愿给自己的政策下定义，但很显然，进行经济政策协调，避免你的政策伤害到你的邻居，会产生更好的结果。所以 IMF 才一再重复，认为人民币仍然是低估的，正确的方向是币值重估。这不仅为了世界经济，更是为了中国自身。

自从中国政府选择改变经济增长模式，从出口导向转向内需驱动，人民币币值重估正与这个新目标相一致，因为它会有助于控制通胀、支持居民购买力增加，益处良多。但我认为，最近一段时间来看，人民币升值步子应该可以更大一点，速度更快一点。

但另一方面，人民币重估是解决方案的一部分，并不是全部答案。这只是全球政策中需要做的一部分，有它一个角色，但只是部分角色。

发达国家也有许多事情要做，才能实现政策协调。比如，非常有趣的是，在过去几个月，我们看到中国的贸易顺差下降了，美国的逆差却没降下来。这意味着其他国家把中国顺差下降的那一部分补上了，也就是说中国顺差下降不足以盖过美国和其他国家的逆差。

这些都是我们要在 G20 峰会上解决的核心问题。G20 合作是我们成功地避免更大危机的最重要途径。现在的风险是，危机逐渐过去，大多数国家会回过头来只考虑自己的内部问题，忘了协调的好处。这是不应该的。

每个人都得做自己的工作。中国要做的是调整增长模式。我承认这是一项非常难的工作，必然是要经过漫长的时期，才能解决诸多问题。我们不该催中国，但希望要朝着正确的方向走；其他国家也是如此。

《新世纪》：另一大问题是如何处置已经积累起来的外汇储备。当中国采取多元化策略时又遇到阻力，比如日本对中国增持日本国债的不同意见。你对这类行动有何评价？

斯特劳斯 · 卡恩：中日对此的争论已有多年，不仅是在货币问题上。今天一些货币上的紧张态势，其实在全球各地都有，我都看到了。我不认为可以通过操纵货币来解决自身的结构问题，不赞同把自身结构调整的问题掩盖在货币争论之下，因为这不是货币就能解决的。

眼下，争吵会继续。不少其他国家也会说，我们的币值被高估，要是采取相似的干预会有好处。但历史经验告诉我们，到头来货币战伤人害己，无人受益。

我的建议是，不要在这种争论中耗费太多精力，而是要一起寻找途径，找到币值的中期道路，通过调整经济基础来解决问题。

《新世纪》：那么究竟如何管理已有的、巨大的、越来越难处理的外汇储备?

斯特劳斯 · 卡恩：听到你说太多外汇储备成问题很有意思，因为一些国家缺少外汇储备也是问题。当前的现实是，各国都在拼命积累外汇储备以备不时之需，以为这样才能给可能的货币问题竖起一道屏障。

也许我们应该想象这样一个体系：身处其中的我们，大家都不需要这么多资源，而是交给一个集中的管理者，有需要的时候就可以使用。值得将来探讨的一个设想是，把这些资源解放出来，用于其他领域的投资，同时还有一个集中的储备池，储备池可以由 IMF 管理。

在集中储备的运用方面，危机中我们使用了“灵活信贷安排”（FCL）。这是正确的方向。在危机最严重的时期，当墨西哥从 IMF 借了 500 亿美元，它就把 IMF 当成了一种虚拟储备。当一国有需要，IMF 这里有可用资金。最后他们实际根本不需要动用这笔贷款，因为仅仅这一个信号就使风险溢价降下来了。正是有这样一种机制，墨西哥才可以少积累一些外汇储备。我认为这个工具非常重要，如果实现将为各国提供一种解决方案。这样各国都不用积累大量的外汇储备，更不用应对随之而来的麻烦。

席位问题即将有答案

“份额很重要，但并不是至关重要的合法性的唯一指标。”

谈及外汇储备的管理，斯特劳斯 · 卡恩眼中流露出“正中下怀”的喜悦，话题自然转移到他对未来国际货币体系的一大构想——由 IMF 管理的国际货币储备池。

2009 年 10 月的 IMF 伊斯坦布尔年会前后，希腊危机尚未引爆，美国复苏势头强劲，金融危机似已成过去。斯特劳斯 · 卡恩开始着手构思后危机时代的国际货币体系，“全球储备池”规划破茧而出。随后，这一被不少专家称为“布雷顿森林体系 II”的倡导，被欧债危机和美国经济走弱打断。

2010 年 IMF 和世界银行春季年会和 6 月 G20 多伦多峰会上，斯特劳斯 · 卡恩重提上述倡议，并增加了较 FCL 更为灵活宽松的“预防性信贷工具”（PCL），PCL 可进一步确保各国在必要时获得 IMF 的资金后备支持。可惜应者寥寥，也许是斯特劳斯 · 卡恩忽略了外储积累的另一个、各国都不愿承认的动机——出口带动收入、增长和就业。

其实，无论是储备池还是其他形式的全球货币体系，成员国都需要让渡部分主权。其先决条件是他们相信 IMF 是一个公正的监督员、裁判员、执行人。要担当“全球最终贷款人”，IMF 首先要博得的是信任。

危机前，IMF 架构已与国际经济金融格局变化相脱节，其投票权和代表性难以反映新兴经济体和发展中国家在全球经济中权重稳步上升的现实。IMF 当然不被信任。危机中，斯特劳斯 · 卡恩在 IMF 改革问题上一往直前，努力增强 IMF 合法性。其中一项显著成就是，IMF 同意转移至少 5% 的份额至新兴经济体和发展中国家。

不过，困难之一是以欧洲为代表的高权重国家并不愿意出让投票权和代表性，除了份额问题上的抵制，IMF 现有 24 个执董席位要“归位”到章程规定的 20 席，可能意味着美国不得不动用一票否决权。欧洲阻力仍在。

此外，IMF 机构内部的共识仅仅是第一步，更需要 187 个成员国的立法机构逐个审批通过，过程之繁杂拖沓不断考验人们的耐心。比如，2008 年通过的一次份额改革，用了近两年才得以实施。

这样，基本上不会超过 1% 的份额调整，对成员国中的后起之秀究竟又有多少实际意义？斯特劳斯 · 卡恩似已找到答案。

《新世纪》：如果要建立起这样一个 IMF 管理的全球储备池，必然得取得各成员国的信任，IMF 能否做到？

斯特劳斯 · 卡恩：答案是肯定的，IMF 必须提高合法性。这里的逻辑线条是全球化问题需要全球方案，全球方案需要国际机构，国际机构需要合法性。我们在讨论 IMF 合法性的时候，人们最容易想到份额。这是非常重要的，但不是唯一的。

一项改变已经实现：我们在 2008 年作了一次调整，让发达国家转移份额至新兴市场。我们现在要再作一次，将至少 5% 的份额转移到充满活力的新兴市场。但我认为这不是结束。

众所周知，中国会变成 IMF 最重要的三大股东之一，这是非常大的成就。毫无疑问，未来 20 ~ 30 年，中国的地位会更显要。现在，我们总是可以争论说，具体份额的问题还是个“逗号”，但实际上中国已经是 IMF 的一个重要股东。从这点上来看，合法性对中国来说是绝对清晰的。

但合法性不只局限在份额上。近来我总爱说，合法性就意味着更多中国人在 IMF 工作。我非常高兴有中国人来 IMF，工作三五年，或者在这里长期工作。我在选择朱民担任特别助理时就证实了这一点。这对全世界任何一个地方，都发出了一个这样的信号：中国要在IMF担当更重要的角色。份额很重要，但并不是至关重要的合法性的唯一指标。

《新世纪》：你是如何定义朱民的角色，又是如何评价他的工作的？

斯特劳斯 · 卡恩：IMF 有来自中国的高层管理者是一个正确决定，有朱民先生尤其如此。朱民来的时间还不长，但他在 IMF 受到大家的广泛欢迎，大家都看到了他的职业精神和技能。他对我们非常有帮助。我很高兴作出这个决定，我们一起合作非常愉快。几周内我会去上海参加一个金融会议，正是由朱民组织筹办的。

《新世纪》：你刚才说的是 IMF“票子和位子”（shares and chairs）中的份额问题，但关于削减执行董事人数的问题，近来又有一些来自欧洲的抵制声音，这个问题你怎么看？

斯特劳斯 · 卡恩：成员国正在讨论“席位”问题，我认为欧洲会愿意在这个问题上显示出一些灵活性，让更多发展中国家有个席位。这是成员国之间决定的问题，我认为会在未来几天到几周内有答案。

我不赞同把欧洲当恶人，说他们就是反对新兴市场提升影响力的障碍。历史上从来都是这样，地位下降自然不那么情愿。但我想欧洲能够理解。

货币即政治

让·皮萨尼 · 费里（欧洲智库布勒哲尔研究中心主任）

国际货币体系改革是个难解之题。对美国来说，这不过是美元国际地位下降的代名词，因此态度冷淡；中国率先提出改革的想法，但缺乏具体建议；新兴国家也有类似想法。日本热衷于此，但它关于区域货币合作的想法与中国不一致。欧洲更是无暇他顾。

尽管如此，改革国际货币体系的初衷值得肯定。列宁似乎说过，没有比放任货币泛滥更能摧毁一个社会。这完全适用于全球各国。目前，国际货币体系改革有四个主要问题。

第一个是汇率关系。数十年来，发达国家的汇率此起彼伏，但这对部分新兴经济体和发展中国家而言，确是新近的事。许多国家，特别是亚洲和海湾一些国家的汇率实际上是钉住美元，其余国家则钉住欧元。

但固定汇率往往导致货币估值过低（如人民币曾长期如此），或估值过高（如阿根廷2000年后的情况；另一种语境下，还有当前一些欧元区国家）。浮动和固定汇率体制并存也并非易事，因为汇率变动往往会影响浮动货币（比如像欧元，近期还包括拉美国家的货币）。因此，国际货币体系需要重组。当前，人民币汇率制度就是个试金石。人民币汇率备受其他新兴市场国家和发展中国家关注，并被作为制定本国政策的依据。中国明知目前的格局无法持续，但仍然不愿积极改变。

第二个问题是整肃本国政策，以抑制输出通胀或失业的诱惑。在金本位制下，政策约束是自动完成的，但在浮动汇率体制下并非如此。多年来已经形成了一条不成文的规定，即只要央行认为通胀能在中期内保持稳定，就可以做任何它想做的事情。这通常能保证政策有一定的连贯性，避免汇率过度反应，但在通缩时期就显得不够。

美联储辩称，量化宽松政策可稳定物价，这尚且有些道理。但欧洲和一些新兴国家认为，此举无疑于以邻为壑。问题是，对国内政策何时是适当的，何时不再采取合作态度，缺乏一个标准，因而无法评估。因此，我们需要“监管”。这正是国际货币基金组织（IMF）扮演的角色，这也是G20要做的，但无论美国还是新兴国家，对此都兴趣不大。

第三个问题是国际流动性。资金流动起伏过度，总有一天，新兴国家会被流入的资本淹没，随后他们还将面临资本突然外流，同样会带来不稳定。为避免本国货币在资本流入时升值过多，或在资本流出时大幅下跌，新兴国家积累了大量外汇储备，其中2/3是美元资产。十年前，这些储备占全球GDP的6%，现在占15%。

这到底是出于自我保护，还是为了“钉住”汇率，都无关紧要：这种非生产性的外汇积累抑制了需求，是导致危机的根本原因之一。在私人资本突然外流的情势下，真正的目标应确保国际信贷额度的可得性，而不是自保。国际货币基金组织已开始这样做，它创建了信贷工具，也不再如以前那样带有“附加条件”。但对国际货币基金组织的猜疑仍然存在，而大多数国家，特别是亚洲国家，还是倾向于昂贵的自我保险，而不是“相互保险”。

最后一个是集体设锚的问题。很自然，主要的央行关注其自己能控制的通胀，比如内生通胀。但如果石油和原材料涨价导致全球通胀，怎么解决问题，却没人关注。过去十年，在非通胀环境下，这没什么，但现在大宗商品价格紧张，问题日益突出。为全球货币政策设锚，并确保全球供给的发展，这是个真问题。

加拿大经济学家罗伯特·蒙代尔（Robert Mundell）曾将货币制度比喻为政治宪法，因为两者均确立了游戏规则。这个比方不恰当。但很不幸，这也表明，改革国际货币秩序多么需要进取心，多么富有挑战性。

“货币战争”蛊惑

陈昌华（瑞信证券中国研究主管）

过去几个月中，中美关于人民币汇率的争吵愈演愈烈，市场上关于“货币战争”或“汇率战争”的忧虑日渐抬头。从美方角度看，人民币汇率低估是美国失业问题严重的主要原因，若人民币汇率不作大幅调整，全球经济失衡现象将不能改变。从中方角度，如人民币大幅升值，中国出口将受严重打击，对国内经济增长和就业将造成致命影响。笔者认为，中美双方的论点都不无道理，但问题在于，这些论点都严重夸大了人民币升值对中美双方在经济上的影响。

理论上说，货币币值是一个相对概念。考虑全球所有经济体的增长速度和国际收支平衡等因素，不能否认新兴市场货币（特别是人民币），对发达国家货币长期升值是一个十分合理的趋势。而从 2008 年 9 月底（金融风暴开始）到现在，人民币对美元汇率只上升了 2.3%，这个幅度相对巴西和印度等主要新兴市场都是偏低的。从长远看，人民币绝对有升值的空间。

但另一方面，笔者并不认为人民币升值，对美国在未来几年的经济和就业能产生多大的正面影响。从最简单的角度来分析，即使美国因为人民币升值而减少从中国的进口，那么它也只会从其他新兴市场增加进口，而不会把生产转回到国内——这主要因为美国工人的工资实在太高。如果人民币对美元大幅升值，最大得益者将是越南、墨西哥等与中国竞争的新兴市场国家。

那人民币升值对促进美国对中国的出口有否帮助呢？其实帮助不大。中国从美国进口的产品中，近一半是设备和运输工具这类产品，而中国对这些产品的需求主要受国内经济增速的影响，人民币汇率因素影响并不太大。由于中国目前技术水平，很难生产与美国同一档次的高精机电设备。而中国从美国进口的其他产品，大多是一些化工产品（基本上是国际定价，受汇率因素影响不大）和农产品（受限于中国农产品进口管制，汇率所扮演的角色有限）。因此，美国对中国的出口，主要受中国经济增速的影响，而非人民币汇率因素。

实际上从短期看，基于中国巨大的成本优势，纵使人民币升值，美国恐怕也只能从中国进口所需产品，但美国会因此而付出更昂贵的价格——这将间接推动美国通胀上升。因此，人民币升值对美国并不一定是好事，特别在短期内。

反之，人民币升值对中国国内经济的负面影响可能远比想象中小。目前，加工贸易约占中国出口总量的一半，而在加工贸易中，进口原料约占出口总值的一半。由于部分在国内采购的原料（如化工产品和有色金属），是按美元的国际价格来定价，因此在这部分贸易中，受人民币升值影响的成本主要集中在工资和土地成本等领域，但这部分占比并不高。因此，只要人民币升值是一个渐进而非突然的过程，这些生产企业仍有相当大的空间把这类成本消化或部分转移到客户中。这样的话，人民币升值对出口企业的影响会相对缓解。

事实上，人民币升值对国内经济有一定正面影响。首先，在人民币升值过程中，人民币与美元的关系将逐渐疏离，而中国的整体金融政策将能更多地顾及国内经济的需要。其次，根据大量国际经验，一国货币的长期升值往往会推动本土企业提升产品和服务的附加值，加速一个国家的产业结构调整。这与 20 世纪 90 年代产业结构已实现提升的日本经济大不相同。

真正让人忧心的，是目前各经济体间的“信任危机”。目前各国政府、民众和媒体都有把对方妖魔化的倾向，“战争”等尖锐字眼的使用也越发频繁。历史表明，健康的贸易互通将令双方受惠，而保护主义的结果是两败俱伤。若贸易保护主义因各方的误解而重新抬头，那对中国乃至全球经济的负面影响，将远大于人民币升值问题。

克鲁格曼的人民币谬论

黄益平（北京大学国家发展研究院经济学教授、
财新传媒首席经济学家）

保罗·克鲁格曼曾经是我最尊敬的国际经济学家之一，他对国际贸易研究的杰出贡献令他于 2008 年获得诺贝尔经济学奖。可惜的是，对某些具体的国际经济政策问题，他的理解往往不是过于天真，便是近乎偏执。如果奥巴马政府真的采纳他最近的一些政策建议，未来几年世界经济即使不陷入新一轮的衰退，也可能遭遇极为严峻的困难。

在 2010 年，克鲁格曼突然对中国的汇率政策表现出十分热切的兴趣。早在 2010 年 1 月 1 日，在那篇题为“中国的新年”（Chinese New Year）的文章中，克鲁格曼宣称，由于人民币被低估，美国损失了 140 万个工作岗位。因此，他支持针对中国采取贸易保护措施。3 月 11 日，在另一篇题为“中国的绝笔”（China’s Swan Song）的文章中，克鲁格曼则建议美国财政部公开指控中国操纵汇率。3 月 12 日，在华盛顿经济政策研究所的一个会议上，他甚至表示，如果中国取消管制人民币汇率并消除贸易顺差，那么全球的经济增长将会比现在高出 1.5 个百分点。

这样的言论在美国政界十分常见。不过，克鲁格曼说出这样的话，确实令人意外。他所随意引用的那些数据，显然缺乏严谨的研究支持。作为研究国际贸易的权威，克鲁格曼的言论很可能被政客们看做支持贸易保护的有力论据。对这样缺乏理性的讨论，许多经济学家深感失望，其中也包括他的老师、哥伦比亚大学教授贾格迪什·巴格沃蒂（Jagdish Bhagwati）。

大多数经济学家同意克鲁格曼关于人民币可能被低估了的观点。但是人民币汇率偏差的程度却是一个争议很大的话题。比如，威斯康星大学的门兹亚·辛（Menzie Chinn）和他的合作者们利用购买力平价的方法，曾经发现低估的程度在 40% 左右；但是，在世界银行于 2007 年年底将中国以购买力评价的 GDP 向下调整了 40% 以后，这种所谓的低估已经完全消失了。美国彼得森国际经济研究所的尼古拉斯·拉迪则认为，在 2008 年年底人民币可能只被低估了 12% ~ 16%。我在北京大学的同事姚洋和他的合作者发现，人民币汇率偏差的程度可能要更小一些。

因此，人民币汇率应该增加灵活性、适当升值，这在大多数中美经济学家之间是有共识的。作为一个强劲的经济大国，继续将货币钉住前景暗淡的美元，长期来看是不明智的。这种做法不仅严重制约了中国货币政策自由度，同时造成国内流动性泛滥、经济结构失衡。另外也可能给国际主要货币之间的汇率调整带来困难。

人民币汇率无疑是造成中国庞大的贸易和经常项目顺差的一个原因，但它并不一定是最重要的原因。现有的经济学文献将中国近期加剧的外部失衡归因于一系列的因素，主要包括人口红利和产业迁移等。我自己的研究也着重考察了国内要素市场扭曲对中国外部经济失衡的重要性，当然，这些扭曲多数是改革前计划经济时代的遗留产物。

为了解决全球经济失衡的问题，中国、美国以及其他国家应该同心协力进行全面改革。这些措施不仅应该关注汇率制度，更应该重点推进各国内部的结构性改革。把人民币汇率问题孤立出来不但可能效果有限，而且还可能起到反作用。在 2005 年年中到 2008 年年中这段时期内，人民币对美元的汇率升了 22%，而实际有效汇率则升了 16%；但同期中国的外部失衡却进一步快速扩大。显然经常项目顺差并非仅仅是汇率问题那么简单。

其实远在中国成为全球制造业中心之前，美国已经开始大量失去制造业的就业机会，这实际上是由美国在世界经济中的相对成本和比较优势决定的。中国经常项目顺差大幅增加发生在 2004 年以后，但是美国的经常项目赤字从 21 世纪初就已经开始激增。解决全球经济失衡的问题，需要中美双方紧密合作，这一点并没有异议。但是指责中国的顺差导致了美国更早时期已经出现的赤字，不是别有用心就是缺乏常识。

那么，如果奥巴马政府采纳了克鲁格曼的建议到底会发生什么呢？首先，这会推迟而不是加速中国的汇率政策改革。3 月 6 日，中国人民银行行长周小川就很清楚地表明，现行人民币与美元的“软挂钩”只不过是对全球性金融危机的一个暂时性反应，而且这样的暂时性做法即将终止。这表明中国官方正在寻求一个合适的时机退出“软挂钩”的机制。并且我认为退出随时都可能发生。

但是，寻求合适的时机并不是一件容易做的事情。中美双方在人民币汇率上的政策博弈就好似是“囚徒困境”。我们需要明白的是，和美国的政客一样，中国的领导人也面临着国内的政治压力。如果中方领导人因美方的压力而让步，这有可能影响国内民众对他们的支持。其实最好的选择是，双方增强对话，美国起码在表面上保持冷静和理性的立场，中国则可能更快地改革前行。这也正是 2005 年 7 月中国汇改之前所发生的情形。

但是，现在“囚徒困境”的矛盾出来了。美国的政客并不愿意保持沉默。即使中国决定实施汇率政策改革，如果他们不制造噪声，他们或许就无法在政治上得分。他们口中所谓的百姓利益或者国家利益，其实不过是幌子。实际上，可能有相当一部分美国政客暗地里并不希望中国采取任何行动。他们中的大多数人非常清楚，即使人民币升值，美国已经失去的那些制造业的就业机会也不可能再回到美国来。那样的话，他们将不得不为两位数的失业率寻求新的替罪羊。另一方面，如果面对强大的国际压力，中国政府可能不会愿意做出重大的政策改变，以免让国内老百姓觉得政府过于软弱。这也就是克鲁格曼介入这场争论只会让事情变得更加糟糕的原因。

让我们来想象一下事情真如克鲁格曼所愿时的场景：美国财政部公开指责中国操纵汇率，与此同时奥巴马政府对华发动贸易战。如果这些真的发生了，我觉得最有可能发生的情形是，中国将继续坚持现有的汇率制度，并且对美采取报复性的贸易制裁。这会减少中美双方的贸易，但最重要的是会在全球范围严重挫伤投资者的信心。世界上最大的两个经济体之间发生贸易战对全球经济而言可不是一件小事。由于经济未来变得更加不确定，投资者很可能会缩小其投资计划，而消费者也不得不减少其开支。

另一个可能性相对较小的情形是，中国被迫让人民币急剧大幅升值，比如说升值 40%。这样猛烈的汇率调整自然会给中国企业造成严重的困难。这时，我们也可能看到两种可能的结果：第一种结果是中国企业由于突然丧失竞争力，无法继续出口。但中国产品退出美国市场所留下的空缺很可能很快被越南和印度等低成本国家的产品代替，美国的公司不可能与这些低成本国家竞争。所以中国的退出不会给美国带来新的工作机会，但是其国内的通货膨胀率可能会更高。

由于出口占到中国经济的 1/3，出口崩溃将会给中国带来严峻的挑战。就像 2008 年下半年所发生的那样，中国的经济增长将会急剧减速。这对全球经济来说绝对不是什么好消息。世界上主要经济体目前还在复苏的道路上挣扎，而世界上最具活力的经济体的突然疲软将会在全球范围内释放利空信息，进一步挫伤投资者的信心。

第二种可能的结果是，中国仍然保持对美国市场的出口，只不过企业利润更少但产品价格更高。这将会显著推高美国的通货膨胀率，迫使美联储立即采取严厉的紧缩性货币政策。在当前美国经济复苏的基础还不稳固的情况下，这两个步骤都将损伤美国的复苏势头。无论是哪种结果，中美双方可能遭遇的这些困难，都将给全球投资者的信心造成负面的影响。

这样看来，如果中国真的如克鲁格曼要求的那样令人民币大幅升值，那么全球经济的增长不仅不会比现在高出 1.5 个百分点，反而可能比现在下降 1.5 个百分点。当然这个损失数字也可能被高估，但贸易保护主义将对全球经济造成伤害却是确定无疑的。这样看来，如果克鲁格曼花更多的时间在诺贝尔奖褒奖他的研究领域从事学术研究的话，也许对世界经济来说将是一件大好事。

升值难改全球失衡

乔纳森·安德森（瑞银集团环球新兴市场经济师）

人民币升值之利弊，讨论永无止境。我的观点是，人民币的确被低估了，但这不是为了提高中国的出口竞争力。结论也很简单：人民币升值确实可减少顺差，但并不能解决全球经济失衡。

3 月，中国首次出现了贸易赤字。而一季度，外汇储备也没有增加太多。同时，由于欧元的疲软，人民币在贸易中显然已经“升值”了。但今年一季度，中国的经常账户余额仍然为正，占其国内生产总值的 2% ~ 3%，这远高于 2004 年前。

很明显，在过去 12 个月，中国经价格调整后的贸易盈余出现下降，乃是外部贸易条件变动所致——包括商品的进口价格大幅回升、出口价格崩溃等。

但是，我认为，这一趋势表现得有些“过头”了。可以预见，中国需求势头的下降，将在 2011 年下半年给价格运行来个“下马威”，并会对进口规模产生一定的影响。此外，中国的出口价格已逐步稳定，并且在过去两个季度中回升。这就意味着，贸易盈余将重新出现。

据我估计，经周期性调整后，中国经常账户余额可能接近其 GDP 的 5%。尽管这距离 2006 年或 2007 年时 11% ~ 12%的峰值相去甚远，但仍然印证了一个不变真理——“低估有好报”。

为何人民币一直以来都被低估？大多数人首先想到的是，人为“便宜”的货币、生产力的提高和廉价劳动力。但事实并非如此。依我看，外汇储备的因素尤其值得重视。

中国如今近3万亿美元的外汇资产，年收益率不足2%。但如果计入中期结构性回报，以及其他服务性收入的盈余，那么中国的贸易账户上每年会有超过占GDP 3%的盈余。

因此，即使中国长期保持贸易赤字，还是会存在由存量资产收入带来的“正收益”——而根据宏观经济学的收支平衡方法，盈余意味着人民币被低估。

汇率调整确实有利于降低中国的贸易盈余。目前有个说法甚为流行，即中国的汇率是高估还是低估其实无关紧要。

这种说法称，即使人民币升值会有一些用处，但由于中国在轻工制造业商品市场中占有近乎垄断的份额，人民币升值必然以产品的涨价告终，而总量并不会发生任何变化。

上述分析只对T恤、家用电器等小商品适用，而对钢铁、铝、汽车零部件等资本密集型产品，人民币升值将对其贸易量产生巨大的、直接的影响。

重估人民币，是钉着中国重型工业品贸易账户余额，而非低端消费类产品贸易账户余额。从宏观经济学角度看，中国的贸易和经常项目失衡的根源，在于其国民储蓄和投资之间存在相当大的差距。

那么，中国国民储蓄率有什么问题？近期中国总储蓄率的增长势头，很大一部分来自企业部门，公司收益占国内生产总值的比例相当高。而且，在企业部门，几乎所有的增长都来自重工制造业，并由此带动了贸易盈余攀升。

换言之，这并不是国内的“中国人”储蓄，而应当称之为从国内外工业市场上赚来的“意外收益”。强势的人民币将会使重工制造业（如金属、机械等行业）的贸易盈余下降，中国的总储蓄率也会因此下降。

人民币升值能否解决世界经济失衡？ 答案并非如此。过去五年内，中国经济外部失衡明显加剧。但是到目前为止，最大的波动来自其他新兴市场国家，尤其是大宗商品出口国。

换句话说，如果指望中国通过加大净进口来降低其贸易顺差，并使得困境重重的发达经济因此重获发展动力，那么中国大陆经济在这方面的确可以有所作为，但其贡献对整个世界经济来说是相当小的。

第三章 | 建言人民币汇率政策

构想人民币

胡晓炼（中国人民银行副行长）
叶伟强 王烁 霍侃（《新世纪》周刊记者）

7 月中旬以后，中国人民银行网站（www.pbc.gov.cn）连续挂出了关于汇率制度和货币政策的系列文章。

第一篇出现在 7 月 15 日，“实行有管理的浮动汇率制度是我国的既定政策”，貌似老生常谈，还没有激发大量反响。一周以后，7 月 22 日，第二篇文章“有管理的浮动汇率制度的三个要点”挂上网站。第三篇文章“汇率体制改革与货币政策有效性”四天后出现在同一位置。等到第四篇文章“生产要素价格调整与汇率机制改革的配合关系”在两天后面世时，已经出现了大量的议论、猜测和分析。第五篇文章“人民币汇率形成机制改革的成功实践”终于在 7 月 30 日为整个系列文章画上句号时，已经吸引了所有关注人民币政策的中外人士的目光。

它们不是各种政府网站上常见的将高官讲话作原文照登，而是中国央行精心的原创之作——最近几年，央行官网时常以第一落点发表央行决策者们的重大政策思考和建言。最近和最有影响的例子，是央行行长周小川 2009 年 3 月下旬在央行网站上连续发表三篇文章，建议充分发挥国际货币基金组织特别提款权（SDR）的作用，呼吁建立超主权储备货币。此举震动了国际金融体系和各国决策者。

此次五篇文章的署名作者，均为央行副行长胡晓炼。

有关人民币汇率的只言片语，在任何时候都是最能撩动市场神经的敏感词。胡晓炼在短短半个月发表了五篇关于中国汇率体制改革的署名文章，引发国内外媒体和市场人士热议。美银美林证券中国经济学家陆挺甚至在7月29日发布题为“Who is Ms. Hu?”的报告，向国际投资者介绍胡晓炼其人及观点。

胡晓炼是央行系统内一路成长起来的官员。1984年从中国人民银行研究生部毕业至今，在央行工作了26年。前24年，在国家外汇管理局拾阶而上，先后任政策研究室主任、政策法规司副司长和储备管理司司长，2001年3月任外管局副局长，2005年3月底升任局长。

2009年7月，胡晓炼卸任国家外汇管理局局长一职，成为央行专职副行长，她分管货币政策司和当时正在筹备中的货币政策二司，主管业务涵盖了央行最为核心的业务－货币政策和汇率政策。低调，是胡晓炼留给外界的一致印象，很少出席论坛发表演讲，更少接受媒体采访。

7月29日上午，刚从外地返京之后，飞赴兰州开央行全国分行长会议之前，胡晓炼接受了财新传媒《新世纪》周刊的专访，详细阐述汇改的来龙去脉、前因后果。

这是本刊记者第二次采访胡晓炼。上一次是2006年4月，胡出任国家外汇管理局局长一年之后，谈QD II政策改革。时隔四年再度采访，胡晓炼回答依然简洁、精准而坦率，干练依旧，更有许多亲和力。

汇改何时算是达成了

“汇改的目标不是要达到一个什么汇率水平，而是要通过改革形成一种机制，使汇率水平能够基本反映市场供给和需求状况，并有利于促进国际收支基本平衡。”

《新世纪》：2010年6月19日，中国人民银行决定进一步推进人民币汇率形成机制改革，增强人民币汇率弹性。为什么选择这个时机？我们理解，这是在正确方向上的继续，对吧？

胡晓炼：可以这么说。中国实行以市场供求为基础、参考一篮子货币进行调节、有管理的浮动汇率制度，这是中国走市场经济道路的必然选择。这在1993年的中共十四届三中全会就已经明确，现在就是在这个方向上继续。2008年7月，在全球金融危机的背景下，为应对可能的全球经济衰退，人民币汇率暂时收窄浮动，现在中国经济整体复苏的势头稳固，根本性的制度改革还是应该继续，这是最重要的原因。另外，出口形势也逐步好转，出口绝对量基本上回到危机前的水平，也是考量因素之一。

《新世纪》：怎么理解汇改的起始点？应当从1994年1月1日汇率并轨算起吧？其间是一直走走停停的。

胡晓炼：对，1994年有管理的浮动汇率制度正式启动。刚并轨时，人民币对美元汇率是8.7元/美元，到1997年亚洲金融危机深化时，人民币对美元名义汇率累计升值近5%，为8.3元/美元，说明这几年间人民币汇率一直是浮动的。

1997年的亚洲金融危机，放缓了改革进程。当时，中国为防止危机扩散宣布人民币不贬值，并收窄汇率浮动区间，将汇率稳定在8.28元/美元的水平。亚洲金融危机过去后，面对中国加入世界贸易组织、美国遭受“9•11”事件后世界经济疲软等新的形势和因素，为减少不确定性，人民币汇率波幅收窄了较长一段时间。但这是阶段性的政策，不是一种制度性安排。

此后的几年中，随着大型金融机构改革基本上部署完毕，企业尤其是国有企业改革取得积极进展，一批大型企业先后在境内外上市，继续汇率改革的时机和条件已经成熟。于是从2005年7月21日起，汇率制度进一步完善，实行以市场供求为基础、参考一篮子货币进行调节、有管理的浮动汇率制度。这是1994年汇改的延续。

2010年6月19日是汇改的进一步深化。未来，随着国际经济金融形势的不断发展，可能会面临新的挑战，我们将遵循既定政策，不断完善人民币汇率形成机制改革。

《新世纪》：汇率形成机制的改革是否有具体的步骤和时间表？

胡晓炼：汇改没有时间表的问题。因为汇率到什么水平算合理，是个富有争议性的问题，没有明确答案。

汇改的目标不是要达到一个什么汇率水平，而是要通过改革形成一种机制，使汇率水平能够基本反映市场供给和需求状况，并有利于促进国际收支基本平衡。

《新世纪》：目前，人民币对美元汇率的日波动区间是中间价上下浮动0.5%。有一些市场人士建议扩大日波幅。央行是否有此打算呢？日波幅的调整主要考虑哪些因素？

胡晓炼：我觉得现在日波幅 0.5% 还是比较合适的。从发展方向上看，将来有可能继续扩大，这个可以研究和讨论，但目前还是比较合适的。

6 月 19 日进一步推进汇改以来，人民币对美元汇率单日波幅最大的一天是 329 个基点，最小是 34 个基点，平均波幅超过 90 个基点，已经比 2005 年 7 月—2008 年 7 月间的平均日波幅 70 多个基点明显扩大。大家都看到波幅是加大了，这个幅度主要也是由市场决定的。

【背景评述】

进入 2010 年，举世瞩目的人民币汇率形成机制改革进程再次面临抉择。在一篮子刺激政策之下，2009 年中国经济增速已经恢复到 9.1%，2010 年上半年更是超过 10%，出口也开始出现大幅度正增长，危机时期人民币实际钉住美元的政策已经没有理由再继续。

3 月 6 日，央行行长周小川在全国两会记者会上的表态，传递出人民币汇率政策将正常化的信号。他说，危机时的非常规政策“迟早有一个退出的问题”。

此后，市场形成一致预期，人民币汇率政策正常化只待良机。

人们期待的第一个时间窗口是 4 月中旬之前，因为美国财政部将在 4 月 15 日向国会提交对其主要贸易伙伴的汇率评估报告，而且中国国家主席胡锦涛将参加4月12日在华盛顿举行的核安全峰会。

美国财政部推迟发布汇率评估报告后，又有市场人士认为第二个时间窗口是5月中旬，中国有可能在5月24日—25日的中美战略与经济对话之前采取行动。

事后证明，大众瞩目之际往往不是最好的时机。就在人们几个月的热切期待逐渐转淡之际，央行在6月19日的傍晚发布了进一步推进汇改的决定。

比之2005年的汇改，这一次的决定特显稳健，没有进行汇率的一次性重估，也没有扩大日波动区间。然而，政策出台后一个多月，尤其是第一周人民币兑美元汇率跌宕起伏的走势，似乎已彰显出差异。2005年7月汇改开始至2008年7月，人民币兑美元汇率几乎持续单边升值。

此次，央行对多边汇率和双向波动的强调，发送出颇为强烈的信号，人民币汇率预计将走出不同于金融危机之前的轨迹，因为全球和中国经济基本面，以及货币供求关系已悄然生变。

中国的汇率形成机制改革，这次是回归和延续，也是新起点。未来，赋予人民币汇率更大的弹性和灵活性，更加重视市场的力量，是贸易和投资币种多元化的内在需求，亦可避免授人以口实。

如何判断汇率水平是否合理

“经常项目已实现可兑换，供求关系反映比较充分，因此通过经常项目分析外汇市场供求不会产生系统性的偏差。”

《新世纪》：2005年7月开始的人民币汇率形成机制改革，一直强调以一篮子货币作为汇率调节的参照系。但是外界对“货币篮子”仍存较多疑问，人民银行是如何确定“货币篮子”的币种和权重的?

胡晓炼：货币篮子的确定，有的国家或机构考虑的因素比较单一，例如国际清算银行，就是考虑贸易权重，因为汇率浮动主要是应该基于实体经济面的供求，因而认为经常项目是最能反映实体经济面的，而在经常项目中，贸易是最有代表性的，所以一篮子货币选择中，首先看贸易。

我们认为，有效汇率篮子中的货币应该多元化，以体现贸易和投资的多元化。在计算权重时，主要根据经常项目收支的情况，并结合资本项目收支和本国经济主体跨境收支的币种结构，选取与本国经济来往密切的国家和地区的货币，以及经济交往中使用频繁的货币作为篮子货币。

《新世纪》：目前，社会上，人们关注更多的仍然是人民币对美元的双边汇率的变化。

胡晓炼：这既有长期形成的习惯问题，也有在会计、统计等方面使用美元较多的因素。这意味着中国在不断扩大全方位开放过程中，进一步完善以市场供求为基础、参考一篮子货币调节的汇率形成机制时，需要付出更大努力。

未来可尝试定期公布名义有效汇率，引导公众改变主要关注人民币兑美元双边汇率的习惯，逐渐把有效汇率水平作为人民币汇率水平的参照系和调控的参考。

《新世纪》：作为汇率水平的参照系，名义有效汇率是比实际有效汇率更好的选择吗？

胡晓炼：理论上来看，最能代表贸易品国际比价的指标是实际有效汇率，它既反映了美元和其他国际主要货币的交叉汇率的变化，也经过了对各国通货膨胀差异的调整。

但实际操作中，还是未包括通胀差异调整的名义有效汇率更为常用。这是因为，实际有效汇率的调整指数，即不同国家可比物价指标很难确定。国际上一般选用CPI，但是经济学界认为CPI中包含很多不可贸易品，不一定合适。其他替代指标有PPI、GDP平减指数、单位劳动力成本指数等，接受程度都不太高。

而且，计算实际有效汇率存在时间滞后和数据可得性的约束。与汇率数据容易获得且实时更新相比，CPI和PPI的数据一般要滞后一个月，GDP平减指数至少滞后一个季度，单位劳动力成本指数滞后更多，而且不同国家的统计口径差别较大，一些国家可能没有可比的数据。

《新世纪》：以市场供求为基础是有管理的浮动汇率制度的重要内容。具体而言，如何判断某一汇率水平是否体现了市场供求平衡呢？

胡晓炼：在分析汇率问题时，市场供求大体平衡就是要实现国际收支大体平衡。国际收支中既包括经常项目也包括资本项目，资本项目具有跨周期投资的特点，难免掺杂投机性活动。国际经验表明，以资本项目来衡量汇率对资源配置效率的代表性不强，直接反映实体经济活动的经常项目更具代表性。外汇储备也是国际收支平衡表的重要项目，外汇储备牵涉到跨周期积累问题，如果外汇储备不足，在某些阶段可以通过比较明显的顺差来补充。但中长期看，经常项目平衡还是最有利于资源配置和国民福利。

《新世纪》：你的意思是说，衡量国际收支大体平衡与否，主要看经常项目平衡，对吧？具体该如何以经常项目的状况来判断汇率水平呢？

胡晓炼：对。国际上比较认可的指标是经常项目差额与GDP之比。如果一国中期内经常项目差额超过均衡值，其汇率就被认为存在低估，反之则为高估；经常项目差额超过或低于均衡值越多，汇率低估或高估程度越高。

当然，汇率和经常项目差额之间不一定是这么简单的对应关系，因为影响国际间经贸往来的还有资源禀赋、产业分工、消费习惯等一系列更为基础的因素。不过，2007年以来，我国经常项目顺差占国际收支顺差的比重一直在75%以上，而且经常项目已实现可兑换，供求关系反映比较充分，因此通过经常项目分析外汇市场供求不会产生系统性的偏差。

实际分析中，由于经常项目中还包括收益，而收益和资本项目相关，所以在分析经常项目差额时，一般不考虑收益，而是直接分析贸易收支状况。鉴于数据的滞后，从数据的可获得性看，用海关口径的贸易收支更加直接和实际。

【背景评述】

对人民币在何种程度上被低估的测算可谓众说纷纭。

国际货币基金组织（IMF）评估成员国汇率最主要是用宏观经济均衡

法（Macroeconomic Balance, MB），核心概念就是经常项目差额与 GDP 之比的均衡值。7 月 27 日，IMF 宣布，已经完成对中国的第四条款磋商（Article IV），在人民币汇率是否低估的问题上，IMF 执董们意见分歧明显，部分执行董事认为中国汇率被低估，另外一些执董认为评估中对经常项目盈余的预测存在不确定性。不过，共识是，IMF 认为，人民币在长期内升值将有助于经济由出口和投资导向型向消费导向型的转变。

实践中，胡晓炼倾向于简化地通过贸易收支情况来看汇率水平是否体现了市场供求平衡，把汇率向着经常项目平衡的目标调整。这意味着，人民币汇率的弹性更大，在经常项目顺差或逆差时，汇率可以在市场供求的作用下或涨或跌，灵活双向变化。2010 年 3 月，在顺差持续收缩后，中国出现贸易逆差，一定程度上暂缓了 4 月的人民币升值压力。

另一个重要问题是，汇率形成机制改革，人民币以何为锚是关键。

美元是合适的选择吗？央行货币政策委员会委员、北京大学教授周其仁反问，当今美元自己尚无可靠之锚，怎么有资格充当人民币之锚呢？脱开黄金之锚后，美元"以央行货币政策为锚"，完全依赖操控印钞机的货币当局维系币值稳定。

2008 年下半年金融危机蔓延之后，美联储采取数量宽松政策，用"直升机撒钱"，美元指数跌宕起伏，人民币与美元脱钩的建议渐多。

其实，2005 年 7 月汇改以来，参考一篮子货币一直是人民币汇率形成机制中应有之义，但实际操作中还是受美元影响更大。从 2005 年 7 月启动汇改至 2008 年 7 月，人民币兑美元汇率升值 21%。但从国际清算银行公布的有效汇率数据看，人民币名义有效汇率仅升值 7.43%，实际有效汇率升值 10.6%。

对美元单边升值的规律性，给国际投机资本提供了极好机会。汇改三年间，伴随着持续的人民币升值预期，是一直困扰中国的热钱涌入。如果能够做实参考一篮子货币，将打破人民币对美元单边升值的预期，缓解国际资本流入。

胡晓炼特别强调要关注参考一篮子货币的有效汇率，或将带人民币汇率形成机制进入新阶段。

目前，关于中国货币篮子的结构，最权威的解释是，2005 年 8 月央行行长周小川在央行上海总部揭牌仪式上介绍，综合考虑在中国对外贸易、外债、外商直接投资等外经贸活动中占较大比重的主要国家、地区的货币，组成一个货币篮子，并赋予相应权重。

美国、欧元区、日本、韩国等目前是中国最主要的贸易伙伴，“自然会成为主要的篮子货币”；此外，新加坡、英国、马来西亚、俄罗斯、澳大利亚、泰国、加拿大等国家与我国的贸易比重也较大，“这些国家的货币兑人民币汇率也是很重要的。”周小川说。

此后，货币篮子是否经过调整不得而知。随着各主要货币与中国的贸易投资关系的变化，货币篮子理应作出调整。例如，欧盟已经超过美国成为中国第一大贸易伙伴；由于在中国贸易中比重的提高，印度、巴西、印尼和菲律宾等国货币应该加入篮子。

中国自己公布名义有效汇率是不错的选择，胡晓炼说将做此尝试，值得期待。

企业如何应对汇率变动

“事后看，之前大家对改革的副作用估计得比较严重，对企业的灵活应变能力则估计不足。”

《新世纪》：从 2005 年 7 月的汇改之前到现在，社会上一直有很多人担心汇率升值和波动对出口企业形成难以承受的冲击。从这些年汇改的实际情况看，企业的适应能力怎样？

胡晓炼：从汇改以来我国贸易发展实际情况看，即使在人民币汇率升值、出口退税率降低、劳动力成本上升等众多不利因素下，我国进出口企业的各项指标仍稳中趋升，承受力总体增强。出口未受到实质影响。2006—2008 年，我国出口年均增长 23.4%，进口年均增长 19.7%，是外贸发展的黄金时期。

事后看，之前大家对改革的副作用估计得比较严重，对企业的灵活应变能力则估计不足。实际上，经过多年的市场经济环境洗礼，我国大多数企业已初具适应市场变化而自我调整的机制和能力。

对外贸行业而言，在汇率的变动过程中，必然有企业获益、有企业受损，还有企业在一部分业务中获益而另外一部分业务受损。对汇率变化整体影响的评估不应重点放在单个企业的出口竞争力，而应着眼于整个制造业的出口竞争力变化。某个企业承受力很差，往往说明这个企业在结构优化中首先面临调整。对汇率浮动承受力最差的部分，应当从加强社会保障、加强职业培训提高劳动者素质和适应性等方面予以关注和帮助。

《新世纪》：对汇率的变动，企业主要有哪些应对策略呢？

胡晓炼：企业应对汇率变化的财务管理方法越来越灵活多样。出口企业可以通过提高技术水平、加大产品创新增加赢利空间；还可以通过提高出口价格将汇率升值的成本转嫁出去，有很多企业跟外方客户去要价，基本都能谈下来，因为企业出口的价格和产品在海外市场销售的价格差别实在太大。此外，兼营进口业务的企业还可以享受到人民币升值带来的减少进口成本的好处，兼营内销的企业也可以通过增加内销比例摊薄汇兑损失。

《新世纪》：汇率浮动的目标是实现经常项目平衡，但不可避免也会对资本项目带来影响，例如国际资本流入，是过去几年的一大困扰。

胡晓炼：所以要针对性采取一些措施，加强对资本流动的监测，加强对冲的准备，严格控制外债规模，限制外债结汇，加大对非法外汇资金的查处力度。从泰国等国的经验和教训看，私营部门、企业或者其他部门借外债并结汇，是资本流入的一个重要渠道。

在必要时，甚至可以采取限制资本流入和流出的临时性管理措施，最近一些新兴市场国家就强化了外汇管理措施。

【背景评述】

汇率趋向经常项目平衡的动态调整过程，将减少贸易不平衡以及经济对出口的过度依赖，优化资源在贸易品部门与非贸易品部门、制造业和服

务业之间的配置，这将提升中国经济的整体福利。

不过，也应该认识到，汇率波动传导至实体经济，变成实体经济部门的固定资产投资和存货投资，最终带来结构性的变化，是长期效应，不可能有立竿见影之效。

相比而言，汇改对外贸行业的冲击则是直接而明显的。这也正是改革的重要阻力。但是，从改革实践的结果看，现实情况远比原来想象的乐观。

在2005年汇改以来，中国在2005—2008年期间出口每年是以超过20%的幅度在增长。就是说，汇率调整并没有影响出口，出口反而大幅度增长，产业升级、技术进步、产品更新换代、提高中国产品的增加值，在这一期间都发生了。

经过多年的市场化改革，外贸行业作为一个整体已初具适应市场变化而自我调整的机制和能力，其风险承受力继续增强。

在市场经济条件下，已不再适宜用类似计划经济固化各项外部条件的办法去帮助企业。

企业无风险长期订单下降、订单期限趋短是当前全球化特点之一，全球各类企业都在适应市场（如需求、投入品和产出品价格与渠道、汇率、套期保值价格、保险价格等）的不断变化，并利用IT技术（如低库存、零库存、缩短工期、外包等）和金融手段来适应快速变化，管理风险。中国企业必须适应这种环境。

总而言之，评估汇率变化的影响应考察大多数行业和企业。行业和企业都在市场环境下不断有创新、发展，也会有落后和淘汰。评估改革的重点应该是贸易整体状况和发展质量的提高。

价格改革良性互动

“生产要素价格调整得快，则汇率升值压力就小；若人民币汇率浮动，要素价格上涨造成的压力就会减轻。”

《新世纪》：2010年“富士康事件”后，国内劳动力价格显著上升，已成定局。与此同时，这些年能源资源产品的价格一直在上升，生产发展的环境成本也在抬升。这些要素价格的变化，与汇率改革是什么关系？

胡晓炼：两者都是深化经济体制改革的重要内容。特别是能源资源价格改革，显然是中国改革中最关键的环节之一，而且是下一步改革的核心，是难点也是关键点。能源资源价格不理顺，市场化改革就谈不上完成。

在实施过程中，生产要素价格调整和汇率形成机制改革则既有替代关系也有互补关系。生产要素价格调整得快，则汇率升值压力就小；若人民币汇率浮动，要素价格上涨造成的压力就会减轻。这就是替代性。

《新世纪》：如果资源进口价格在上升时，国内的改革也提高价格，这就涉及通胀的承受能力到底怎么样。很多时候，改革下不了决心，就是因为通胀承受能力不行，担心影响到老百姓的生活。这时候，汇率改革就可以发挥作用了。对吧？在劳动工资问题上也可以这样操作？

胡晓炼：对，可以根据政策目标和经济的具体状况，对要素价格调整和汇率变动进行合理组合，可取得更好的效果。例如，在适度调整劳动工资的同时，人民币汇率浮动，就比单纯大幅提高劳动工资更平稳，也有助于保障工资水平的提高与劳动生产率和企业效率的提高相匹配。

特别是在面临物价上涨压力情况下，如果汇率不动而任工资物价过快上涨，将强化通胀预期，增加消费、投资的不确定性，并使普通劳动者面临更大的通胀风险。如果国内资源要素价格提升，而汇率浮动（特别是汇率升值）导致进口商品的价格是下降的，这样一正一反抵消，国内要素价格改革的空间就更大了。

《新世纪》：一正一反抵消，还是替代性。汇率机制改革与要素价格改革的互补性怎么体现呢？

胡晓炼：要素价格调整与汇率变动在频率、灵活性、作用机制、影响范围等方面都是不一样的。广义生产要素价格的市场化调整，有明显的通胀效应和分配效应，需要与其他政策配套综合进行，所以，频繁操作的难度也比较大，一般只能作阶段性调整。而在有管理的浮动汇率制下，人民币汇率可升可贬，根据经济形势和国际收支状况灵活动态变化，这就是互补性的一种体现。

《新世纪》：两者的灵活程度也不一样吧？

胡晓炼：对呀，生产要素价格有一定的刚性，无论劳动工资，能源资源还是环保费用，长期调整趋势是单向的，往上走，而在有管理的浮动汇率机制下，汇率有比较大的弹性，可涨可跌，双向变化，就看经常项目是顺差还是逆差了，其市场供求的作用是双向的。

《新世纪》：两项改革对资源配置的影响呢？可以说，一个比较宏观，一个比较微观。

胡晓炼：对资源配置的作用机制是不一样的。要素价格调整，会在价格体系内部对各类比价关系形成影响，侧重在微观层面发挥基础性作用。汇率浮动则指向价格总水平，会改变贸易品与非贸易品的比价关系；汇率升值则会使资源更多地从贸易品部门流向非贸易部门，可以促进服务业发展，也有利于经济结构调整。

《新世纪》：另外，两者对企业、对通胀的影响也是不一样的。人民币汇率升值，对企业是喜忧参半，出口企业会受冲击，但大量进口国外原材料、半成品且面向内需的企业，则可显著受益。要素价格调整就不然了……

胡晓炼：是，劳动力价格、资源价格和环保成本上涨，对企业整体都会有影响。加快技术革新、提高生产率和资源利用率，可以消化部分要素价格上涨的负担，但整体上影响面是广泛的，传导链也比较长。

两项改革对通胀的影响也不同。如果因为市场供求作用，人民币汇率有所升值，一是进口商品的价格降了，二是基础货币被动投放减了，显然可以减少通胀压力，而生产要素价格上调则相反，会直接增加通胀压力。

《新世纪》：这非常重要？生产要素价格改革最需要的就是低通胀环境，否则改革推进不下去？

胡晓炼：对，这就需要进一步增加人民币汇率弹性。货币政策操作在制订通胀区间时，已为生产要素价格调整预留了空间。另一方面，生产要素价格调整顺利推进，也会有助于缓解人民币升值预期，为加快人民币汇率改革创造更宽松的环境。因为这种调整，最终会改变粗放性经济增长和外贸发展方式，推动出口产业转型升级，提高企业对市场价格波动的应变力和承受力。

所以，汇率机制改革和生产要素价格调整不是互相排斥的，而是互补配合的。积极推进这两项关键性改革，对中国的宏观经济稳定极为重要，关乎我们最关心的经济协调可持续发展的未来。

【背景评述】

要素价格改革面临什么障碍？最大的担忧是通胀。由于长期被人为压低，未来要素价格的趋势肯定是上涨，这将成为推高物价的力量。所以，多年来，每一项要素价格改革都希望等到低通胀的时间窗口。燃油税费改革就是最好的例证，酝酿了十几年，最终才在2008年11月26日通过方案，当时正值金融危机之下CPI和PPI一路走低之际。

2010年年初，国务院确定了进行资源税费和水电等公共品价格改革的方向。但2010年却面临较为复杂的通胀形势。政府工作报告确定2010年的CPI同比增长目标为3%，并称这一目标为管理通胀预期及资源税费改革预留了空间。但很多人担心，经历了2009年货币信贷投放的爆炸式增长后，过多的流动性迟早会体现为通胀压力。

下半年，资源税费、工资和水电气等公共品价格改革是新涨价因素。在天平的另一端，人民币升值带来的进口产品价格下跌，则将一定程度上缓解输入型通胀的压力，平抑物价上涨。

毫无疑问，要素价格和汇率机制改革的作用叠加，会对企业尤其是出口企业的赢利带来压力。然而，这正是指向经济结构调整的方向，毕竟，中国制造在国际上的竞争优势不能永远依赖低工资、高耗能和低汇率。汇率政革和要素价格政革配合推进，形成灵活的政策组合，能够避免要素价格刚性的弊端，尽可能平滑对企业的冲击。

艰难的平衡

余永定（中国社会科学院世界经济与政治研究所前所长）

中国人民银行副行长胡晓炼自 7 月 15 日以来连续发表的五篇署名文章引起了国内外金融界的广泛关注和普遍好评。在接受财新－《新世纪》的专访时，胡晓炼对央行的汇率政策作了进一步的说明。中央银行直面公众，采取摆事实、讲道理的态度详细解释自己在有争议问题上的立场是非常值得称道的。

预留干预空间

所谓“汇改”是指对汇率形成机制的改革。用通用的国际金融语言、就中国的现实情况来说，“汇改”是指实现从钉住美元的汇率制度向有管理的浮动过渡。当然，尽管汇改主要是一个汇率制度选择问题，一旦做出选择，还有大量的制度建设工作需要做。

为了使新的汇率形成机制有效发挥作用，中央银行在中国外汇市场的制度建设上做出了巨大努力。汇率制度改革（或改变）与汇率水平的决定本来是两回事，但是，在中国的语境下，汇改意味着人民币不再钉住美元，而不再钉住美元，意味着人民币升值。于是，汇改目标同达到什么汇率水平的问题被混淆起来。在当今国际货币体系下，钉住美元（或另一种货币）和自由浮动是汇率制度光谱中的两极。在前者，汇率不反映市场供求关系。而在后者，汇率完全由市场供求关系决定。

在现实中，并不存在一种绝对好或绝对不好的汇率制度。一个国家的汇率制度应该同该国的经济发展水平和制度变迁相适应。在东亚金融危机之前，东亚国家普遍实行"钉住美元"（或事实上"钉住美元"）的汇率制度。东亚金融危机爆发之后，东亚国家纷纷放弃"钉住美元"的汇率制度，向浮动汇率制度靠拢。中国的做法则相反，在东亚危机期间，中国放弃早先实行的有管理的浮动，转而采取"钉住美元"。中国当时这样做是完全正确的，并为稳定东亚经济作出了重要贡献。但是，中国"钉住美元"是一项临时性措施。2005 年 7 月 21 日的"汇改"只不过是恢复了有管理的浮动。但是，有管理的浮动汇率制度又包含不同的形式。

2005年的"汇改"并非简单恢复到危机前的有管理浮动，而是用参考"一篮子货币"的有管理的浮动汇率制度取代了"以市场供求为基础的、单一的、有管理的浮动汇率制度"。

这里值得注意的是，中国实行的是"参考"而不是"钉住一篮子货币"的有管理的浮动。我个人认为，如果是"参考"而不是"钉住"一篮子货币，而且还要考虑资本项目等因素，则这种"参考一篮子货币"的汇率制度与"单一的、有管理的浮动汇率制度"应该没有本质区别。这种制度的最主要特点是为央行预留了干预（或不干预）外汇市场巨大空间。

均衡汇率还是囤积美元

在讨论人民币是否应该对美元升值的问题时，我们一般习惯于以所谓均衡汇率为参照物：首先假定存在一个均衡汇率，如人民币对美元的均衡汇率。然后，再拿现实中的人民币汇率对这一所谓的均衡汇率相比较，得出人民币是否高估或低估的结论，然后再决定人民币是升值还是贬值。然而，均衡汇率与一般商品的均衡价格非常不同。对一般商品来说，均衡价格就是市场出清价格——供给曲线和需求曲线相交时的价格。但是，一种货币相对另一种货币的供求关系与一般商品的供求关系非常不同。在外汇市场上，由于资本瞬时流动的冲击，对特定货币的供求关系是十分不稳定的。

均衡汇率是一个难以把握的概念。威廉姆森（John Williamson）曾给出均衡汇率的八种不同定义。2007 年，科林（William R. Cline）和威廉姆森搜集了 2000 年以来西方关于人民币均衡汇率的 18 项研究成果。这些研究成果差异之大使人无法相信其中任何一种结果。例如，其中一项研究认为，人民币实际有效汇率高估 5%，其他研究都认为人民币低估，但低估的程度从 3% ~ 55% 不等。均衡汇率在理论上肯定是有用的概念，然而，以此为参照来决定人民币是否应该升值是十分不靠谱的。

胡晓炼提出，以经常项目平衡状况为主要根据，判断汇率水平是否合理，这一看法是完全正确的。在目前条件下，经常项目平衡状况及其变化趋势应该是中央银行决定人民币是否应该升值的主要依据。

此外，我以为，长期资本项目的平衡状况也应该是决定汇率走向的一个重要因素。既然外国投资者对中国资产需求旺盛，除非中国存在结构性经常项目逆差，就应该允许人民币升值，从而提高中国资产的外币价格（如美元价格）。同时，通过人民币的升值，使外国资金的流入转化为外国实际资源的流入。自 1991 年以来，中国基本保持了经常项目和资本项目的双顺差，在这种情况下，按照主要根据外汇市场的供求关系决定汇率的原则，人民币应该升值还是贬值难道还有什么疑义吗？

在当前情况下，与其问人民币是否低估，还不如问中央银行是否应该继续干预外汇市场或在何种程度上干预外汇市场。在“双顺差”条件下，为了遏制人民币升值，中央银行就必须干预外汇市场。而干预外汇市场必然导致外汇储备的增加，特别是美国国债持有量的增加。美国的巨额外债和巨额财政赤字，以及美国扩张性财政货币政策，都意味着持有美国国债的潜在风险正在不断上升（更遑论收益极低）。

因此，中国面对的选择是：为了维持出口增长而尽量减少人民币的升值幅度，还是为了降低中国外汇资产遭受损失的风险而尽量让人民币汇率由市场供求决定。两者都不是令人愉快的抉择，但是，中国政府必须找到两者的某种平衡。

在2003—2005年“汇改”之前，一些人士警告中国政府和货币当局，人民币升值3%，中国的大批出口企业就会倒闭，失业就会大量增长，甚至会出现社会不稳。事实如何呢？在经过了实际有效汇率和对美元双边汇率的20%左右的升值之后，2006—2008年，中国出口年均增长23.4%，进口年均增长19.7%。这是公认的中国外贸发展的黄金时期。

以中国出口企业利润率低为理由反对人民币升值是完全错误。如果一家中国企业的利润率真的仅有3%（2005年期间的说法）或1%（最近的说法），对这些企业早就应该整改了。不同行业和同一行业中不同企业的利润率是不同的。如果整个出口部门的平均利润率为1%，就只能说明低效率企业（利润率低于1%甚至亏损）同少数高效率企业并存，把整个出口部门的利润率拖了下来。在这种情况下，正确的政策就不是使人民币汇率维持不变以适应低效率企业继续维持生存的需要。相反，人民币的升值（升值速度是另一回事），将迫使低效率企业退出，使资源向高效率企业集中，从而改善中国的贸易条件，增进国民福利。

通胀替代升值并非最佳选择

升值和物价上涨之间确实存在某种替代关系。名义汇率的升值和物价上涨同样能够影响实际汇率从而影响国际收支平衡。这种替代关系可能是在不同情况下发生的。一种情况是，存在持续的经常项目和资本项目顺差，而名义汇率保持不动，物价最终会因为流动性增加而上涨。而物价上涨导致的实际汇率上升最终将导致国际收支平衡的实现。但是，物价的上涨意味着国内宏观经济稳定（内部均衡）的丧失。因而，从原则上讲，用物价上涨来替代名义汇率的上升，不是实现经常项目平衡（外部均衡）的最佳选择。另一种情况是，物价的上涨是由于经济发展中的某些更为根本性的非货币的原因造成的。例如，由于人口和政治等原因，形成工资上涨的趋势。如果这种上涨的速度超过劳动生产率提高的速度，必然导致物价上涨。在其他因素给定的情况下，这种上涨又必然导致出口产品竞争力下降和贸易顺差减少。在这种情况下，人民币名义汇率升值的必要性或升值空间自然就减少了。但是，这种结果并不支持用通货膨胀代替名义汇率升值的主张。作为一种政策主张，这种替代论的实质是用加剧内部不平衡来减少外部不平衡。

既然人民币已经同美元脱钩，既然中国依然有大量经常项目顺差（虽然已经减少），既然央行将主要依据市场供求来决定人民币汇率，投资者的人民币升值预期就是合理的。在特定条件下，“热钱”就有可能再次大举流入。中国政府可以利用参考一篮子货币汇率制度所提供的人民币双边汇率（主要是对美元的双边汇率）双向变动的可能性，来遏制“热钱”的流入。但是，这一汇率双向变动的机制会对抑制“热钱”流入能够发挥多大作用还有待实践检验。在这种情况下，另一个政策工具——对跨境资本流动的管理，是不应该忽视的。

中国是下一个日本吗

哈继铭（中国国际金融有限公司首席经济学家）

如果仅仅从表观经济现象看，中国当前和日本当初的情况十分相像：同样是本币面临着巨大的升值压力，同样是国内房地产价格飞速上涨。那么，曾令无数日本人为之扼腕长叹的“失落十年”是否会在中国重现？我的答案是，及时正确的政策调整将避免重蹈日本覆辙。

日本的最大教训在于，由于失去主动性，遇到很艰难的政策选择，升值和加息没有能同步配合进行，最终导致泡沫的形成和破灭。

1985 年 9 月，美国、日本、联邦德国、法国、英国五个发达国家的财政部长和央行行长，在纽约广场饭店举行会议。五国政府决定联合干预外汇市场，使美元实现有序贬值。这就是后来所说的“广场协议”（Plaza Accord）。

“广场协议”后，日元的升值受到西方的钳制，在短短两年半时间中，迅速升值了近 1 倍。对经济强烈依赖出口的日本来说，日元的升值导致国内经济面临大幅下滑风险。当时的日本政府不得不将精力更多地投放到刺激内需上，他们选择的方式是——减息。结果是，在日元迅速升值不到两年时间里，日本央行将利率从 1985 年的 5% 降至 1987 年 3 月以后的 2.5%。

日本在本币升值的同时减息，也是不得已而为之。实际上，最初日本也曾经尝试过升值的同时加息，但由于日本承诺的升值幅度过大，导致经济下滑。另外，当时的高利率环境决定了即使日本央行加息，空间也非常有限。被迫减息，加之正值金融管制放松的大环境，最终导致日本国内信贷大幅膨胀，很多资金流入房地产和股票市场，泡沫放大。

“广场协议”之后，日本主要城市的房地产价格飞快上涨，包括东京、大阪、名古屋、京都、横滨和神户等城市在内的土地价格，以两位数的惊人速度飞升。同期，企业大量负债以追求扩张速度；股市更是一日千里，快速上涨。

当日本政府意识到资产泡沫时，问题已相当严重。20 世纪 80 年代末 90 年代初，日本央行开始了痛苦的“挤泡沫”过程。从 1989 年 5 月末开始，短短一年多时间，日本央行将基准利率从 2.5% 上调至 6.0%，足足提高了 3.5 个百分点。但为时已晚，巨大的资产泡沫的破灭，令日本政府的所有努力都徒劳无功。

和日本相比，中国目前的情况大有不同。中国掌握着汇率政策的主动性，从来没有向外界承诺过升值幅度。因而，中国在人民币汇率问题上，可采用效果较佳的“鸡尾酒疗法”，即在人民币小幅渐进性升值的过程中，同时辅以小幅渐进式加息。目前中国处于低位的利率水平，也决定了仍有加息空间。

如果一次性大幅升值，会对实体经济带来伤害，重蹈日本覆辙；若只升值不加息，则会吸引大量“热钱”流入。

在升值的过程中辅以加息，可以起到更加综合的政策效果。如果人民币进入升值区间，必然利好于股市，特别是房地产和航空板块。此时如果配以加息，则可在一定程度上抑制股市和房市的过热反应，抑制国内资产价格泡沫。

同时，这也有利于刺破国际大宗商品价格的泡沫。目前，中国的紧缩政策在全球市场会起到“牵一发而动全身”的效果。2010 年以来中国两次宣布上调存款准备金率的当天晚上，国际油价、铜价等大宗商品价格，都出现了不同程度的下降。这将进一步降低市场的通胀预期。

我们看到，由于人们对美国的通胀预期减弱，在中国两次上调存款准备金率后，美国国债的收益率不再像 2009 年 12 月那样大幅上扬。这种效果，对持有 1 万多亿美元美国国债和机构债的中国而言，能起到外汇储备保值的作用。

市场上还有一种担心是，人民币升值会引发日本那样的房地产泡沫破灭，因为目前的中国和当时的日本一样，都面临人口结构的拐点。日本主要购房人口的比重在 1990 年左右开始下降，而据测算，中国主要购房人口将在 2015 年左右开始下降。

吸取日本教训，中国及时进行汇率调整，并以土地制度和户籍制度改革等相配合，在将大量农民从土地中解放出来的过程中，仍可进一步推进城市化进程。这样，即便到 2015 年，中国也不至于出现日本泡沫破灭的情形。

目前，以日本的“前车之鉴”反对人民币升值的理由还有，认为现在中国与日本当年一样，都面临巨额贸易顺差，而日元大幅升值后顺差并未减少。这个问题的关键在于，日本产品都有品牌，在劳动力价格优势失去之后，仍可依赖品牌保持顺差；但中国尚未建立起世界品牌，产品可替代性强，一旦失去成本优势，顺差就会降下来。

升值还是涨工资？

罗纳德·麦金农（斯坦福大学经济系教授）

最近，中国南方，特别是制造业的心脏——珠江三角洲，出现劳工动荡、罢工以及大幅涨薪的情况，让观察家大为吃惊。台湾代工大厂富士康工资大幅上涨30%，而在经历过痛苦的罢工之后，本田汽车公司及其汽车零配件供应商的工资上涨24%。日前，天津三美公司电气工厂的罢工事件也登上了报纸头条。长江三角洲（上海）和北京地区劳动力短缺，而且情况还在逐步扩大。许多当地政府，特别是“过度发达”的东部沿海地区，2010年均将最低工资标准提高了15%～20%。劳动力斗争引发如此大规模的工资暴涨，近期显然让中国政府有些仓皇失措。

然而，长期看来，中国的涨薪浪潮的确反映出，中国制造业生产力增速显著，特别是出口行业。涨薪对中国和世界来说有两大优势。首先，相比更加成熟的工业化国家，例如美国、日本和欧洲国家，中国的工业竞争力将会更加平衡，因此将减轻国外贸易保护主义者对从中国进口的压力。其次，劳动力薪酬占国民收入的比例正在下降，涨薪将扭转这一局面。过去几年，中国企业赢利增长过高，但随着企业赢利逐渐转变为家庭可支配收入的增加，消费将自然上升，从而减少中国的贸易（净储蓄）顺差。

面对强烈而持续的涨薪需求，中国的长期汇率政策会如何改变呢？世界上大部分国家，尤其是亚洲国家，均实行美元本位制。中国大部分进出口贸易，以及国际金融业务都以美元结算。中国的净储蓄盈余体现为大量持有流动美元债权。在以美元为主导的世界中，促使中国劳动力工资高速上涨的关键，是人民币/美元采取可靠的固定汇率，以与其生产力增速相匹配。

与此相反，“打压”中国，迫使人民币升值，只会适得其反。如果中国的雇主担心未来人民币升值，那么他们会反对目前大幅涨薪。因为，如果出口企业满足员工要求大幅增加人民币薪水的要求，而人民币继续升值，以美元计算的实际涨薪幅度更大，最终企业将会破产。国际贸易中，别国（包括美国自己）有竞争力的出口货物均以美元计价，因此如果人民币对美元采取安全的固定汇率制，中国的雇主（甚至可能他的员工）可以根据未来生产率提升程度估算合理的工资涨幅。如果有中国雇主给出工资较低，其最优秀的工人就会转投至其他雇主门下。

日本之鉴

日本早年间的经验表明，日元/美元汇率对决定工资涨幅具有重要意义。1949 年，在经历了二战后的通胀和经济无政府状态之后，日本政府在美国的金融支持下，解除了多种汇率和结算限制，将中心汇率固定为 1 美元兑换 360 日元。由于将美元定为锚定货币，战后日本经济开始出现奇迹：20 世纪 50 年代初至 1971 年，日本 GDP 和制造业劳动生产力开始以每年 9% 的速度增长，工资年增幅超过 10%。由于批发价格稳定，日本的国际贸易及国际竞争力基本达到平衡。

然而，1971 年 8 月，美国总统理查德·尼克松（Richard Nixon）作出了一个震惊世界的决定：强迫其他工业化国家（日本、加拿大和西欧国家）的货币对美元升值。日元随后升值 17%。但早在 1970 年，美元贬值预期就已导致大量“热钱”流出美国。国外的央行进行强力干预，大量吃进美元，防止本国货币升值的幅度超过与尼克松总统约定的水平。结果，20 世纪 70—80 年代，全世界出现大范围货币管理失控，通胀严重，商业领域急剧动荡不安，世界经济发展因此放缓。

由于日本当时逐渐成为美国最主要的工业竞争对手，美国政府开始关注进一步“打压”日本，以迫使日元进一步升值。日元对美元的比价从1971年1美元兑换360日元，上涨至1995年1美元兑换80日元。“热钱”流入日本，最先导致日本的房地产和股票市场在20世纪80年代末出现泡沫。但1990年泡沫破灭后，过度升值的日元却仍一路走高，日本经济因此坠入通缩深渊，直至今日慢慢复苏。

那日本工资增幅如何呢？20世纪50年代和60年代，在高速增长最初的平静时期，日元对美元的汇率曾有望维持稳定，日本的货币工资增幅超过美国的两倍。但截止到1977—1978年，由于预计日元将进一步升值，日本工资增速猛跌，并低于美国的水平。这种情况一直持续到今天，尽管日本的生产率增速可能仍高于美国。

升值的威胁

中国从中可以吸取什么教训呢？长期看来，汇率升值和货币工资增长可以相互替代。但如果汇率升值不稳定，加上与之相关的“热钱”投机性流动，会对经济发展带来更大伤害。最好将人民币对美元汇率安全地固定在1美元兑换6.83人民币的水平，这一水平已维持两年。但随后要温和地说服美国那些可能“打压”中国的人士，让他们知道，中国政府完全理解，甚至鼓励工人提出加薪的需求，使之与制造业生产率的高速增长相匹配。就平衡中国的国际竞争力来看，工资增加能达到人民币升值的效果，同时还能避免出现“热钱”流动，以及因人民币实际或者受迫升值，而对金融产生破坏性效果的情况。

显然，2010年中国人民银行再次陷入困难局面。美国国会再次威胁说，除非人民币升值，否则将对从中国进口的货物征收惩罚性关税。为了避免因贸易保护主义引发政治危机，2010年6月19日，中国人民银行将人民币汇率与美元脱钩，成功化解了来自美国的压力（至少暂时化解了危机）。

7 月 8 日，美国财政部长蒂莫西·盖特纳（Timothy Geithner）表示，拒绝在其政治敏感的报告中将中国列为货币操纵国……并将人民币与美元脱钩称为是一项重大进展。

但人民币任何系统性升值，抑或是与之相关的威胁，会立即导致“热钱”流入中国，并将在长期阻碍货币工资增长。此外，人民币进行任何分散的急剧升值也不会解除目前的危机，因为这不大可能减少中国的贸易（净储蓄）顺差，而美国人恰恰非常关注这一点。

不幸的是，在本不必要的政治危机背后，是一个广泛流传的经济谬论：汇率可以用来控制任何一个国家贸易平衡，即储蓄与投资之差。其实，美国储蓄严重不足——财政赤字巨大，而个人储蓄极少，而同时中国出现储蓄“顺差”，正是美中两国贸易失衡的主要原因。中国的“顺差”来源于企业赢利和政府收入的增加。若要消除两国贸易失衡，必须通过协调的公共政策变革来改变这些基本情况。

但关注人民币兑美元汇率会严重转移注意力：人民币升值的威胁，可能会阻碍中国工资和制造业生产率同步增长的自然过程。

人民币汇率制度的最佳选择

易纲（中国人民银行副行长、国家外管局局长）
胡舒立（财新传媒总编辑）

1995年3月，我在美国斯坦福大学的春假期间回国，在林毅夫家的一个晚宴上，第一次见到易纲。那年，他37岁，年前刚放弃美国印第安纳大学终身教职回国，和毅夫一起发起成立北京大学中国经济研究中心。

那时见到的他就和现在一样，甚至面容亦无太大改变，他诚恳而坦率，谦虚而沉稳，更像一个普通人，一个普通中国学者。比起具有传奇色彩的毅夫，易纲的经历看去也并不很曲折。不过，以我当时有限的识见就能明白，"易纲不易"。20世纪80年代末至90年代初，中国人在美国好学校读书，能拿到经济学博士，继而进入大学终身教职序列，再拿到终身教职，是非常艰难也令人称羡的成功。就是这个易纲，他拿到了又放弃了，回国再开始，何等的决断和志向！以他的从容平和，看似平常，其中必有一番不与人道的人生波澜，波尽而平罢了。

此后，易纲离开教职进入中国人民银行，先当货币政策委员会副秘书长，后来到货币政策司当司长，最后逐步升至行长助理，再当副行长，2009年7月以副行长身份，同时担任了外汇管理局局长。15年来，我们常有交谈，我也常读他的文章，听他的演讲，看到易纲在走一条原来可能并没有设想过的道路，但也感觉，央行官员、后来是央行高官的易纲，还是那个易纲教授。

2010 年 7 月，在北京金融街中国人民银行办公楼 9 层他的办公室里，我们围着一张长条桌交谈。人稍多，桌子有点挤，谈话主角易纲自己居然就坐在桌子的一角。

这位 52 岁的央行副行长、外管局局长，如今应当是世界金融界瞩目的人物了。不过，他还是平静、平和、平常，学者易纲。

最终目标与时间表

胡舒立：2010 年 6 月 19 日，中国人民银行宣布，在 2005 年汇改的基础上进一步推进人民币汇率形成机制改革。为什么选择这个时机继续推进汇改？如何评价迄今为止汇改取得的成果？

易纲：中国实行以市场供求为基础、参考一篮子货币进行调节、有管理的浮动汇率制度。实际上，这是中国的社会主义市场经济体制目前的最好选择。为什么说这是中国的最佳选择呢？对汇率制度的改革，实际上从 1994 年就开始启动了。1994 年 1 月 1 日汇率并轨，随后，整个外汇市场就建立起来了。从 1994—1996 年，人民币是双向浮动的，升值了约 5%，美元对人民币从大约 8.71 元，到了 8.28 元。后来，亚洲金融危机爆发以后，泰铢和韩元大幅贬值。中国坚持人民币不贬值。所以，从 1997 年一直到 2005 年，8.28 元基本没有动。这并不是说我们放弃了这个理念，相反，我们坚持这个理念，依然认为这样一种有管理的浮动货币是符合中国国情的汇率机制，但是，这里面存在惯性、或说“路径依赖”。实事求是地说，这件事情还是比较艰难的。结果，到了 2005 年 7 月 21 日，汇改重新启动，这就有了 2005—2008 年这三年的浮动。

这期间，人民币实际上是双向浮动的，而且跟一篮子货币的走向是相符合的。但是，2008 年，又发生了一系列事件，开始是“次贷危机”，而后贝尔斯登破产，2008 年的 9 月 15 日雷曼兄弟倒闭更把金融危机推向高潮。从那以后，人民币基本维持在 6.83 元上下窄幅波动的水平。一直到 2010

年 6 月 19 日，我们又进一步推进人民币汇率改革。

回顾这段历史，可以看出，这是我们一直坚持的机制。只不过因为危机或其他因素，才有了这么多插曲。但是，这个方向是中国最好的选择，这个方向我们应该坚持。

胡舒立：那最终目标是什么呢？

易纲：我们的最终目标，使人民币成为可兑换货币，这在党的十四届三中全会上，也就是 1993 年的秋天就已经决定了。

胡舒立：那么，人民币可兑换和汇率之间应该是种什么关系？是说它自由浮动以后才能够自由兑换，还是有管理的浮动汇率机制下也可自由兑换？

易纲：这是一个比较富有理论色彩的问题。通常，可兑换的货币，其汇率是自由浮动的。

在历史上，在布雷顿森林会议以后，35 美元等于 1 盎司黄金，美元与黄金挂钩，其他主要货币再跟美元挂钩，这实质上是一个固定汇率体系。但是，当布雷顿森林体系在 20 世纪 70 年代解体以后，主要国际货币与黄金脱钩，固定汇率体系解体。从理论上说，可兑换货币应当是浮动汇率的货币。浮动汇率这一机制，本身就是可兑换货币的稳定器，正因为它浮动，才能保证它的“可兑换”。如果要永远坚持 35 美元等于 1 盎司黄金，美元兑黄金的承诺实际上实现不了。而如果它是浮动的，它才能够实现可持续的可兑换。

还有一个极端的例子就是香港等地实行的货币局制度，它是一种特殊的安排，放弃了货币政策。一个规模小并且完全开放的经济体才能实施这种制度。但这些经济体应该视为例外，不具有普遍性。一般的可兑换货币，其汇率机制应当是灵活的。一个比较发达的国家，或者一个比较成熟的新兴市场国家，它最终应当选择货币政策的独立性和资本自由流动。那么，它不能够坚持的是什么呢？就是固定汇率。美国、欧元区就是这样。美元和欧元波动较大，这是一种市场行为。

胡舒立：那人民币可兑换目标多长时间达到？有没有时间表？

易纲：在我国，可兑换还没有一个官方时间表。但是，国际货币基金组织统计过，一般的国家，从经常项目可兑换到资本项目可兑换的时间，平均用时是7年到10年。中国是1996年实现经常项目可兑换的。

从那时到现在，已经是15年了，这已经长于国际上的平均值了。我们没有时间表，但是，参考国际上的做法，人们可以对此事有一个大致判断。主要原因在于，中国很大，发展又不平衡，这个问题就更加复杂，认识的统一上也更加困难。

胡舒立：对货币升值，我们都知道外部压力比较明显，而中国经济自身对此也有需求。综合而言，人民币迄今不能浮动的压力主要来自哪些方面呢？

易纲：一种货币，其汇率浮动真正起作用的是实际有效汇率。实际上，只有两个渠道可使实际有效汇率发生变化。一个渠道就是名义汇率的调整。还有一个渠道是通过国内价格上升：有升值压力，但可以不调名义汇率，通货膨胀也可以起到调整实际有效汇率的作用。

实际上，过去这十多年，面对这么大的压力，这两个渠道中国都用了。我们既用了名义汇率的调整，同时，中国通过价格渠道作出的调整也很大。想想看，这些年房价涨了多少！

胡舒立：现在，经过几轮汇改，人民币升值预期是不是已经减弱了？还需要继续用通货膨胀的方式来调吗？

易纲：应当说压力已经减弱了很多，十年来，北京、上海的房价涨了多少？一般物价上涨了多少？这些涨价其实都是对汇率不均衡的调整。如果十年前拿美元换成人民币并在中国买房，能赚多少？现在看来能赚的不多了。其他的资产也调得差不多了。这说明现在人民币汇率其实离均衡水平，比十年以前已经近了很多。

所以，现在，我们不具备汇率大幅波动的基础，有条件保持灵活的汇率机制，也可以保持汇率在合理均衡水平上的基本稳定。

央行在问答中其实解释了很多，什么事都是有利有弊的。中国经济劳动生产率的不断提高决定了货币币值的总体趋势。在此趋势下，升值可以抑制通货膨胀。升值多一点，通货膨胀就可以少一点。如果名义汇率不动，那通货膨胀就得多一点。有人说，老百姓不用进口产品，升值对他们没好处，这是不对的。比如，豆油，中国的大豆已经超过一半是进口的，千家万户都得吃豆制品，豆粕还可养猪，有多少人不吃猪肉？如果不升值，那大豆、豆油、豆粕的价格都得比现在贵 20% 以上。现在为什么这些产品国际价格虽然大涨，但在中国的价格没涨那么多？就是因为人民币升值了，而大豆价格基本上是用美元计价的。原油、铁矿石的道理也是相同的，其实，原油和铁矿石跟千家万户也是相连的。升值首先抑制了输入型通货膨胀。

另外，中国有这么多公民出国旅游，送孩子留学，这些人都受益了。受益者应当说是"沉默的多数"。但是，受损者的声音强，主要是出口行业，他们认为日子过不下去了，肯定要失业了。

在 2005 年汇改以前，有关部门做过企业的换汇成本调查，调查的结果是，国有企业的换汇成本是 8.11 元，私人部门企业的换汇成本是 8.07。换汇成本指的是只要汇率低于这个水平，这些企业就会亏损。如果真是这样的话，2005 年汇改第一天，人民币汇率就跳到 8.11 元了，那出口企业应该会出现大面积亏损。但是，汇改以来，中国在 2005—2008 年期间出口每年是以接近 30% 超过 20% 的幅度在增长。就是说，汇率调整并没有影响出口，出口反而大幅度增长，产业升级、技术进步、产品更新换代、提高中国产品的增加值，都是在这一期间发生的都发生了。

所以，我们得动态地看这个问题。政府也从政策上千方百计地创造有利条件和环境，比如，提供对冲工具、远期结汇、远期售汇等工具，帮助进出口企业来对冲风险。

还有一个论点，就是升值等于外汇储备亏损。在 2007 年升值比较快的时候，就有观察家说，外汇储备一个季度就亏一艘航空母舰。现在，我们有 2.45 万亿美元外汇储备（相当于 16 万亿多人民币），当人民币升值的时候，这些外汇储备用人民币来标值就少了，他说这个就等于亏了。其实，这个账算得是不对的。因为首先，我们没有亏，什么时候才亏呢？只有把外汇从美元换成人民币的时候才会亏，但我们并没有换，所以称不上亏。这种算法完全是账面转换。

如果非要进行这种账面计算，就要同时计算中国的人民币资产如果以美元计算“赚”了多少。让我们只算其中一部分。中国金融和房地产资产加起来，有大约200万亿元人民币（超过外汇储备的10倍）。如果人民币升值，这些资产用美元来标价，相当于赚出至少十艘航空母舰。当然，实际上这两者都没有发生。

胡舒立：对，他没有算人民币的资产，而且，中国人的存款也可以升值。

易纲：是这样的。所以，这个问题要全面地看。总之，亏和赚事实上都没发生，只是用不同的报告货币产生的一个视角的错觉。当然，美国的通胀是会造成我国外汇储备的购买力下降，可以说是认为是损失。但近年来，外汇储备的收益率是高于美国的通胀率的。

胡舒立：我原来听你谈过一个观点，就是说，如果汇率不正常，就会对资源和环境产生压力，你能详细讲讲吗？

易纲：如果名义汇率扭曲，它会产生一系列后果。汇率是一种价格，其扭曲必然带来资源配置的扭曲。我们通常说要扩大内需。假如汇率不对，外需赚钱很容易，企业就不会往内需使劲。汇率扭曲也不利于扩大消费，不利于扩大服务业。

胡舒立：面对通货膨胀压力，有人主张升息，这与汇率杠杆能互相替代吗？

易纲：利率是资金的价格，汇率是一种货币相对其他货币的比价；利率和汇率互相替代的作用十分有限。它们有一个离均衡点有多远的问题。这可以引起无穷的争论，因为谁也不知道均衡点究竟在哪里。从理论上来说，供求关系决定均衡点。最好的情形，就是汇率很接近均衡点，利率也是很接近均衡点。

如果加息，那这种货币就会走强，近来，许多货币都加息了，但是，美元、欧元、日元、英镑，都没有加息。理想状态是汇率和利率各司其职，因为它们的角色是不一样的。

胡舒立：长期使用固定汇率，造成了一定的扭曲，现在变成浮动，此时，除了观念上的问题，最大的威胁还是投机攻击吧？

易纲：是。所以，我们应当不断地释放这些风险。随着市场的作用越来越大，投机汇率即使不能完全到均衡，起码也得让它变成“鸡肋”，让投机者认为食之无味、弃之可惜，没什么赚头。

胡舒立：外汇改革走走停停，是不是在节奏把握上，还是稍微有点慢了？

易纲：中国是一个发展中的大国，30多年来，中国创造了人类历史上的经济发展的奇迹。从这个意义上说，中国的宏观经济政策实现了转轨。有些外国人观察家认为，这个不市场化了，那个改革滞后了，但是，从1994年到现在，中国维持了高增长，而且自1994年那轮通货膨胀以后，没有出现过太高的通货膨胀。

综合看，中国的宏观经济政策，应当是接近最优的。我们走走停停，可能有些人认为，汇改稍微慢了一些，这个问题可以讨论和反思。但是，应该说，宏观政策总体上还是非常成功的。

胡舒立：那为什么要选择现在这个时机来恢复汇率的弹性呢？主要是由于这个时段风险比较小，还是认为外部压力变得更大呢？

易纲：中国作出这个决定，主要是基于国内的考虑，自主作出了决定。我刚才说了，全球金融危机使得汇率稳定了一段时间。实际上，现在危机也还不可以说完全过去了，比如，2010年又发生了欧洲的主权债务危机，但是，总体来讲，形势比危机高潮时好多了。一方面，危机在消退；另一方面，2009年增长率又调高了，从8.7%调到9.1%了。对美国、欧洲和日本经济的预测大多也认为，2010年是复苏之年。综合国内和国际的情况，从中国的角度来考虑，我觉得现在恢复这个弹性，条件是成熟的。

胡舒立：但是，怎么评价汇率改革在外部失衡中的作用呢？

易纲：国外的学者是从他们的框架来分析的，认为汇率对再平衡，是一个非常重要的因素。其实历史表明，汇率确实很重要，但是它不是一个决定性变量。回顾日本和德国的历史，就可以看得很清楚。日元和德国马克在20世纪70年代、80年代的升值，并没有导致日本和德国的顺差马上消失。这一点对中国的情况也适用。但是这个问题最难的一个回答，是反过来问，假如汇率升值也还无法调整中国的顺差，那么，升值不是只占便宜不吃亏吗？你想，如果我升值了，我买你什么都便宜了，结果我自己的顺差还没调下去，那不是你升值就只占便宜不吃亏了吗？这个问题更难回答。

怎样才能成为“游戏规则”的制定者？

胡舒立：中国能否成为“游戏规则”的制定者？

易纲：这是一个大问题。我们常说，要参与国际游戏规则的制定。所谓国际货币体系，谁是游戏规则的制定者呢？显然是美国等主要发达国家。那么，它为什么是游戏规则制定者呢？是因为美元等市场是开放的，是世界金融市场的主市场。那么，在这些市场上，不论股票，还是债券，市场的游戏规则制定者当然是美欧等国当局。我们为什么不能当游戏规则制定者？因为我们的金融市场不够开放。如果中国的市场开放，只要人家进了中国的市场，那中国货币当局和监管当局当然是游戏规则制定者，这是毫无争议的。

胡舒立：我最近采访俄罗斯第一副总理舒瓦洛夫，他认为人民币迟早要成为储备货币，而卢布最多成为区域性货币。你怎么看？

易纲：我们自己可不能觉得中国了不得了，忘乎所以，这是非常有害的。中国还是一个发展中国家，要有自知之明。

胡舒立：那人民币有没有可能成为储备货币呢？世界有没有这种需求呢？

易纲：这种说法，有一半是给中国戴高帽，有一半也反映了他们的一种预测。我们要谦虚谨慎，还要韬光养晦。如果别人选择人民币作储备货币，我们也不阻挠，这是市场需求。但是，我们不去使劲地推动，我觉得这是一种最好的、最优的选择。千万不要人家一给戴高帽，就觉得人民币真的离储备货币很近，其实差得很远。

胡舒立：一种货币成为储备货币是市场自然的选择结果，还是需要政府来一锤定音，或是二者互相推动？

易纲：一种货币成为储备货币，首先是凭借所在国家或国家联盟的经济实力；其次是其文化凝聚力和感召力；再次是政治和军事的实力。

经济实力是第一，文化是第二。文化的感召力是非常重要的，你的核心价值观决定了你能不能被广大的国家和地区接受。真正的储备货币，一定是在全世界相对而言，其背后的文化和价值观是有影响力的。

不要低估欧美修复能力

胡舒立：前两年，金融危机比较深重的时候，外界，包括中国有些人，对美国过分看空，然后对欧元过分看好。然后，这次欧洲债务危机表明，“老欧洲”也不值得唱多。以前，投资者对美国的问题估计不足，现在又似乎把美国看得太空了。

易纲：我只谈谈中国的外汇储备投资。我们坚持外汇储备多元化、分散化，指的是币种和资产两个层次。币种上，就是在美元、欧元、日元、英镑、新兴国家货币、英镑等，都要有分散化投资。在决定投资某个币种后，接下来就要决定在这个币种上，是买债券，还是买其他资产，就是说，在资产上也要分散化。回到你刚才提出的问题，我们并没有一会特别看空美元，一会特别看空欧元。我们这么大个盘子，也不可能在很短时间内作出调整。我们坚持分散化原则，实际上是一个资产配置原则。

这一资产配置原则又是根据什么决定的呢？是参考中国的实体经济定的，按中国贸易的比例，然后是 FDI 的比例，还有一个因素是结算的比例。

胡舒立：中国外汇储备以往很少评论具体投资，但近期就“两房”问题连续表态，“两房”为什么这么重要？

易纲：“两房”之所以重要，是因为它们在美国房地产市场中起着关键的作用，而且对金融市场稳定至关重要。次贷危机爆发初期，美国政府还依赖这两家机构缓解危机，随着危机深化两家机构也出现了问题，美国政府随后接管了“两房”，目前财政部已拥有“两房”约 80% 的股份，是最大股东。此次“两房”根据交易所相关规定退市，但对“两房”的债券未造成负面影响。

近期外汇局的回应是希望帮助大家理解外汇储备资产是安全的，管理是有效的。我国外汇储备规模较大，一举一动对市场都会有影响。我们一方面会逐步向大家普及外汇和金融市场知识；另一方面，也需要审慎稳妥表达观点，避免被市场投机者借机炒作，影响金融市场稳定。

胡舒立：金融危机发生之后，欧洲、美国作了一些调整、修复，你怎么看待它们的修复能力?

易纲：他们的修复能力是很强的，我们千万不要低估了美国和欧洲。美国通过的金融监管改革法案，是继格拉斯—斯蒂格尔法案和克林顿总统签署的现代金融服务法案后的又一个里程碑，这是对过去几十年的历史，特别是这轮金融危机的反思。这个法案，再加上英国最近新的金融监管框架的路线图，还有 G20 指导下的金融稳定理事会，国际货币基金组织、巴塞尔委员会、国际清算银行，制定出了一系列金融监管标准，构成了未来十年，甚至更长时间内全世界金融监管标准和监管框架。在这种监管框架下，他们的修复能力是比较强的，修复速度是比较快的。

对国际金融监管框架的建立，欧洲人也作出了很多贡献。当然，在美国监管改革法案通过后，美国人走在了前头。

胡舒立：最近，我跟高盛副主席迈克·埃文斯谈了一下。他说，高盛准备调整其策略。原来，整个华尔街对美国金融法案还比较抵制。他说高盛要调整定位，拥护金融改革。第二，已经成立了商业标准委员会(Business Standards Committee)，通过调查和反思，最终提出改变高盛商业行为的具体措施。在谈到与美国证监会的官司时，他也说，尽管这个个案有政治因素，我们必须承认自己有过失。听他的口气，有可能和解，但他强调和解不意味着结束，高盛还是要调整商业行为。不过从另一方面说，现在美国各方对金融改革法案评价这么高，为什么推得还这么难呢？共和党为什么强烈反对?

易纲：推动难，主要是因为利益。这个法案中一些伤害投资银行、商业银行利益的条款，已经磨得平和了许多，做了一些妥协。总的来讲，我觉得这个法案是比较正面的，为什么呢？迅速地出台这个法案，比悬而不决好得多。悬而不决就是不确定性，这个法案一出台，等于靴子落地了，市场上预期就稳定了，市场就可以正常运作了。

以平和心态看待中国经济增长

胡舒立：我还想问一下宏观这块，你现在觉得全球经济“二次探底”的可能性大不大？

易纲：简单地回答，我认为“二次探底”的可能非常比较小。但是，准确的解释取决于如何定义“二次探底”。2010年美国经济增长在2.5%～3.5%之间是比较靠谱的，日本2010年应该是正增长，甚至比2%还要高一点。欧洲可能在0.5%～1.5%。这样的结果肯定称不上“二次探底”。当然美国的房地产和就业情况不好，还存在许多不确定性。

胡舒立：现在，中国经济有没有可能掉下来？上半年是11.1%。

易纲：中国经济增长全年可达9%以上，这应当说是相当高的增长了。高增长也是一个情结。现在，我希望多输入一些平和的心态。这样，能够使得中国的经济增长期持续得更长一些。中国实际上现在已经是世界第二大经济体了。经济基数越来越大，增长率肯定应该逐步慢下来，这是第一点。第二点，环境的约束已经到了空前紧张的时候了。地下水、空气、碳排放，等等。还有一个就是资源的约束，包括能源的进口。按照人类经济增长的规律来讲，今后中国经济增长肯定会逐步放慢一些的。

改革开放30多年来，我国年均GDP增长率在9.5%以上，新世纪的头十年，我国增长率已经超过10%了。第二个十年，如果平均增长率在7%～8%的话，我觉得就是很高的增长率，问题是我们能不能维持住这样一个增长率。然后，我们还要看第三个十年，要能够维持5%～6%的增长率，那么，中国就实现了50年的快速增长。这在人类历史上是没有过的。

中国经济的问题是增长的质量，这就是我们为什么现在要调结构、要转变发展方式，其真正含义都是在提高增长的质量和效益。应该把自己的心态调得更加平和一点。

Chapter 2

第二篇

金融监管与改革

▶ 从实体经济角度而言，一般预测认为，2050年亚洲GDP可能是全球的55%～60%，因为亚洲人口是全球的55%。但是我个人觉得，这不是必然的。从金融角度而言，亚洲面对的第一个大问题就是泡沫、热钱和全球价格扭曲的问题。对此我们没有前例可循，不但亚洲没有走过这条路，全球其他地方也没有走过这条路。

亚洲未来三四十年的风险是非常大的，实体经济在转型，工业在转型，制度在转型，面对从出口转向内需、环保和大气候转暖以及天灾的大问题。这些风险不是普通的金融体系可以抵住的，如果还是像现在这样用高杠杆式的金融体系承担这种大风险，我个人认为不一定会很成功。

——沈联涛（中国银监会首席顾问，前任香港证监会主席）

▶ 现在货币的汇率一天变那么多，油价几天内变动10%，难道世界经济短期内有这么大的变化吗？这最终是一个热钱的问题，热钱最终把所有问题放大，比如通胀问题。所以对中国以及发展中国家来说，最重要的就是要加强对基本流入的控制，如果不好好控制的话，危机会来得更快。

——谢国忠（独立经济学家，玫瑰石顾问公司董事）

第四章 | 美国金融危机的启示

保尔森答案

保尔森（美国前财长）

胡舒立 王烁 李昕（《新世纪》周刊记者）

在5日下午飞抵北京一小时后，当天，亨利·保尔森（Henry Paulson）在他下榻的东方君悦酒店，接受了我们的专访。

64岁的保尔森不需要太多介绍。他是2006—2009年年初的美国财政部长，此前则是高盛集团CEO。这是保尔森2008年12月以来第一次访华，对他来说间隔已经很长。他来华次数截至2006年就超过了70次，直接叫他Hank（Henry昵称）的中国人数不清有多少。

尽管有出席博鳌年会这个很好的理由，人们猜测他此番较年会召开提前四天来京还有其他使命。4月12日，中国国家主席胡锦涛将出席在美国首都华盛顿举行的全球核安全峰会。美方想在此前就人民币汇率升值达成谅解的期待昭然。保尔森在北京数日间面见多位中国领导人。4月7日夜，保尔森在财长任上处理金融危机的重要搭档、现任美国财长盖特纳突访北京。把这些联系起来，不需要太多想象力。

但保尔森引人关注，还是因为他，加上美联储主席伯南克，代表了美国应付这场金融危机的艰苦努力。谈到保尔森，人们会想起他在白宫向众议院女议长、民主党人佩罗西单膝下跪的镜头。在一场无果的两党争论之后，在至关重要的银行不良资产救助法案（TARP）议会表决之前，那一跪浓缩了保尔森在危机中的全部努力——实用至上。他先后支持修改市价计值（mark to market）会计准则，支持禁止卖空，甚至亲手注资投资银行。以前对他不可想象的事情，他说做起来并不困难，因为没有选择，“不然后果太惨重”。

我们问保尔森，他从这场危机中学到了什么？我们不仅想知道，这位出身华尔街的财长，在危机中，如何平衡自由市场原则、实用主义选择和道德风险，以拯救美式资本主义；我们也想知道，危机暂息后，他有没有为受创深重的美式资本主义找到一套有新意的表述。我们的问题与愿望，都攸关中国从这场危机中所学到的经验与教训。

4月5日，在北京东方君悦酒店17层会议室，保尔森回答了我们的问题。他的答案不一定完全令人满意，但值得倾听。

危机

“如果雷曼兄弟没有倒闭，我们没法获得国会特批的权力，那么多金融机构在崩溃的边缘，下一个死掉只是时间问题。”

《新世纪》：我们都读过了你的新书《On The Brink》，今天这本书的中文版也出版了。我们上次采访你是三年前，很显然那以后你大多数时候都在应付挑战。能讲讲你学到了什么吗？

保尔森：那是一个非常艰难和有挑战性的时期，因为要处理的问题前所未有。当经历这些后，回顾过去我很高兴参与其中，因为我的金融市场经验、性格以及管理经验都使我能够帮助改善局面。

但是，我很高兴不再经历这一切。我知道当时在峭壁边缘，如果再有一个金融机构垮台，金融系统将会崩溃。

《新世纪》：早知如此，你还会不会来当这个财长？

保尔森：好多人问我这个问题。在最艰难的时候，布什总统几次对我说："汉克，你应该欢迎这一切。"他的意思是，还好危机来临而你我彼此信任。如果不是这样，如果危机发生在总统上任之初一切都要重新学习的时候，就大事不妙了。

《新世纪》：你说自己信奉市场，但在这场危机中，你也曾不得不做一些自己以前不愿做的事，比如赞同禁止做空，比如救援金融机构。

保尔森：我从来不相信无监管、不受约束的市场。我总是相信市场需要好的监管。比如，2001 年安然丑闻后，我呼吁通过萨班斯 – 奥克斯利法案，以遏制公司欺诈行为。

我确实非常难以接受救助濒于倒闭的金融机构，我相信那些冒风险者必须为损失承担责任。尽管如此，这个决定不难作出，因为没有选择，什么都比一场经济灾难好得多。

《新世纪》：如果有机会重来，你会让雷曼兄弟公司破产吗？

保尔森：嗯，舒立，别忘了伯南克、盖特纳和我都多次说过，我们当时无权救助雷曼兄弟。有人不相信。他们相信美国一定有权力这么干，尽管他们不知道这种权力是什么。

在 2008 年 10 月我们从国会获得过不良资产救助计划（TARP）授权之前，美国监管体制非常过时，权力有限，尤其缺乏紧急授权，在破产程序之外，来清算一个非银行类的金融机构，如雷曼兄弟。美联储和财政部也无权直接注入资金或者担保其债务。

雷曼兄弟跟贝尔斯登和 AIG 不同。就像我在书中所说，2008 年 3 月，当濒于倒闭时，贝尔斯登既有流动性危机，又有资不抵债问题。但当时有一个强有力的买家摩根大通银行，它既有能力解决资本金问题，又能为贝尔斯登的交易提供担保。2008 年 9 月，AIG 也面临流动性危机，但他们旗下有保险公司，其信用评级独立于母公司的信用评级，美联储可以为其提供贷款。

我们努力为雷曼兄弟找买家，但是找不到。为了让你的读者理解，简单来说，在法律许可的范围内，我们没有足够的权力解决问题。我在这本书里细述了所犯的不少错误、希望可以避免的错误。但是，最大的问题是我们没有一个正确的监管系统，也没有足够的授权来处理这些问题。

你得真正了解这场危机。雷曼兄弟是病症，不是病因。在那个周末，我们在设法挽救雷曼兄弟，同时 AIG 和美林也在坍塌。这些都是长期积蓄危机的爆发。我们想避免雷曼兄弟的倒闭，做出了非常艰苦的努力，最后却失去了唯一的购买者英国银行巴克莱，因为英国监管当局否决了这桩交易。

假设美国银行买下的是雷曼兄弟，那么美林就不会有买家了，而 Wachovia 和华盛顿互助银行也在苦苦挣扎之中。事后看来，如果雷曼兄弟被救了，危机不在那一天发生；如果我们没去国会要求 TARP 授权，此后很可能是更大的灾难。这是大选年，国会快要休会，议员快要回家。所以有人这么说——他们可能是对的——如果雷曼兄弟没有倒闭，我们没法获得国会特批的权力，当时有那么多金融机构在崩溃的边缘，下一个金融机构死掉只是时间问题。

【背景述评】

金融危机是一个不断演进的进程，而危机处理也同样。在 2008 年 9 月雷曼兄弟公司破产之前，保尔森在新著里说："我们只能凑合着往前赶，头痛医头，脚痛医脚。"

雷曼兄弟破产是这场危机的顶点，也是转折。它既震撼了全球金融体系，也使所有利害相关者认识到，必须要有一套完整的能够重振市场信心的方案，一机构一策的方案再也行不通了。

不熟悉美国政治运作规则的人很难理解：为什么不救雷曼兄弟呢？因为用纳税人的钱去援救一家投资银行，不在财政部和美联储的授权范围内。2008 年 3 月，政府支持摩根大通收购即将崩溃的贝尔斯登，为其担保部分潜在损失，已经引发轩然大波。在英国金融监管当局否决巴克莱银行于最后一刻收购雷曼兄弟之后，保尔森没有可能在没有私营机构参与的情况下单方救援雷曼兄弟。这在美国的政治游戏中不可接受。

不可接受的事情，仅仅在一个月内就变成可以接受。在布什全力支持下，保尔森和伯南克在国会休会前的最后一刻获得了 7000 亿美元的 TARP

救援方案授权。尽管这一方案此后仍多变化，从收购不良资产转为直接向金融机构注资，但市场逐步趋于平静。

这一切之所以可能，是因为雷曼兄弟破产了。

教训

“就像人们死前要有遗嘱一样。金融机构应该就他们如何被清算立遗嘱。”

《新世纪》：监管机构需要获得什么授权？

保尔森：我在雷曼兄弟倒闭前两个月就建议过——在 2008 年 6 月和 7 月，但奥巴马政府今天还在与国会合作希望获得这些授权。美国政府需要从国会获得危机处理授权，以便在需要时能干预濒临倒闭的金融机构，不论其是否是银行，而且可以在法庭破产程序之外清算这些机构，以避免危及金融体系和整个经济。

《新世纪》：此次危机整体上可以看做“大而不倒”(too big to fail)的考验。国际特别是美国金融体系应该怎么面对这个问题？

保尔森：我的答案是：这些非常大和复杂的金融机构构成潜在危险，需要做几件事。首先是更严格的流动性和资本金监管要求，但最重要的办法是我刚才说的，政府有权力在法庭破产程序之外来清算任何公司，不管其大小或类型。纳税人不必像现在这样一次又一次地救助他们。

这很复杂，监管者必须非常有经验。监管者必须事先同这些大金融机构制定一个路线图，就像人们死前要有遗嘱一样。金融机构应该就他们如何被清算立遗嘱。监管不可能完美，总有公司会倒闭，必须要有办法清算他们，避免“大而不倒”的情况再度出现。

《新世纪》：金融危机很快从一国扩散到全球，这需要国际金融体系作什么调整？

保尔森：不会有全球监管，但需要全球协调。有一整套的事情要做，首先是更严格的资本金和流动性要求。标准化的信用违约互换产品（CDS）应在交易所交易，以增加透明度。非标准的CDS必须向其清算机构说明，并要缴纳更多的抵押。因此我们需要改革评级机构，改革资产证券化的过程。

必须强调，不仅是在美国，而且是在世界范围内，监管机构需要权力在破产程序之外清算濒于倒闭的机构。

另外，很多问题是政府政策造成的。美国很久以来一直提倡拥有房屋。拥有房屋是很好的事情，但是刺激走得太远了，以至于造成房价泡沫。我们需要重新考虑美国刺激房地产市场的政策。美国是全球不平衡的一极。美国人储蓄太少，消费太多。其他国家则需要消费更多。

长期以来造成的不平衡需要很长时间来改变。但在美国，我们过去没有足够的工具，没有一个有效的监管机制。金融市场总是走在监管系统前面，金融市场的创新导致复杂和不透明。规则和法律需要赶上市场的发展。

这就是为什么在担任财政部长时，甚至在雷曼兄弟的问题出现前，我们建议成立一个全面的监管制度。现在多个监管机构同时插手，各自关注局部问题，而不是全局。

【背景述评】

雷曼兄弟破产冲击全球，因为它以数百亿美元的资本金，30余倍的杠杆率，形成了近万亿美元的交易部位，而在进入破产程序后，全数冻结。全球金融市场所有主要玩家几乎都受影响，由此激发连锁反应，所有人都担心其交易对手会是下一个雷曼兄弟，于是不再与任何人做交易。全球金融体系的齿轮里突然塞进一根铁杠，系统接近停摆。

什么叫“大而不倒”（too big to fail）？过去这个词属于银行，因为只有银行才有足够大的资产规模。现在这个词属于所有将杠杆用足的金融机构，不管它是不是银行。它可以是一家投资银行如雷曼兄弟，也可以是一家对冲基金，十年前的对冲基金长期资本，就是先例。

保尔森的建议，是再大的机构也可以倒，只要政府有权处置危机金融机构，将其置于法庭破产程序之外清算。所谓置于法庭破产程序之外，指政府被授权可以以各种手段担保被清算机构的交易部位有序平仓，不至于整个金融体系停摆。这至少需要两大改革：第一，金融机构破产不一定非得走普通企业法庭破产程序；第二，政府获授权可用纳税人的钱，来保证其主持下的特别清算过程平稳有序，但这些钱是可能发生损失的。没有国会立法，这都办不到。

通胀

“通胀不是美国未来几年内需要面对的大问题。真正严重的挑战是长期财政赤字。”

《新世纪》：你认为美国经济前景如何？

保尔森：我相信美国经济正在复苏。失业率仍很高，但金融市场和金融系统目前稳定，经济在恢复增长，房地产市场多半已经触底，只是需要时间恢复。我认为美国的表现远远超越欧洲。

华尔街改变很大，但欧洲金融机构改革的步伐更加缓慢，因为需要资本金和流动性监管条件要提高。美国国会还没有通过改革法案，但是现在谈论的很多观点都是正确的，我相信其中很多最终会成为法律。我并没有掌握什么消息，但是我相信关于信贷违约掉期、衍生品、评级机构的法案会通过。美国的金融监管会更加严格，会对资本金和流动性有更高的要求，最终监管权力覆盖范围会扩大到如我们所愿。欧洲对此有抵制，他们银行的资本金还不及美国同行多。

《新世纪》：美国经济在复苏中，那么危机以来采取的各种援助和刺激政策如何退出？

保尔森：这个问题非常重要。我所启动的那些救援项目，退出正在迅速进行。比如说向银行注入资本金的计划，银行正在募集资本还政府钱。美联储和财政部联手的 TARF 计划也是。有一些干预政策的退出尚未开始，比如对房利美和房地美的援助退出仍为时过早，联储还没有开始卖出其所持有的房地美和房利美的证券。我不想评论联储何时改变政策。美国很幸运有伯南克在处理这些问题。他从一开始就置身其中，他又懂市场又懂经济，他会找到解决之法。

《新世纪》：通胀形势会不会变得严峻？

保尔森：在未来几年间，美国经济遭遇通胀的概率很小。为了稳定金融系统而投入市场的资金，全部或者绝大部分，会在五年内收回。短期财政赤字显得高得惊人，因为我们正处于严重衰退中，也因为其中一部分并非政府开支，而是政府对金融机构的股本投资，这部分迟早会回来的。通胀不是未来几年内需要面对的大问题。

真正严重的挑战是长期财政赤字。这在很大程度上植根于美国目前的社会福利政策——社会保障、医疗保险、公共医疗补助制度等。我在美国也说，这是代际之间的问题。每个父母都愿意牺牲自己为孩子争取更好的生活，所以我不怀疑能够解决这些问题，但等得越久，回旋余地就越小，也就会为下一代留下更多负担。

《新世纪》：许多中国人担心美国印钞，将自己的问题全球化来解决问题。

保尔森：美国政府和美联储采取了必要措施，避免整个系统崩溃，让经济回到正轨。退出策略的确重要，伯南克是担当此任的不二人选，所以我并不十分担心退出。我更担心的是社会福利支出过高导致过高财政赤字，但这不是近期要务。我们还有时间处理这个问题。

《新世纪》：美国保持准零利率这么长时间，其他国家特别是中国应该采取什么样的政策措施？

保尔森：与中国一样，美国采取了刺激计划和应对金融危机的货币政策。中国需要美国能继续顺利走出危机，美国的复苏对中国经济而言极为重要。对美国来说，长期挑战是储蓄太少，消费太多。如果美国民众能少消费一点，多储蓄一点，那将是件非常好的事情，但目前我们这个国家仍然没有实践这一点。

【背景评述】

认为美国会通过印钞让全球来解决自己的问题，这种观点在中国观察者中相当普遍。保尔森没有直接回答这个问题。他把答案分作三截：短期，美国没有通胀问题；中期，此次放出去的货币将在五年内回收，所以没造成额外的通胀压力；长期，财赤问题很大，但这跟眼下有什么关系？

这些回答很有道理，但能化解中国观察者的担忧吗？

中国经济

“尽管有副作用，中国政府应对危机的做法是正确的。”

《新世纪》：大规模的政府投入，加巨量银行贷款，中国经济目前的复苏健康吗？

保尔森：从2008年12月后我还是第一次来中国。但是我看得到，美国和其他国家都为中国所采取的行动感到庆幸。在此次全球衰退中，中国成为了世界经济的重要引擎。

包括刺激政策和巨额银行贷款在内的行动，不可能没有副作用。没有事情是完美的。有一些负面影响，比如沿海城市的房地产泡沫，还有银行贷款过剩，政策性贷款和商业性贷款区分不明，但我认为中国政府做了正确的事情，而我们都因此获益。

《新世纪》：有观察者认为中国可能重蹈日本20年前的覆辙。你有这个担心吗？

保尔森：中国和日本的情况很不相同。日本的错误为中国提供了可借鉴之处。中国正在制定自己的改革路径，正在经历向市场型经济转型，并且取得了卓越的成就。我认为最大的风险是不继续前进或者过于缓慢地推进这场使中国受益非凡的改革。

《新世纪》：普遍的看法是此次危机后，与其他国家相比，中国变得更强大了。你同意吗？

保尔森：中国经济在危机之中表现非常好。决策者行动迅速，采取了正确的措施。

我倾向于从中长期的角度看问题。无论是中国还是世界各国的人，都应当从这场危机中吸取恰当的教训。我们的教训不是金融改革和市场失效了。事实上，正是金融改革和市场化让千百万中国人和世界其他地方的人脱离贫困。

对美国来说，教训是经济模式需要改变。我很高兴看到中国经济在危机中表现如此强劲，在未来的数年中仍然是世界经济的亮点。但是，相信我，没有哪国的经济发展会一帆风顺。

【背景评述】

保尔森特别能理解中国政府在2008年年底采取的以“4万亿”为标志的一篮子经济振兴措施。他在解决自己的危机的时候，已经完成了自我教育。禁止做空？他支持。救援金融机构，非做不可，因为不这样做的后果还要坏得多。副作用有，但可控。

但与许多人不同，保尔森没有混同事急从权与长期机制。他强调中国不要从这场危机中吸取错误的教训，不要放弃也不要放慢朝向市场机制的转型。他提醒，不管一国经济增长多么强劲时间多么长，总有一天会有波折。

中美

“在作决定（开G20峰会）前，我们咨询的第一个国家领导人就是中国国家主席胡锦涛。”

《新世纪》：你在书中多次提到，与中国经济决策者们在危机期间保持着密切的联系。他们给你什么好建议了吗？来自中方的合作对你处理危机有多重要？

保尔森：我担任美国财长之后，就启动了中美战略经济对话。这增进了理解和互信。我与中国同行经常对话。中美两国有相似的利益。世界金融系统稳定对美国非常重要，对中国也是如此。中国在此一直具有相当的建设性。

我认识中国副总理王岐山很长时间，这当然很有助益。中美在各个层面相互交流。比如说，当需要召开全球领袖峰会的时候，布什总统要决定是叫 G7 还是 G20。他的决定是 G20，这也是我的推荐。在作决定前，我们咨询的第一个国家领导人就是中国国家主席胡锦涛。他表示赞同。我们因此知道中国愿意扮演重要的领袖角色，也知道开 G20 而不是 G7 是正确的。

《新世纪》：你说，没有危机什么也过不了国会山。你的中国同行没有这个问题，“4 万亿”说上就上。你会不会羡慕他们?

保尔森：首先，我十分感激，两次得到国会支持，采取行动阻止金融系统的崩溃。许多人认为这是不可能的。第一次是给予财政部处理“两房”（房利美和房地美）的无上限的授权。第二是通过 TARP 授权 7000 亿美元救援方案。美国的民主共和体制有很多优点，是一个伟大的体制，当然也有时让人感到折磨，特别是要做出艰难的复杂的改革，在危机出现之前，国会很难通过。

《新世纪》：中美之间未来经济合作的主要领域是什么?

保尔森：中美两国在有些领域有共同利益，有的则有竞争。应该很坦诚地面对这些不同领域，寻找解决之道。中国和美国是世界上最大的发达国家和最大的发展中国家。全球发展、国际贸易和投资的发展对双方都有利；孤立和保护主义对双方都有伤害。我们都是主要的石油进口国、能源消耗大国。因此发展和应用清洁能源技术，以取代石油，是两国共同的利益所在。气候和环境也是如此。在许多议题上不存在国家界限。

【背景评述】

在 2006 年担任美国财长之前，保尔森 70 余次造访中国。他与中国经济决策者们关系熟稔，与他们中的不少人保持着友谊。他在书中提到最多的其他国家是中国，中国副总理王岐山、央行行长周小川也都多次出现。在他犹豫不决时，后者还曾亲自劝说他要出任这一职务。

正因如此，当保尔森担任财长后即启动中美战略经济对话（SED）机制时，人人都认为，他找到了将长期积累的中国资本用来推进中美沟通与互信的最佳机会。

数年之后回顾，与创设时人们的期待相比，中美战略经济对话留下了遗憾，成果乏善可陈，突破几乎没有。在经历了2001年加入WTO五年过渡期后，中国进一步对外开放的动力有所失速，在三年中美战略经济对话中表现昭然。

在中美战略经济对话失色之时，G20峰会成为国际政治顶级舞台上最耀眼的新机制。正如中国一位中央银行家告诉我们的那样，以前只有G7首脑会议、G20财长和央行行长会议，没有过G20首脑峰会。G20首脑峰会，由美国总统布什发起，以寻求对全球金融危机的全球解决之道。从保尔森的回答中，我们得知：它起于保尔森的建议，决定于中国国家主席胡锦涛的支持。

人民币

“我不做猜测，我已经不是财政部长了。”

《新世纪》：你任财长时，从未将中国定性为汇率操纵者。你的逻辑是什么？奥巴马政府会不会更有可能将中国定性为汇率操纵者？

保尔森：不论是公开的，还是私下场合，我都说人民币汇率采取灵活机制是非常重要的，符合中国和世界经济的利益的。能够灵活反映经济状况的人民币汇率可以促进和谐的经济增长，更有效地控制通胀，控制房地产泡沫，也可以使社会更广泛地享受到经济繁荣的益处。

中国是一个主权国家，所以我们希望中国决策者认识到这对中国自己有益。这也是中国是否继续改革进程的一个标志。我们不为中国贴上货币操纵者的标签，我们只是敦促继续改革。

《新世纪》：中国这次会不会被定性为汇率操纵者？

保尔森：我不做猜测，我已经不是财政部长了。

【背景评述】

人民币再次启动汇改，公认只是个时间问题。纷纭说法，区别只在是本月，本季度，还是下半年。两大事件值得关注：第一，中国国家主席胡锦涛将参加4月12日在美国首都华盛顿举行的核安全峰会。第二，现任美国财长盖特纳宣布推迟向国会提交对其主要贸易伙伴汇率的评估报告。中国是否操纵人民币汇率，是人们对这份报告最关心的内容。公开原因是希望此举给中国政策调整更大的空间。这两者表明，4月12日之前所剩无几的时间，有可能构成中国再启汇改的第一个时间窗口。

不过，推迟发布报告之举，也有隐含的威胁之意，它使人更倾向于猜测报告的结果是负面的。美国财政部每半年向国会提交该报告，被认定操纵其汇率的国家，可能受到贸易制裁。中国从未被认定为汇率操纵者。

4月7日晚间，刚刚结束访问印度的美国财长盖特纳“出乎意料”地出现在北京，并在4月8日同国务院副总理王岐山会谈。除了会同王岐山商谈汇率问题，即将在5月下旬在北京举行的第二轮中美战略与经济对话，也应是两人会谈的话题。王岐山和盖特纳分别领导两国对话的经济部分。

金融开放

“Hank，我们的‘老师’有麻烦了。”

《新世纪》：三年前采访你时是在财政部，你说中国应进一步对外开放金融业。你说中国应在既得利益长得太大无法控制之前开放。但很明显，此次危机之后，中国决策者不太愿意往前走。你准备如何说服他们？

保尔森：开放金融市场，也是在中国法规之下的。中国将以管理本国金融机构同样的方式来管理合资或外资机构。他们都是在中国市场运行的。市场化的汇率机制对中国和其他国家都有利。长期来看，一个如此巨大的经济体，其产品、服务和贸易都深入融合到世界经济之中，没有开放的金融市场和市场化汇率机制是很难的。

我的逻辑是，更有效率的资本分配有助于创造新的产业、就业和增长。更多的金融产品和投资机会也有利于中国人分流储蓄，创造财富。更多的产品和投资机会、储蓄机制和利率并不能使他们放进银行的钱带给他们足够的收益。因此，我主张中国逐步放开金融市场。

中国在金融市场改革以及银行和其他金融机构私有化方面所做出的成就，是非常显著的。无论什么时候说这些，中国的决策者在长期改革方向上都没有变化，区别无非是节奏。

当然，也正像你说的，危机发生的时候，中国副总理王岐山跟我说："Hank，我们的'老师'有麻烦了。"

《新世纪》：中国没老师了。

保尔森：（笑）对我这样在市场中度过一生的人来说，这话让人清醒。（王岐山）总是很坦诚。

【背景评价】

许多致力于改革的人士认为，此次金融危机，中国在经济上受创有限，但改革开放之路受挫，影响更为深远。中国经济增长的动力，内部以经济自由化为主，外部以对外开放融入国际体系为主。在金融危机之后，两者都有所失速。国家干预主义不仅大占上风，还隐有固化可能。对外开放特别是金融对外开放的声音在金融动荡之下失声。中国30年来固然走所谓自己的道路，但自己的道路是不变量，变量基本来自"以美为师"。

在这个意义上说，"我的'老师'有麻烦了"，有麻烦的还有学生。危机之前和危机之后采访保尔森，保尔森敦促中国保持改革开放进程的理据和逻辑始终如一。这是好事，因为一以贯之；这又不是好事，因为推进中国改革开放的思想指导，老调重弹不够，要有新鲜内容。它在哪里？

评价

“很难因为避免了没有出现的灾难而获得表扬。所以我说，让历史来裁判吧。”

《新世纪》：你担任过高盛 CEO，你经历了一场金融危机，你还写了一本畅销书，接下来你会干什么？

保尔森：我打算把大部分时间放在自然保护、环境和能源方面。多年来我一直对此很感兴趣，现在能重新投入。比如在中国，我建立了一个环保方面的对话，参与云南自然保护项目，设立了自然保护委员会的亚太区理事会。我很关心环境和能源效率问题。我计划在这方面投入更多精力，也期待能对中国有所贡献。

《新世纪》：你会把投资银行经验用于你说的这些事情上去吗？你还有可能回投资银行业吗？

保尔森：我想用我的能力，我对市场的理解，做一些能帮助别人的事情，做一些应对环境挑战的事情。如果这些事跟金融市场有关，那是自然。但我不会回到这个行业。另外说一句，我觉得清洁能源技术的发展和应用十分重要。

《新世纪》：你跟高盛还有关系吗？

保尔森：我在高盛工作了 32 年，回忆很美好。但是去华盛顿任财长时，我已经终结所有联系，卖掉所有股票。现在和高盛没有丝毫关系了。我希望所有的金融机构都好，但并不和其中任何一家有关联。

《新世纪》：从 1 到 10，1 最低，10 最高，你给自己打多少分？

保尔森：历史留给历史学家来写。无论是投资银行家还是财政部长，我都尽到全力。在财政部，我权力不够、手段不足，又面临前所未有的挑战，但我们作出的主要决策都是正确的。

系统性崩溃的后果是不堪设想的。我在书里也写道，当雷曼兄弟倒下、

AIG 摇摇欲坠的那段时间，连最好的蓝筹公司都不能短期融资。继续下去，无论大小公司，不能融资，无法购买库存，不能支付供应商，不能发员工薪水。失业率完全可能一下飙升到 25%，回到“大萧条”时代，上百万人找不到工作。我们避免了这场灾难的发生。

你知道在美国，“救市”是非常让人反感的词。调查显示 93% 的美国人反对救市。所以我们向民众说明，这些行动不是为了救华尔街，是为了救普通美国人。我和伯南克去国会作证，要求国会给我们权力时，整个金融系统已经冻结，经济在几个月之后会急速下行。国会是给了我们权力，但我们很难因为避免了没有出现的灾难而获得表扬。所以我说，让历史来裁判吧。

【背景评价】

“你很难因为作出困难的决定避免了一场灾难而受奖，因为受益者没看到灾难的后果”，这句话的镜像更适合中国：不能因为作出容易作的决定，避免了一场危机，就觉得政府干预模式不可战胜。保尔森说得好，让历史来裁判吧！

老一代央行家的谢幕

沈联涛（中国银监会席首席顾问、前任香港证监会主席）

“二战”名将道格拉斯·麦克阿瑟有句名言“老兵不死，只会慢慢隐去”。中央银行家正是执行货币政策的将军，他们在货币战争中拼杀，抗击通胀威胁，维护金融稳定。退休的中央银行家不会隐去。比如，美联储前主席格林斯潘可以写畅销的回忆录。

最近，美联储副主席唐纳德·科恩已决定退休。他坦陈：“许多央行家和经济学家有些自负地步入了这场危机。我们原以为足够了解市场和经济的基本结构，从而能够经历较小的波折就能实现经济和物价的稳定，我们原以为拥有必要的政策工具来应对流动性短缺和市场异常动荡。央行家以及其他决策者、专业经济学家和私营部门都没有预测或阻止这场给全球带来严重失业和财富损失的金融危机。我们必须吸取教训。”

为什么这些聪明人都未能预见危机来临？为什么在大灾难面前决策者总是缺乏远见、行动迟缓、贻误时机？不难理解，人们容易过度自负，或者过于谨慎。没有人喜欢改变现状，除非迫不得已。大多数人喜欢等待更多的信息以验证自己的猜测。但是此外，另有原因。

加利福尼亚物理学家兼系统论者卡帕拉认为，学术界和官僚往往非常专业化，只见树木、不见森林。 一位哈佛大学教授则认为，人们已经习惯了自上而下的部门结构和官僚体制，命令和战略都往往由高层制定的，并默认底层会执行。我们往往忘记了，大多数业务需要在水平层次上进行协调和执行，比如不同的部门之间，不同的产品线之间。政府或企业内部各项任务与利益不同的部门之间如何协调，是现代治理问题中最复杂的任务。

大多数央行家和经济学家忽视了市场不过是相互影响的人类行为。市场参与者彼此观察，预测竞争对手的行为，并据此制定方案。他们时刻关注着政府如何制定和执行政策，然后寻求监管套利或者税收套利。一旦市场能够准确预测央行家或者其他决策者将如何行动，政策很容易就失去效果。

有助于央行家理解“相互影响”的最好例子就是古德哈特定律。查尔斯·古德哈特是当今最优秀的货币经济学家之一，他认为，任何一个货币政策目标最终都会失效，因为市场参与者很快会调整自己的行为，以规避这种政策目标对自己的负面影响。该定律同样可以推广到监管政策上。

当代央行家的问题在于，自以为知道市场如何运作。他们习惯于遵循某种清晰的货币政策目标或行为准则。实际情况是，一旦市场了解了央行的行为特征，就会很快调整行为方式。例如，如果管制很严格，市场参与者就会将越来越多的业务转移到那些管制宽松的离岸市场，甚至转移到监管机构根本看不到的影子银行体系。

同样危险的想法是割裂货币政策和金融监管，好像两者能够清晰划界。真实的情况是，货币政策对金融监管有很大影响，反之亦然。

最后，一个重要的问题被大多数发达国家的央行家忽略了，忽略的原因不是因为这个问题不存在，而是因为无人有能力应对。

土地、房产和固定资产投资是货币政策、金融监管和财政政策共同面临的大问题。土地和固定资产的价值与利率直接相关，利率越低，房地产价格就越高；房地产是银行持有的最大规模的抵押物，也是大多数居民和企业拥有的最重要的资产；卖地收入可能也是一些地方政府重要的收入来源。因此，房地产泡沫特别难以处理：房地产一旦贬值，不仅会摧毁银行体系，最终也会带来高额财政赤字。

危机爆发之前，美国监管机构居然没有发现，本国银行 55% 的贷款涉及房地产，而且所持有债券的 74% 是资产支持证券。由于房地产规模高达

GDP 的 225%，当房地产价格下降 20% 时，造成整个金融衍生品市场的崩溃，最终导致大量的银行出现偿付问题。

当老一代中央银行家逐步退隐之后，新一代银行家将不得不认真地吸取此次金融危机带来的惨痛教训。

要盯住影子银行

沈联涛（中国银监会首席顾问、前任香港证监会主席）

最近经济、金融形势的新变化，说明酿成金融危机的根本性问题并未彻底解决。同时美国等发达国家应对危机的政策正造成新难题。这逼迫我们深思三大问题。

一是宏观问题。这是指传统银行体系之外的影子银行体系被央行和监管部门忽视所造成的诸多弊病。

关于此次金融危机，传统观点是：全球存在贸易失衡，也就是过度借贷、过度消费、过度杠杆等。金融危机两年多后，问题的本质逐渐显露，那就是发达国家忽视了影子银行体系的黑洞。

影子银行的影响究竟有多大？最近，美联储做了一项非常重要的研究，基本结论是：1996 年以来，一种不受传统审慎监管约束的影子银行体系迅速膨胀，到了 2006 年、2007 年其规模已达 21 万亿美元，而传统的银行体系规模不过 14 万亿美元。但是，影子银行系统发放的“贷款”并没有被中央银行纳入货币供应量统计。

危机的根源在于，影子银行的高杠杆效应创造了大量流动资金，压低了市场利率。而发达国家的中央银行并没统计这些流动性，没能及时收紧货币政策。较低的市场利率、较为宽松的货币政策，逐步导致一个大泡沫，最终酿成了大危机。

二是微观问题。这是指与金融机构薪酬制度相关的激励机制扭曲。20多年以来，金融产品变得非常复杂、高度杠杆化。近些年来，不论是传统银行，还是影子银行，其赢利的30% ~ 70%是用于支付高管和人员的薪酬。这样的激励机制就是要做多创新，做大利润，最终个人可获得更高的薪酬。

通过金融创新，利润就从简单的息差收入变成收入和成本都可人为调整的会计过程。通过金融创新，使用较高的杠杆，就可把赢利算作今天的，而把债务或成本列在表外，或延迟到未来。这样一来，收入是现在赚的，而成本或债务最后交给政府和纳税者承担。最终，这演变成了金融工程“庞氏骗局”，金融危机让这一扭曲的激励机制彻底暴露。

三是结构问题。全球储备货币结构出现了大问题。这就是所谓“特里芬难题”：如果美元成为全球储备货币，由于全球的增长和流动性需求高于储备货币发行国的自身需求，那么就必须保持美国经常项目下的贸易赤字，让美元流出美国，让其他国家获得足够的美元；另一方面，随着美元的流出，以及持续增长的赤字，这又会影响美元持有者对美元的信心，一旦有任何波动，就会出现抛售美元、购买硬通货的情况。

毫无疑问，寻找一种最优的全球储备货币结构是一个历史性难题。在15—16世纪，大家使用的是实物货币，用金、银作为交易手段。但是使用实物货币，存在着供应量的限制。如果实体经济的增速快于实物货币供应量的增速，整个实体经济就会通缩；反之实体经济就会通胀。到了17—18世纪，英国崛起，开始用英镑（政府印钞票）逐步取代实物货币，但是改用政府印钞票很快也出现了问题。到了20世纪30年代，美国一崛起，美元逐步把英镑淘汰了。到了1971年，美元跟黄金脱钩，此后不久，美元作为全球储备货币又出现了新的问题。

全球储备货币的发行国本来面临着两个约束：一个是自我约束，另一个是利率政策约束。现在问题是利率基本上变成了零，而美国的自我约束能力看起来也不可靠。最终，大家弱化了对全球储备货币的信心，黄金的价格就持续看涨。我们又重新陷入了“特里芬难题”之中。现在最难的问题就是如何对全球储备货币发行国实施有效的约束。

总而言之，关于此次危机的教训，我们尚未充分吸取；此次危机提出的许多问题，仍然需要谨慎地寻求可持续的解决方案。

第五章｜金融监管

美国：金融监管变法收官

胜寒（《中国改革》特约作者）

7月21日，美国总统奥巴马在《2010年华尔街改革和消费者保护法》（法案又被称做“多德－弗兰克法案”）上签字。这意味着美国金融监管改革立法经过一年有余马拉松式的长跑之后终于撞线。期间先后经历了财政部提案、众院立法、参院立法、参众两院协调四个艰苦的拉锯阶段。

这一议案堪称“大萧条”以来改革力度最大、影响最深远的金融监管改革，有望在美国金融史上成为与“格拉斯－斯蒂格尔法案”（《1933年银行法案》）比肩的又一座金融监管里程碑。

它反映了美国从政府到国会、从法律界到学术界对2007—2009年金融危机的全面反思。可能为即将到来的全球金融监管改革树立新的标尺。

目标与途径

此次美国金融监管改革着眼于两大核心议题：其一，有效防范系统性金融风险，防止所谓“大而不倒”（too-big-to-fail）的超级金融机构经营失败而引发新的系统性危机。其二，保护消费者免受金融欺诈、保证充分的信息披露，将会有效地防止类似危机的重演。其着眼点正是要根除过度举债造成的信用风险。

为实现这两大目标，“多德－弗兰克法案”着重推进了七大领域的改革措施。

第一，消费者金融保护。创立消费者金融保护局（CFPB），确保美国消费者在选择使用住房按揭、信用卡和其他金融产品时，得到清晰、准确的信息，同时杜绝隐藏费用、掠夺性条款和欺骗性的做法。

该机构设立在美联储系统内，但保持独立的监管权力，局长由总统直接任命。由于消费者金融涉及面很广，该机构可以监管各类银行和非银行机构，包括所有资产规模在100亿美元以上的信贷机构和各类金融中介，而且可以独立制定监管条例并监督实施。

第二，建立新的监管协调机制，成立“系统性风险监管机构”。为改变多头监管下的“监管重叠”和“监管空白”痼疾，成立新的金融稳定监督委员会；该委员会由财政部牵头，其成员包括十家监管机构在内的16名成员，主要职责在于识别和防范系统性风险。

对有系统性风险的金融机构，该法案提出更高的资本充足率、杠杆限制、流动性和风险管理要求，但具体标准将由即将成立的委员会确定。

引人注目的是，该机构将获得“先发制人”的监管授权，即在2/3多数投票通过后，可批准美联储对大型的金融机构强制分拆重组，或资产剥离，以防范可能的系统性风险。

在此框架下，现有的货币监理署（OCC）和储蓄机构监理署（OTS）合并，以监管全国性的银行机构；由美联储负责监管金融控股公司和一些地方银行；同时保持联邦存款保险公司（FDIC）的监管职能。

第三，结束金融机构“大而不倒”的现象，为平稳有序控制、分拆、清算、重组提供法律依据。在事前预防方面，该法案建立新的系统风险监管框架，将所有具有系统重要性的银行和非银行机构纳入美联储的监管之下；在事后处置方面，为防止类似雷曼和AIG的危机重演，该法案给予联邦储蓄保险公司（FDIC）破产清算授权（Resolution Authority），在超大金融机构经营失败时，对其采取安全有序的破产清算程序；同时，明确相关成本由金融业界而不是由纳税人来承担。

此法案最具争议的部分即在对金融机构规模和业务范围的直接限制，即著名的“沃尔克法则”，被认为有过度监管之嫌。其内容包括：（1）限制银行和金融控股公司的自营交易；（2）限制银行拥有或投资私募股权基金和对冲基金，其投资总额不得超过银行一级核心资本的 3%；（3）为了避免利益冲突，禁止银行做空或做多其销售给客户的金融产品。这一建议的核心，在于降低金融机构杠杆率，限制其风险敞口，使其难以成为雷曼和 AIG 这样的“巨无霸”，从而在根本上避免“大而不倒”局面的发生。

第四，高管薪酬及企业治理结构。在高管薪酬问题上为股东提供更多的话语权，包括使用代理人参与董事选举、拥有不具约束力的投票权（non-binding vote，即对管理层薪酬有建议权，但不构成强制约束）等；要求董事会下的薪酬委员会完全由独立人士组成；允许监管机构强行中止金融机构不恰当、不谨慎的薪酬方案，并要求金融机构披露薪酬结构中所有的激励要素；对上市公司基于错误财务信息发放的高管薪酬，美国证监会（SEC）拥有追索权。

第五，投资者保护。制定新的严格规定，以保证投资顾问、金融经纪人和评级公司的透明度和可靠性；强调华尔街经纪人的受托职责（fiduciary duty），即客户利益高于经纪人的自身利益；加强 SEC 的监管职能，增加其监管经费。

针对信用评级机构，新法案在 SEC 中成立专门的监管办公室，每年提供监管报告；对评级机构要求更完全的信息披露，包括评级公司的内部运作、评级方法、历史表现、报酬来源等；降低评级公司与被评级机构和承销商间的利益关联度，在评级公司人员跳槽至客户方时实施离职审查；允许投资者对“恶意和轻率”的评级行为提起诉讼；鼓励投资者建立内部信用评级标准，降低监管方和投资者对评级公司的依赖；对长时间评级质量低劣的机构，SEC 拥有摘牌的权力。

第六，加强金融衍生产品监管。该法案特别加强了对场外交易（OTC）的衍生产品和资产支持证券等产品的监管，重要内容包括：将大部分场外金融衍生产品移入交易所和清算中心；要求银行将信用违约掉期（CDS）

等高风险衍生产品剥离到特定的子公司（银行可保留常规的利率、外汇、大宗商品等衍生产品）；对从事衍生品交易的公司实施特别的资本比例、保证金、交易记录和职业操守等监管要求。为防止银行机构通过证券化产品转移风险，要求发行人必须将至少 5% 的风险资产保留在其资产负债表上。

第七，加强对冲基金等机构的监管。针对大型的对冲基金（资产在 1.5 亿美元以上）、私募股权基金及其他投资顾问机构，要求其在 SEC 登记，披露交易信息，并定期检查。如果此类机构具有特大规模或特别风险，将同时接受美联储的系统风险监管。针对此前保险业没有联邦监管机构的制度空白，在美国财政部下将成立新的监管办公室，与各州监管部门联合监管保险公司。

职权与职责

如此划时代的金融监管改革必然会有利于一些机构和利益集团，而对其他一些既得利益者形成损害。自 2009 年 6 月改革草案出台以来，监管机构之间、不同利益集团之间的争夺和倾轧就从来没有停止过。随着法案一步步成形，它对监管机构、被监管对象和作为服务对象的普通民众的潜在影响也变得越来越清晰。

可能令美国政府各大监管机构“长舒一口气”的是，除了取消个别机构（如储蓄机构监理署并入货币监理署）和新增两大机构（消费者金融保护局和金融稳定监督委员会），现有的体系基本上维持不变。当然，现有机构内部职权的调整也很普遍。

在所有的监管机构中，美联储的境遇颇有戏剧性。2009 年年底众院通过监管法案之际，正是美国国会就金融危机对美联储问责之时，所以众院法案不仅剥夺了美联储在消费者金融方面的监管权力，甚至破天荒第一次要求对美联储实施审计，包括在危机期间美联储所采取大量的紧急流动性借款和量化宽松措施，也就是说要将美联储的货币政策置于国会的权杖之下。这也引起了美联储上下的强烈反对。

到了2010年，随着议员们政治秀作尽，风头也逐渐弱下来。在两院协调的最终文本中，美联储不仅名义上仍保留消费者金融的监管权力，而且将拥有监管系统性风险的职能：银行、证券、保险、基金各业界的大型机构均被纳入美联储的监管范围之下，其监管权力大大加强。同时，关于央行紧急流动性借款的监督也被弱化为一次性审计，对其货币政策的独立性影响不大。因此，美联储被广泛视为本次监管改革的一大赢家。

在新成立的机构中，消费者金融保护局（CFPB）将成为最强势的监管机构之一。因为消费者金融涉及几乎所有信贷机构和各种金融中介，而且包括房屋按揭、车贷、信用卡贷款、各种消费者保险等各种金融产品，所以未来消费者金融保护局将成为混业监管格局中的主力之一。

其他现有联邦监管机构或多或少均有所得：作为监管者中唯一的破产清算机构，FDIC将成为新的破产清算授权（Resolution Authority）的最大受益者；OCC在与OTS合并后，将成为银行业的主要监管机构；而SEC在次贷衍生产品和麦道夫骗局中因监管缺位、反应迟缓而深受诟病，但其权限在众议院法案中却得以加强，监管的机构和产品范围均有所扩大。

在监管机构之外，最大的受益者理论上是美国消费者，因为他们将受到更全面的监管保护，类似于住房按揭和信用卡贷款中的欺诈行为将受到严厉惩罚。

但也有华尔街的评论认为，这对消费者而言未必尽是福音，因为信贷审查将更严，贷款可得性将更低，消费者将面临更少的选择、负担更高的成本。推而广之，金融机构杠杆率的降低，可能造成信贷增长的持续低迷，这对消费驱动的美国经济而言，可能意味着更低的增长速度和更长的复苏时间。

无论从何种角度，华尔街都是金融监管改革中最大的输家。

花旗和摩根大通这样的银行"巨无霸"不可避免要面临更高的资本充足率和流动性要求；而在"沃尔克法则"下，高盛、摩根士丹利等投行的自营业务将受到很大限制，危机前带来丰厚回报的场外衍生品交易也将明显萎缩；对冲基金和私募股权基金更是从无监管的"影子银行系统"中，被纳入严格监管的大框架之下，变化不可谓不大。

更重要的是，以上这些公司均有可能被认为是具有系统性风险的机构，将面临更高的监管标准、更严格的薪酬规定、甚至是被强行分拆清算的风险；监管当局如认为这些机构规模过大，更可能直接否决其相互间的购并申请。因此，恐怕没有哪家金融机构愿意被列入美联储“Too-Big-To-Fail”的黑名单。

美国银行在7月16日声称，新监管法案对他们带来的一次性损失是70亿～100亿美元，以后每年造成的损失为43亿美元。同日，美国银行、花旗纷纷公布二季度财报，赢利比前一季度分别下滑3%和37%。

然而，即使这样一个结果，可能也要比原先金融业的悲观预测要好得多。立法程序最后阶段有两大焦点，一是“沃尔克法则”，意在禁止银行业的所有自营交易，并完全与对冲基金和私募股权基金分业；二是参院农业委员会主席布兰琪·林肯（Blanche Lincoln）提出的“林肯修正案”，要求大型金融机构剥离所有衍生品交易，退出规模450万亿美元的金融衍生工具市场。

这两项动议甫一出台，便遭到美国金融业巨头们的猛烈抨击。他们加紧游说，力图从新法案中稀释甚至打掉这两项内容。结果，最终文本不但允许银行机构将核心资本的3%投资于对冲基金和私募股权基金，而且在退出现有投资的过程中得到极为宽松的过渡安排：在法案通过后，“沃尔克法则”将在15个月至两年后生效，然后银行机构将得到两年的缓冲期，其后可以再延期三次，每次一年；而在此基础上，在私募股权基金和房地产基金等所谓“流动性不强”的投资上，银行业可以再获五年宽限期。也就是说，高盛或花旗这样的机构要到2022年才会完全遵守“沃尔克法则”。

再以“林肯修正案”为例，两院协调的最终文本规定，银行可保留常规的利率、外汇、大宗商品等衍生产品交易，只有高风险的衍生工具（比如垃圾债券的信用违约掉期）才会被完全剥离出来，而且银行同样有两年的过渡期。

根据花旗的研究分析，即使各大机构纷纷“叫屈”，新监管法案对大型机构的赢利实际影响有限。以高盛为例，其2009年的总收入为451亿美元，核心交易部门创造的收入达373亿美元，而实施“沃尔克法则”只会减少区区15亿美元的收入。

这与1933年格拉斯－斯蒂格尔法案的实施相比可谓差别迥异：在当时混业到分业的监管大潮下，摩根大通与摩根士丹利分家只用了两年时间；而在新的监管改革中，长达12年的过渡缓冲期，足以使华尔街大行找到新的商业模式和赢利空间。

这也是6月25日法案文本公布、7月15日参议院通过法案的当天，美国金融股都经历普涨的原因。华尔街的普遍感受是：虽然新法案绝对谈不上利好，但已经远胜所有可能性中最差的结果。

党争与妥协

美国金融监管改革自启动之日起就伴随着激烈的争吵和批评。

这一立法过程体现为两党的意识形态之争。从民主党的角度，2007年以来的大危机，正是过去30年间市场原教旨主义运动酿成的苦果，"里根－布什时代"形成的对金融自由化放任自流的做法更是难辞其咎。

奥巴马上台后，民主党在30年来第一次形成对白宫和两院议会的权力垄断局面，加快推行金融监管改革，加强政府的职责，严格监管贪婪的华尔街机构，既是民主党追求的政治理想，也为政治形势所决定。

法案制定过程中的领军人物是参议院银行委员会主席克里斯托弗·多德（Christopher Dodd）和众院金融委员会主席巴尼·弗兰克（Barney Frank），二者都是民主党内部位高权重的坚决反华尔街的"鹰派"。

共和党则把新的监管法案看做是政府干预市场的恶例，不仅扼杀美国金融业的创新能力和竞争力，而且制造出新的超级监管机构，使金融市场置于政府的高压干预之下，甚至把危机期间政府对金融市场的特殊干预措施制度化、永久化。

两党立场几乎无法调和。在参众两院的历次投票中，除了个别议员因重大利益驱动而改变立场，投票结果均泾渭分明；特别是在参议院中，哪怕从共和党参议员中多争取一票，民主党党团都要付出非常艰苦的努力。

实际上，共和党对新监管法案的抨击不无道理。比如，新监管法案几乎对所有金融机构均态度严厉，唯独漏过了对次贷危机负有重大责任的房地美和房利美（下称“两房”）。对此多德曾表示，“两房”及其所代表的政府支持企业（GSE）的监管的确亟须改革，但“两房”问题极其复杂，更稳妥的办法是未来单独立法。

但其真正原因是：奥巴马政府和民主党党团急于在中期选举前取得金融监管改革突破，而无意涉足“两房”改革这一政治雷区；此外，在没有好的替代方案之前，贸然处置“两房”也可能会威胁美国房地产市场来之不易的微弱复苏。但共和党人认为，民主党历来都是“两房”的政治盟友，所以不愿意对其痛下狠手——这也是不争的事实。无论如何，“两房”问题的确是现行改革方案下最大的监管空白。

再比如，新监管法案给了监管机构极大的“相机处置”的决策权。由于法案对许多重要细节如银行的资本充足率、杠杆比例、流动性限制没有做具体规定，而把决定权交给了新成立的金融稳定监督委员会。

这种设计的初衷是给监管机构一定的灵活度，同时具体规定取决于未来的国际政策协调，也会避免跨国监管套利。但反对意见认为，这也给新的监管当局膨胀的权力，甚至是巨大的寻租空间。

正因此，美国金融监管改革法案充满变数，在2300页的文本中，每一节、每一个措辞都可能是战场，特别是接近尾声，一次次突发事件使前景变得更加迷离：

6月30日，美国众议院通过了金融监管改革法案的两院妥协后的版本。但由于美国民主党在参议院的席位只有59个，再加上西弗吉尼亚民主党参议员罗伯特·伯特（Robert Byrd）的去世和另一位民主党参议员的反对，民主党离过关至少还差三票。

不过到了7月中旬，三位共和党议员——马萨诸塞州的斯考特·布朗（Scott Brown）、缅因州的苏珊·柯林斯（Susan Collins）和奥林匹亚·斯诺（Olympia Snowe）分别表示了支持，使法案最终在15日以60票对39票通过。

当然，三位议员也分别在最终版本中实现了有利于本州的主张：弱化对资产管理公司和基金公司的限制（布朗）；弱化对银行将信托优先证券作为一级核心资本的限制（柯林斯）；将不受“金融稳定监督委员会”监管的小银行规模从 100 亿美元提高至 150 亿美元（斯诺）。

最后时刻的波折和煎熬，也恰恰印证了这一改革成果的来之不易。但即便是按照一个妥协后的方案，这一金融监管改革也必将给美国及全球金融市场带来极为深远的影响。它意味着金融自由化的黄金时期已经终结，新监管时代的帷幕已经徐徐拉开。

刘明康谈监管

胡舒立 凌华薇 冯哲（《新世纪》周刊记者）

12 月 9 日，中国银行业监督管理委员会（下称银监会）主席刘明康第二天就要参加一年一度的中央经济工作会议。和外界一样，他密切关注这次会议对明年的宏观经济政策如何定调。

三天后闭幕的中央经济工作会议宣布，2011 年宏观经济政策的基本取向是“积极稳健、审慎灵活”，要实施积极的财政政策和稳健的货币政策，并提出“要把好流动性的总闸门”。

12 月 7 日，当传出各家商业银行上报的 2011 年信贷总量仍将达到 7.5 万亿元，与今年持平并超过此前市场预期的消息时，上证指数盘中即大涨。但相形之下，连续五六年业绩保持高速增长的银行股却仍然低迷不振，工商银行（601398.SH / 01398.HK）当天以绿盘报收。

对银行业的风险，最为关切的政府机构当属 2003 年成立的银监会。

如果说银监会成立后确立了中国银行业专业化的监管体系，现在的银监会则希望，新监管框架能为专业化银行监管升华的过程埋下另一块里程碑。在此基础上，与国际标准看齐，根据中国的实践，建立一套更加完备、系统、有机的，以资本管理为核心的风险约束长效机制，是银监会的目标。

中国的主要银行在成功上市后，正面临改革动力日渐消减的问题；近两年的信贷大量投放，更为银行业的未来积聚了风险。监管当局能否以更高的监管要求，据此倒逼银行业的深层次改革，亦为未来可能的风险建造可靠的屏障？

刘明康七年前首任银监会主席，此时站在“十二五”规划的新起点上，作为中国银行业监管总负责人，有着明确的战略规划。12 月 9 日下午，刘明康在办公室接受了本刊记者近两小时的专访，回首银监会成立以来的改革路，亦对未来的新监管框架提出新的构想。

监管新框架

《新世纪》：金融危机以后，国际银行业监管改革的新趋势应如何解读？银监会出台的相关政策甚至被认为走到了国际监管改革的前面？

刘明康：经过这次全球金融危机，国际金融界痛定思痛，全面提高了资本充足率的要求。虽然资本监管制度方面的缺陷既不是本轮全球金融危机的根本性原因，也不是最重要的诱发条件，但却位于危机后改革的前沿，更说明了审慎资本监管的重要性。

首先，最低资本充足率从原来的 8% 抬高到 10.5%。而中国的商业银行，无论大小，2010 年三季度末的加权平均资本充足率达到 11.6%。而且当银行低于最低资本充足率要求时，业务会被叫停，风险资产不能随意扩张，这就有效地限制了银行无限地铺摊子。

其次是核心资本率，国际上最新要求是达到 6%（暂未实施），过去仅要求 4%，其余 4 个百分点可通过债务工具来补充，这意味着普通股仅占资本金的 50% 甚至更低。而中国银行业的资本金中普通股占到了 75%，核心资本充足率平均达到了 9.6% 以上。发行债务工具补充资本的比例不得超过 25%，这样的审慎规定是其他国家没有的。

另外，资本充足率的计算需要扣除八大项，其中有三项是中国本来就没有的内容，另外五项我们已经净扣除。现在很多发达国家的银行如果扣除这八大项，资本充足率有可能降到负的 1% ~ 2%，要达到 10.5%，非常困难。

这一国际监管新规的最后宽限期是2019年1月1日。我当时想怎么那么远，怎么不“长牙齿”呢。当时在巴塞尔开会时我还开了个玩笑，可能还没等我们达标，就又来了一场金融危机。但后来他们说服我，G20国家当中的发达国家大部分都反对，只因为他们现在实在做不到。

《新世纪》：听说你三次致信巴塞尔委员会？愿闻其详。

刘明康：中国经济的崛起使得中国监管当局直接参与了本次资本监管国际规则改革的过程，一方面有机会深入理解改革的背景、内容和影响；另一方面在制度变革中积极反映国内实践，维护中国银行业的核心利益，增强了发展中国家在国际监管改革中的话语权。

我先后给巴塞尔委员会等机构写过几次信，阐述观点和建议，可以举几个例子。

一次是迪拜债务危机发生时，我写信建议要高度重视主权债务危机，并关注欧洲，建议成立TASK FORCE（特别工作组）。对方很认真回了一封信，但是表示不用专门成立TASK FORCE了，已经有一个专门委员会，可以在那里加强这个功能。现在看，欧洲主权债务危机此起彼伏，超出了当时的预计。

还有些信的内容是阐述中国对此次金融监管改革的具体看法。银监会坚持国际金融监管应高标准、严要求，提出要对金融危机的教训进行深刻反思，推进全面改革，在资本定义、反周期超额资本、流动性监管、资本充足率监管标准和过渡期安排等重大问题上，都提出了明确观点。比如对资本的定义，我们提出了股本和留存利润，即等同于所有者权益。再如杠杆率，一些国家希望把CDS（信用违约掉期产品）量变对冲，这样就可以把风险资产降下一部分，但我们反对。这些意见得到了部分成员国的呼应，部分建议被采纳，已反映到巴塞尔委员会发布的相关文件中。

《新世纪》：对比国际监管新规，中国的银行业是不是可以提前宣布全面达标？

刘明康：应当看到，现在还存在国际上有，国内没有的监管规定。我们有两个方面需要努力，以跟国际上保持同步：一是风险资产的覆盖范围，另一是债务工具要有强制性的属性。

这次国际新的监管框架提出，债务工具可以在监管者拉响警报的时候，强制转为普通股，承担损失。不能像这次危机中，美国财政部、美联储动用了大量资金抢救银行，普通股缩水，银行国有化，股东被“剃头”，但债权人照样分红、分利息，安然无恙。当然监管者也不会轻易动用这种权力。

另外，这次国际监管新规扩大了风险资产的覆盖面，即资本相对应的风险资产必须包括表内和表外，既包括银行账户，也包括交易账户。中国的银行业虽然交易账户规模不大，但也存在或有风险资产。如银行经常就具体项目发贷款承诺函，过去从不记入资本充足率的分母——风险资产里。现在规定，凡是这种严格意义上的承诺函，统统都要归到风险资产，以这一分母来要求 10.5% 以上的资本充足率。

《新世纪》：银行业内包括资本市场都有一些声音认为，这些规定是否有些超前、过于严格？

刘明康：我们年初提高了对商业银行的最低资本金要求，大型银行为 11.5%，小型银行为 10%，这一标准并没有高于国际银行业和中国银行业的实际水平，而是不能后退的底线。

1988 年资本协议确定的 8% 的资本充足率，并非基于最优资本结构理论计算的结果，而是一种基于现实的妥协，建立统一的最低监管标准，为银行国际竞争提供公平的制度环境。因此，不能把 8% 作为底线。

这次国际金融危机暴露出，按照 8% 计提的资本远远不能覆盖吸收危机期间银行所遭受的实际损失。目前，绝大多数商业银行的资本充足率都高于 8%。如 20 世纪 90 年代美国银行业平均资本充足率为 12% ~ 13%，英国银行平均资本充足率水平为 12% ~ 14%。即使在金融危机最严重的 2008 年，世界前 50 家大银行的平均资本充足率仍在 11.86% 以上，但其实际持有的资本仍不足以吸收危机期间的损失，更不能充分反映银行被动地应对外部冲击带来的社会成本，包括倾销资产的连锁反应、信贷收缩阻碍经济复苏等。危机后提高银行资本监管标准已成为国际共识。目前，英国、新加坡及香港等国家和地区已将资本充足率标准提高至 12% ~ 16%。

拉响风险的警报

《新世纪》：对银监会提高的一系列新监管标准，银行是不是有意见认为，我们的资产以信贷为主，而非国际上以交易资产为主，风险没有那么大？

刘明康：改革最大的成就是银行自我风险意识的加强。虽然中国以信贷资产为主，没有做 CDO（担保债务凭证）、结构性产品的投资，但是对我们这样一个高速增长的经济体，信贷风险很大。

2008 年英国广播公司（BBC）访问我，提到不少发展中国家都认为这次危机和自己是脱轨的。但是我斩钉截铁地表示，没有人能独善其身，包括中国。事实证明，金融危机发生后，2008 年 11 月后中国银行业加大了信贷投放的力度，因为要拉动经济增长和复苏，但也必然带来了风险。

这也是为什么银监会 2007 年开五大行的董事长会和行长会，提出银行不良资产拨备覆盖率要从 100% 提到 130%。大家当时不同意，不良贷款有 100 块，放 100 块不就是拨备了吗？为什么要提到 130%？到 2009 年一季度末，银监会把拨备覆盖率要求提到 150%，最后到 2009 年年底的时候是 188%，现在是 200% 多。这意味不良贷款即使多冒出 1 倍来，我们还有足够的拨备去拼，把资本金保护起来了。

《新世纪》：我们记得，银监会是较早提出要注意地方融资平台的风险的，目前解包还原的情况如何？

刘明康：地方融资平台，我们是第一个拉警报的。2009 年一季度银行业月均放款达到 1.5 万亿元，“两会”结束后，我们在 3 月份对所有银行业金融机构提出警示。在年中经济形势分析会上提出这个问题时，当时里里外外思想都有些排斥，觉得这是怎么回事，金融危机还在肆虐全球，这就开始拉警报，说地方融资平台贷款是不妥当的，蕴藏着很大的风险。回过头来，经过一年的调查，现在几个董事长、行长都清楚了，他们都亲自带队下去来验证银监会的提醒是否有道理，发现省一级的地方融资平台还好，到了地市就有问题了。

我们从2009年3月起纠正地方融资平台的打捆式贷款、用票据占规模、“冲时点”等不审慎行为，4—5月起及时引导银行业从信贷超常规投放逐步转向常态，信贷投放逐渐减少，并要求商业银行全面梳理地方融资平台贷款，进行解包还原，补足抵押和还款来源。

《新世纪》：银监会自成立以来每个季度向商业银行通报风险，分析经济金融形势，内容虽然并不完全公开，却一直深为业界关注，能否介绍这一做法？

刘明康：金融界很奇怪，很多人不喜欢讲坏消息，因为背后是市场，要把市场稳住，不想把股票和债券砸下来。但在风险方面，我是该讲什么就讲什么。比如平台公司有多少，房地产特别是土地开发贷款风险大，这些我都是对外讲的。对外讲有好处，所有的投资者就知道有风险了，不往前走了；他们喜欢不喜欢是另一回事。

银监会每个季度都会召开经济金融形势分析会，分析全世界和全国的经济走向，提示风险。每次两个半小时，信息量很大。刚开始的时候请银行的高管们来，张三李四都要请假，现在，他们是其他事儿请假也要来听这个会。我们在会上给的信息非常多，而且真实，另外被认为有很好的前瞻性。过去讲的许多问题，如经济形势的方向、哪个行业过剩、潜在的风险等，很多都得到了验证。我觉得这也是一个互动，也请他们讲讲情况。至于银监会提出的单项的风险提示就更多了。

《新世纪》：你认为现在中国银行业最大的风险集中在哪些方面？

刘明康：首当其冲还是地方融资平台。而房地产贷款风险最大的仍是融资平台、土地储备中心的这些贷款，风险不在开发商更不在按揭贷款。按揭贷款风险较小，开发商的贷款是有风险，但是开发商现在都已经优选了，名单式管理，按在建工程的50%抵押贷款，一下子就把规模压下来了。

最担心的还是前面的土地储备贷款，又指向了平台公司。第三就是产能过剩风险。

《新世纪》：经过这轮危机和刺激政策之后，如果把前述风险都纳入进来，你估计中国的不良贷款水平会上升到什么程度？

刘明康：2005年整个中国银行业的不良贷款率高达8.6%，超过欧美银行业的水准很多，但“十一五”结束时，银行业同口径的不良贷款率降到了1.2%。“十一五”的辉煌就在这里。

我们现在实行更严格的风险分类和监管，把融资平台、房地产、产业结构调整这些因素都加进来，我们估计不良率会略有上升，作为一个发展中国家，2个百分点左右的不良贷款率是比较真实和合理的。

目前一般银行还能保持约2个点的利差，这使得即使拨备提高到200%还有利润。2010年，税后利润将超过7000亿元，比2005年大幅提升。

监管“长牙齿”

《新世纪》：也不乏意见认为，中国银行业有此辉煌的成就，与其说银监会管得好，不如说是碰上了国家付出巨大财务成本推动银行改革，以及遇上了宏观经济上升周期的大好机会？

刘明康：银监会从2003年秉持着说真话、不说空话，讲真数、不报假数，动真格、不搞花架子的理念，这三个理念我们一直坚持到今天，每年“长牙齿”，遇到问题就必须说，发生重大风险就必须追究责任。

我举一个没有人花纳税人也没有花投资人的钱的例子。“十一五”开始的2005年，中国银行业的案件数是上千件，涉案金额在50亿元左右，长期是这么个水平。到“十一五”结束的今年，银行业案件数已经降到只有过去的1/5；涉案金额在20亿～30亿元，下降一半；每年因涉案处分的人，从过去上千人，减少到现在的几百人。

和欧美相比，中国银行业的案件率已达到世界最好水平。亿元案件率、万家网点案件率，我们都好于欧洲水平、亚洲水平，这两个数字仅相当于过去的 1/20。

这些数字证明了监管的有效性，建立了中国银行业的新形象，说明中国的银行业监管还是“长牙齿”的。

如果发生百万级的案件，我们坚持责任“上追两级”。因为虽然在网点案发，首先上级用人有失察之责；其次，出了案子说明制度不健全，让人有可乘之机，把票据拿出去克隆，做假的章，借用人家的印鉴。再次，说明内控机制失灵，有了制度没有人查，制度形同虚设，底下的人胆子越来越大，这样的责任追究制度，有效控制了银行业的案发率。

《新世纪》：银监会成立七年来，你认为最有价值的经验何在？

刘明康：现在监管实践经过这次危机证明是成功的。银行业要健康成长必须符合客观规律。第一，不能脱离实体经济，随意地创新发展；第二，银行和资本市场之间必须有隔火墙。银行上市、资本补充、发行债务工具可以要通过资本市场，但是银行的资产负债的期限匹配必须建立在自己管理的基础上，不能贪图便宜，从资本市场上借短贷长，造成期限和收益上的不匹配。这在亚洲金融危机中就暴露得淋漓尽致，起亚汽车就是这样倒掉的。资本市场是过山车，丧失功能以后，就不能再融资，或者再融资的成本公司受不了，但如果投资、放款都是长期的，项目质量再好，不良资产再低，都要倒闭，因为没有后续的资金，这也是这次危机很多银行倒闭的原因。这是应该从亚洲金融危机中吸取的教训。可惜的是金融市场上，无论国内国外金融从业人员的记忆都是短暂的，狂热追求利润，好了伤疤忘了疼。

2003 年银监会成立之初，就提出来我们监管的重心就是风险，以风险为本的监管，第一是必须管住法人，要从总行到分支机构；第二就是管风险，监管部门不管网点多少、业务发展情况怎么样，这些都是高管层和董事会负责，但是监管部门一定要管住风险；另外，公司本身应该健全内控机制，实现内部纠错的功能，而不是光靠外部监管；最后一个颠扑不破的真理就是，凡是有杠杆率的金融机构，无论是证券公司、基金公司、银行、保险公司，都必须提高透明度，接受投资人、会计事务所、律师事务所、评级机构的监督。

《新世纪》：那你认为银监会在监管方面还需要努力的地方何在？最迫切需要提高的是什么？

刘明康：我们也清醒地认识到，还面临着很多问题和挑战。第一，要继续扎实推进中国银行业体制机制改革，任重而道远。在相当长的时间内，中国银行业在经营行为与风险管理方式上还具有趋同性，由此产生的风险集中问题，将是监管者面临的最大挑战之一。

第二，继续推动金融市场基础设施建设。例如，衍生产品柜台交易标准化合同和非标准化合同的清算支付使用不同的结算系统，没有法律法规加以规范；缺乏明确的存款保险机制与安排，缺乏专门的金融机构破产法和破产法庭；缺少高资质的信用评级机构、审计师事务所、评估师事务所和律师事务所等。

第三，监管手段和方式方法仍需改进，监管资源亟待充实。要继续密切跟踪宏观经济波动可能对银行业风险和资本造成的影响，继续探索完善具有前瞻性的监管方法；要进一步提高非现场监管和现场检查效能，切实推进非现场监管标准化工作，提高现场检查的针对性和有效性。此外，还要大力加强并表监管，完善跨境监管合作。

监管倒逼改革

《新世纪》：银监会的资本监管是否也可以倒逼银行的改革？

刘明康：本来就是这样。资本充足率是一个动态的管理，风险大，资本充足要求就高，风险小，资本充足达标就可以。再如我们现在推出来新的监管框架中有一个杠杆率工具，对资本扩张的限制性要求就更高了，不能在市场无限的发债借钱去打新股或者投入某个项目。虽然收益率很好，但是高负债率是不行的。如果发现银行不审慎、信贷分类不准确，不良贷款计算也不准确，迁徙度（好的贷款向坏的贷款走的趋势——编者注）也比较差，那杠杆率的要求就还要提高。

《新世纪》：你如何看待监管、改革和发展三者的关系？监管过严会不会以牺牲竞争力为代价？这也是业界所担心的问题。历史上美国银行对自己的监管机构就一直有意见，认为欧洲的监管比较松。

刘明康：监管是底线，做什么事情都要守好底线，底线是为了不要死掉。

这次危机发生的一个深层次原因是监管失察。纽约和伦敦一直在竞争世界第一的金融中心，私募股权基金（PE）是美国的多，对冲基金是伦敦的多，两地都飙着政策，这种竞争使得监管者噤若寒蝉，不敢讲话，害怕一管，就管住了竞争能力。

这样的事情我们不干，监管的成本是要花的，就跟人要做体检一样。监管和发展是相辅相成的，因为通过监管有一个健康的机制，发展就会更好。底线守住了，要跑马拉松就去跑。比如，这两年中国的银行对外兼并收购，总体很成功。工行去南非收购标准银行 20% 的股份；几家银行都在香港收购了网络，现在都赢利了。

现在全世界中国的银行，新加坡、首尔、伦敦、法兰克福，都是赢利的。我们要求这些海外分行和子行要做传统业务，追求赢利与合规，不要标新立异，跟着中国客户走，服务于留学生、国内企业走出去，"十一五"期间中资海外行没有出现一次事故，境外的监管者对我们很认可，和当年已经不可同日而语。

《新世纪》：银监会的主要任务是监管风险，如果服务于经济增长和监管发生冲突了怎么办？

刘明康：我们还是风险为基（RISK BASE），这和经济发展没有直接的关系。

我们也鼓励银行支持农业、小企业、民营企业的发展，有关贷款增速不低于平均贷款的增速。这是我们 13 亿人口的特点，民以食为天，粮食不能丢，小企业也不能丢。小企业创造就业最强，民营企业也主要是小企业。除此之外，我们从来不做限制，支持什么不支持什么，从不多讲。

《新世纪》：2010 年年初信贷突然放量，以后在银监会的强力监管下，每个月都非常精确地按照计划发放，不过到了 10 月、11 月，又出现了信贷超计划发放的势头。2010 年新增信贷会突破 7.5 万亿元吗？

刘明康：银监会一直引领商业银行严格按照既定的宏观信贷目标，科学把握银行业信贷投放节奏。我们要求商业银行对信贷风险进行更为审慎、严格的管理，同时确保个人和企业的正常贷款需求得到满足，特别是确保在建、续建项目，不能"半拉子"，还有企业正常流动资金、个人贷款需求及其他日常金融服务不受影响。

"大而不倒"争议

《新世纪》："大而不倒"一直是金融监管中的一个难题，这次金融危机以后，对这个话题有没有更深的认识？

刘明康：这次金融危机在很大程度上是一场大型金融机构的危机，矫枉必须过正。他们掏空了财政，到现在还没有恢复对经济的信贷功能，获得注资后，又去买美国国债去了，不放贷款。以后银行将被分两类，一类是系统重要性银行、一类是非系统重要性银行，对前者尤其要加强监管，等等。

所谓"大而不倒"（too-big-to-fail），是指金融机构的倒闭对金融体系乃至实体经济可能造成严重的破坏性影响，以至于政府不能对相关机构采取破产、关闭等处置措施，而不得不对其进行救助的情形。

目前，各方达成的一个广泛共识是，"大而不倒"是一个极为复杂的问题，需要建立起事前和事后的一整套解决措施。如何监管还有很多争议，如针对大机构增加资本管制，这是否是最有效的方法。对这一问题，各国政府、社会组织都压着监管当局去加强管理。银监会一直认为对大机构的增加资本约束不一定是最有效的，认为公司治理、加强监管才是根本解决办法，但银监会赞成对系统性重要机构的逆周期资本要求。

《新世纪》：以规模来定，中国的五大银行全部都进入了世界最大银行的行列。但你为何会对以规模来定“大而不倒”机构提出异议？

刘明康：这几个月发明了一个新名词——全球系统重要性银行，并要放到国际的平台上监管，由国际组织进行运行稳定性评估、同行评议（peer review）。

银监会非常赞赏巴塞尔委员会的工作，但认为规模仅是系统重要性金融机构问题的一个方面。Size（规模）并不是最重要的，倒掉的雷曼兄弟并不是最大的投行，北岩银行在英国也不是大银行，冰岛亦是。我们需要从全球关联度和复杂程度（包括交易复杂程度和结构复杂程度）等方面改进对“大而不能倒”机构的评估方法，我建议这三个指标各占 1/3 的权重，综合考虑，而不是仅仅根据一个简单的规模指标。就是规模，也应该考虑跨境资产的规模，坏在国内是肉烂在锅里，坏在国外才有溢出效应，影响别人。

《新世纪》：中国的几大行对中国的金融系统无疑有着系统性重要影响，如何才能对这些“大而不倒”的机构实施有效的监管？

刘明康：银监会正在研究对“大而不能倒”金融机构具体的监管方法。理论上再大也要倒，不能有道德风险，但毕竟大型机构具有关联度，倒闭会给社会的稳定带来很大影响。

我们对大型银行有一系列措施，应该说还是有效的。

一是在监管资源上加大对“大而不能倒”银行机构的倾斜，严守风险。在银监会内部，五大行都有专门的部门负责监管。二是从 2010 年年初起，对大型银行新增了附加资本的要求，大型银行 11.5%，比小型银行高一个百分点。三是加强对大机构的事前约束，在确保风险可控的前提下既要保持一定的发展速度，也要把握节奏和力度；坚决防止银行组织架构和业务结构过分复杂；四是所有新的监管规定首先要在大行上推进，如扩大风险资产的覆盖面等，大行的时间表要先于小银行，2013

年就要达标。小型银行是2016年达标。五是继续执行严格的风险隔离与防火墙制度，“大而不能倒”的银行或银行集团，都不同程度地设立了各类子机构，要完善监管方法，加强并表监管。

监管新挑战

《新世纪》：你提到现在大的银行集团下面各类子机构很多，在目前新的监管框架下，跨业经营的空间会不会越来越窄？如何才能有效监管？

刘明康：我们允许，但是不鼓励跨业经营。

现在很多银行底下都有保险、基金、信托、租赁、投行。我们一是用资本监管的办法，即对子公司的投资都必须在资本金中扣除，投多少就按比例扣多少；二是并表监管，必须把公司的整个风险状况、损益都并进来；三是建立监管的防火墙。虽然银行、信托等都由银监会监管，但内部由不同的部门主管，分管的副主席都不交叉。

我们一并规定，银行在每个领域的控股子公司只能有一家，每五年做一次后评价，由主管部门进行评价，如果低于行业平均水平，银监会有权通知这家银行全部出售有关子公司。和人一样，有了姻亲血亲之后就有了感情，再坏的儿子都是自己的，还要抱着、驮着、背着，那不行！ 这是要避免重蹈美欧的覆辙：一个伦敦的小子公司拖垮了整个AIG（美国国际集团），美国的一桩收购就让英国最好的银行汇丰（HSBC）亏了几十亿美元。

《新世纪》：像平安收购了平安银行和深发展银行后，相应的监管怎么办？

刘明康：平安集团是由保监会负责并表监管。保监会和我们的合作很好，最早签了详细的监管合作备忘录，2010年，针对跨业经营，我们实现了联合检查。现在证监会在查银行系基金时，也允许我们一起进场。

《新世纪》：不少商业银行还是希望重启资产证券化，借此来减轻资本和规模的矛盾。对此类金融创新，你持什么态度？

刘明康：资产证券化有一个重大教训，目前还没有克服。资产证券化的目的不是让银行腾挪资产，而是通过资产证券化，把银行的风险分散出去。

分散风险一定要遵循三个原则，一是要转给能够更好理解风险、消化风险能力最强的人，这样才能达到金融创新的目的，效率更高、价格更低，消费者和投资人都能获得更好的回报。但是这次金融危机告诉我们，这次资产证券化是把资产证券重新打包、组合、拆分、再组合，卖给了风险理解更糟和承受能力更差的老百姓和金融机构，造成像香港这样的雷曼兄弟迷你债券的风波，一直到现在法律手续都没有走完。二是资产证券化必须是透明的，不能让大家看不懂，必须是“洁净”转让，不能有回购，否则就会创造杠杆率，追逐利润，而不是追逐社会的效益，没有附加值。三是不可监管套利。

在买卖双方都还没有把比赛规则搞清楚之前，中国现阶段不适合搞资产证券化。但是我们允许银行将不良资产转让给资产管理公司，银行之间也可转让资产，但都有前提条件。

《新世纪》：银监会在制定什么样的新政策，可以让银行有途径转让资产？

刘明康：我们和财政部刚刚拟了一个文，银行的不良资产可以继续出售给四大资产管理公司及社会上合格的资产管理公司。银行也可以将资产打包卖给另外一家银行，但是必须通知借款人，“洁净”转让，不能有回购条款。

也就是说，不能搞三个名堂：第一，不能通过卖资产来规避监管对规模的控制。另外一边也做空中飞人，反正要回购，也不入大账，这绝对不允许。现在我们依法叫停并且处分有关机构，禁止了监管套利的银信合作。第二，贷款可以在银行间转让，但必须征得借款人的同意。所有银行都应培养这样的信贷文化，尊重借款人的知情权和选择权。第三，在银团贷款转让时，除非银团当中的其他成员放弃优先购买并同意转让的情况下，才可转让给第三方，抵押、担保的合同也要合法转让。

第六章 | 中国金融改革的方向

美国模式还值得学习吗

黄明（中欧国际工商学院教授、康奈尔大学终身教授）

金融危机以来，很多人认为美国式的资本市场不应该是我们学习的榜样，甚至认为中国的资本市场经受住了国际金融危机的考验。这是对金融危机的错误解读，如果不澄清，对国内的金融改革会有误导作用。

的确，金融危机暴露了美国在金融中介行业与部分场外衍生产品市场监管方面的严重问题，但美国资本市场的核心部分——股市、债市、场内衍生产品市场并没有出大问题，仍然是世界上最健康成熟的。

国际金融危机对中国资本市场的负面影响不大，但这并不是因为我们的资本市场健康成熟，而是因为我们的资本市场基本隔绝于国际资本市场，没有遭受大量国际“热钱”流出的冲击。我们知道自己的资本市场缺乏免疫力，所以把自己隔离在国际资本市场“热钱”流动的孤岛上，因此而没有被传染上国际金融危机的流感，但现在反而祝贺自己免疫力很强，逻辑上说不通。

健康成熟的资本市场至少应该满足以下几个条件：1. 自由的投融资：企业能够自由、快速上市与再融资，投资者可以自由交易； 2. 相对合理的价格：市场证券价格基本上反映企业长期赢利能力；3. 完善的公司治理：企业决策尊重外部长期投资者利益；4. 健康的金融创新：活跃的金融创新，丰富成熟的简单（尤其是场内）衍生产品市场，以及对场外复杂衍生产品市场在披露与透明度方面的严格要求。

按以上条件，国内的资本市场尽管近年来有长足的进步，仍然落后于成熟资本市场，因此还需要向成熟资本市场学习。

然而，向美国学习并不意味着盲目听从美国主流金融学派的观点。多年来，传统的金融理论认为金融市场是理性的，价格是合理的，监管者应该无为而治。正是在这种学术观点的长期影响下，美国的监管层在近几十年来对市场放任自流，纵容了金融危机的形成。

近年来新产生的行为金融学理论专注于研究市场的非理性，能帮助指导金融监管。它的核心观点是：投资者是非理性的，市场价格也常常非理性，甚至形成泡沫与崩盘。因此，监管方有责任、有义务打压（利用非理性投资者的）违规行为，保护普通投资者，同时促进市场的理性与自由。

理性的市场是需要通过市场参与者与监管方共同建设出来的，而不是在华丽的传统理论中假设与推导出来的。

成熟资本市场发展建设的历史也部分体现了行为金融学的观点，同时给中国的资本市场建设指出了一条道路：监管层的作用不应该是无为而治，而是该严则严，该松则松，帮助市场更加守法、理性、完善与自由。首先需要尽量抑制虚假披露、内幕交易、利益输送、市场操纵、“老鼠仓”等违规现象，才能让长期价值投资成为市场主导力量，回馈长期股东成为企业主流行为，有利于合理价格的形成。与此同时，应该尽量逐步放开对上市、融资、卖空（融券）、金融创新、高管长期股权激励等方面的限制，加强金融中介的建设，才能让市场在更自由、理性的环境下有效地实行其价格发现与资源配置功能。

在中国，这条路可行，但很难，会受到体制的约束。不够独立的司法体系有碍于制约金融市场违规行为，部分监管层的自身利益会阻挠市场的自由开放，受政治影响决策的国企上市公司很难完全尊重普通外部股东利益，以国企控股为主导的金融中介机构缺乏建设长期品牌的激励机制。然而，中国经济的长期发展迫切需要一个更加健康成熟的资本市场，也因此迫切需要体制的改革。

债的沉沦

魏君贤（大成律师事务所高级合伙人）

如果一个经济是自然长成的，商人之间的投融资活动必然是围绕着一个“债”字在进行。在世界的任何一个角落，即使是中国西北地区的穷乡僻壤里，农人之间的社会交往也离不开债务关系。“股”是后来演化出来的，它是一个人以放弃相对有保障的“欠债还钱”的预期，来换取另一个人相对更大的商业成功的若干份额；当然，高收益就意味着高风险，“股”的权利价值比“债”的权利价值更容易被事业的失败清零。从这个意义上说，“债”其实是投资活动的基础，“股”是投资活动的目标。

可惜的是，30年前中国开始重建市场活动的努力，并非由市场自然的演化而发展出来，其中充满行政及知识精英自以为是的制度设计。对“债”的打压，毫不夸张地说，是导致目前中小企业融资困局的制度性首恶。事情说开了其实很简单：在我们的经济制度中，“放贷活动”被先验性地划入了金融行业的版图；而“金融”一词的本质，又由于管制经济的底蕴，被塑造成一个内行说不明白、外行听不明白的神圣词汇。因为商业银行的主要活动是吸储及放贷，政府就把放贷与吸储等量齐观、严加监管，“企业之间擅自办理借贷或者变相借贷的，由中国人民银行对出借方按违规收入处以1倍以上至5倍以下罚款，并由中国人民银行予以取缔”（《贷款通则》第七十三条）。

行业管理规则也好，法律也好，总得有一个出发点。一般理解，对某一种商业活动的限制，经济学家可能会猜测这种行为有外部性，法学家会推断是由于该等行为的高风险，使得政府对百姓产生了父爱情结。总之，任由其自发地发生，会对行为人自己或行为相对人或干脆是社会公众造成不可避免的伤害。那么，放贷管制的"立法"出发点到底在哪里？这里给"立法"加引号，是因为没有法律，《贷款通则》不过是一个行政规章，只不过它的效果似乎远大于《民法通则》。

放贷活动涉及的"有关方面"包括贷款人、借款人，在这之外有社会公众，还有官定放贷业者——商业银行。任何一个稍具理性的读者都能看出下面这一层一层的逻辑。

贷款人和借款人之间若非涉及胁迫、欺诈等侵权行为，在你情我愿的基础上互通有无，达成合同，这一行为对双方的福利都有改进的性质，否则他们不会搅到一起，这两者不存在谁比谁更受伤的问题。

难道受伤的是社会公众？放贷人若没有非法吸收公众存款，则这两者的借贷活动只可能增加社会公众的福利而不会减损，因为借款人的商业活动必然为社会增加一种商品或服务。当然，它有可能卖不出去，那又干社会公众何事？

问题说到这里就很明确了。只有商业银行，或者扩展一下，只有以商业银行为主体的金融机构，才是企业之间资金拆借的受害者，因为这样的活动挤占了商业银行的获利空间。从这里我们不难得到一个貌似离谱实则科学的结论：我们的金融业，和英文里的 finance 有着本质的区别。我们所使用的"金融业"一词，其隐含的最本质定义是"主要与金钱有关的、受到严格准入管制并且已经进入者的利益受到最完美父爱亲情保护的行业"。

对放贷活动的管制只肥了金融机构一家，或许还有金融机构的监管机构（但本质上它们是一家人），但对社会的损害是无法估量的。因为放贷管制，民间资金的微循环系统迄今为止无法自然长成，资金富裕者只有炒地炒房，缺乏资金的企业关门，铤而走险者则锒铛入狱——最近最惨的一个获得了死刑。最有意思的是，监管者以扶危济困、支持微观经济发展为名推出了小额贷款公司，事实又一次证明它毫不例外地正在沦为一场围绕着牌照的猫捉老鼠游戏。

回到投融资商业领域这个话头上，我们会惊异地发现，当下的法律及政策，对风险较低的债权投资持打压立场，对风险较高的股权投资却屡屡呈现鼓励姿态，完全出离了国家亲情主义的预期。各部门、各省市甚至各地区都在鼓吹及推动股权投资机构的发展。但是，股权投资市场的发展，弥补不了债权市场的缺陷。

实际上，在自然长成的经济体里，债权是股权发生的基础。人和人之间，机构和机构之间，由债权合作而股权合作，是事物发生的本来顺序，在经历“有借有还”的债权关系之后，人们之间才可能滋生出入股的信任。就算是正规机构的创业投资基金或股权投资基金，甚至大型的并购基金，其对一家企业的初次投资，在自然长成的经济体里，往往是以债权——可转换债——开始的。我们对债的禁锢和对股的促进，打个不恰当的比方，似乎相当于在《婚姻法》里规定男人和女人不得谈恋爱，一经认识，即请结婚上床。

人民币国际化担心什么

叶翔（汇信资本董事总经理）

目前对人民币国际化，国内最担心的是，哪天欧美经济稳定了，如果中国经济出一点问题，哪怕是短期波动，会不会导致外国人大量抛售人民币，引起人民币快速回流，给国内的金融市场以致经济带来大的冲击？

这从逻辑上说是对的，既然可流出，自然也可流入，只是流向转变的时间未知，作为有远见的决策者，不得不把这种可能的情况考虑在内。但这种担心是过虑了。

看看美元。危机前，美联储的资产约1万亿美元，银行体系的M2仅7万亿美元左右，银行体系的总资产约11万亿美元，其中美国银行海外资产约4万亿美元。按此比例算，约1/3的美联储基础货币，即3000多亿美元支撑海外市场，7000亿美元支撑境内市场。在国际市场以美元来计值的金融资产，估计应不少于60万亿～70万亿美元。

任何1元的美元资产，无论是在美国境内，还是境外，最终都要归结到美联储的资产负债表。为什么3000亿美元可以支撑60万亿～70万亿美元的金融资产？

在国际金融市场与经济中，任何经济活动只要以美元计值，最终都涉及在商业银行的支付与结算。为简单起见，我们把商业银行分成两个层次，一层是在美国的银行，包括汇丰在美国的分行；第二层是不在美国的国际性银行，包括汇丰、渣打等。所有不在美国境内的银行，都在美国境内的银行开有结算行账户。以汇丰为例，假设汇丰香港在花旗纽约行有结算账户，当汇丰香港接到一笔100万美元存入时，就指令客户存入其纽约的结算行，贷计一笔。此时，汇丰香港就可以将100万美元全额借出。换言之，美元的离岸业务不需要缴纳法定存款准备金，因此在理论上说，在美国的商业银行只需放出1美元，就可以支撑无限大的国际美元资产。当然，在实际上，海外银行需要保持支付与结算储备，不能无限放大。但如果结算储备是2%，就可以放大50倍。

即使如此，3000亿美元也只能支持15万亿美元，怎么可能支持60万亿～70万亿美元？因为，所有在美国的商业银行，都在美联储开有结算账户，而美联储放出的货币是美国商业银行放贷或派生货币的基础。而从事国际业务的美国境内银行，相当于所有海外从事美元业务的商业银行的"中央银行"，即3000多亿美元支持4万亿美元的美国银行的海外业务，继而支持60万亿～70万亿美元的境外美元资产。

反之，假如国际金融市场投资者都不愿要美元资产，会导致美元回流，但对美联储来说，货币供给仅减少3000多亿美元。这对今天2.4万亿美元供给量来说，实在不是一个大数。

由此看出，当美元在20世纪70年代初与黄金脱钩之后，"特里芬难题"已不存在。现在的问题是美元角色的双重分裂，即作为美国经济的美元与作为国际经济的美元的分裂。

同理，人民币国际化如果是海外银行等金融机构不断地派生人民币资产的过程，人民银行需要为此往海外发行的货币是很有限的，即使出现人民币回流，对境内金融市场的冲击也相当有限。因此，人民币国际化的方向主要并非加强人民币的回流机制，以使外国投资者可以投资于国内资产，而是要发展海外金融体系的人民币派生能力。

具体而言，应扩大海外人民币的支付与结算网络。首先应鼓励大型中资银行成为海外人民币的结算行；其次鼓励海外机构包括中资海外机构在海外发行人民币产品；再次是鼓励中资银行与不同的海外行建立代理行关系；最后，中国政府与更多新兴经济体达成相互采用各自货币进行贸易与投资结算的安排。

培育人民币资产市场的关键一步

沈明高（花旗集团中国研究主管）

全球金融危机之后，风险可承受的投资机会匮乏是一个普遍现象，债券市场成了投资者资产保值的“避风港”。

对中国而言，还面临着投资渠道不足的问题，投资者躲无可躲。人民币资产市场的发展，是缓解上述投资窘境的根本途径。

中国人均GDP从2008年首次突破3000美元，到2010年有望超过4000美元，这是金融市场发展的一个转折点。

粗略而言，人均GDP在3000美元之下，为一个基本自给自足的经济，而在此之上，市场交易趋于活跃，投资者的需求趋于多样化。从金融市场的角度来看，相对于工资收入而言，每个家庭金融资产的重要性日益提高。一个很现实的问题摆在人们面前，那就是如何管理自己的财富，使之获益于经济高增长。房价高企，从一个角度反映了中国投资渠道稀少的无奈。

如何提高家庭财产性收入的问题已经得到政府的关注，但是，到目前为止仍然没有明显进展。如果这个问题迟迟不能解决，政府在房地产调控方面的努力将事倍功半。

类似地，外国投资者也面临同样的难题。在中国经济发展早期，市场发育程度低，外国投资者从中国经济快速增长中获益的唯一办法是直接投资中国。由于这个时期经济总量尚小，这样的直接投资方式基本上能够满足外国投资者的需要。然而，当中国成为世界第二大经济体的时候，全球几乎所有的投资者都不能忽视中国经济与市场中蕴藏的投资机会，在实业投资者之外，全球金融投资者也希望能够参与并分享中国经济成长的成果。逐步满足这样的需求，是一个经济大国的责任，更是信心。

固定收益类产品市场破题

发展人民币资产市场可以满足投资中国的需求，也将促进中国的金融市场与国际接轨，带动国内投融资市场的发展，反过来可以满足国内投资者日益成长的投资需求。

人民币资产市场发展的最终目标是，使其与中国经济总量相适应，与国外投资者全球配置资产的需求相匹配。

根据国际清算银行最新估算，2010 年，人民币占全球外汇市场交易的份额仅为 0.15%，在全球主要货币中排名第 24 位，远逊于“金砖四国”中其他三国，甚至不及中国台湾和匈牙利。近来，中国政府大力推广人民币结算的努力，显然还没有在这一统计中体现出来，这一比例甚至低于 2007 年的 0.25%。

人民币在全球外汇市场份额之所以如此微不足道，其根源在于人民币资产市场发展严重滞后。缺乏可以带来稳定收益的人民币产品，人民币结算和国际化仍然是纸上谈兵，难以取得实质性进展。更为严重的是，没有人民币资产市场的支持，鼓励持有人民币反而助长了投机。

中国人民银行近期提出的开放中国银行同业拆借市场，向培育人民币资产市场、鼓励理性投资中国迈出了关键一步。参与银行间债券市场交易的外资金融机构不受 QF II 额度的限制，这更增加了参与者的广度。仍然不清楚的是，中国人民银行会否对外资参与设定新的规模上限，这或许取决于外资参与者的热情。

广义而言，人民币资产市场包括外资在中国的直接投资、中国在海外上市企业的资产、QF II。这些市场的资产总量较大，却不能完全满足不同风险偏好投资者的需求。固定收益类产品市场可以提供风险相对可控的投资机会。人民币固定收益类产品包括在香港市场发行的人民币债券，目前，这个市场的规模几乎可以忽略不计。因此，国内同业债券市场的开放意味着人民币固定收益类产品市场才真正破题。

做实债券市场的投融资功能

近年来，中国债券市场发展迅速，但仍处在发展的早期阶段。1999年，中国债券市场余额占GDP的比重仅为14.7%，到2009年，已上升为51.5%。然而，中国债券市场的比重仍然约及美国市场的1/5，2009年，后者的比重为246%。更为重要的是，中国债券市场的主力为政府债或准政府债，2009年国债、央行票据和政策性银行债三项之和占债券时常余额的比重高达82.3%。相比之下，同期美国国债、市政债和联邦机构债券三项之和仅占38%，即使考虑由美国政府支持机构发行的抵押支持证券和资产支持证券在内，仍远低于中国的比重。

从国债持有人结构看，美国国债的最大持有人为外国投资者和国际机构，2009年占49%。在中国国债市场，持有人同样为国有机构，其中，商业银行占58%，包括中国人民银行、财政部和政策性银行在内的特殊结算成员持有29%，两者之和高达87%。

由于金融制度不同，中国与美国债券市场规模和结构明显不可比，不过，二者之间的差异却可揭示中国债券市场的发展方向。目前，中国债券市场几乎是国有机构之间资金腾挪的游戏，债券也还不是真正意义上的投资工具。这主要表现为二级市场参与者少、流动性不足。

向外国投资者开放银行间债券交易市场，将扩大参与面，增加市场的流动性，使债券成为名副其实的投资工具，这是深化债券工具和市场发展的基础。2009年，银行同业拆借债券市场占债券市场总规模的比重高达91.2%，可以说，同业拆借市场开放相当于向外国投资者开放了中国的债券市场。

截至 2010 年 7 月，中国银行同业拆借债券市场的余额为 19.5 万亿元，日成交量为 3020 亿元，约为 2010 年上半年中国 A 股市场 1910 亿元日均成交量的 1.5 倍，但远低于美国的水平。从国债年换手率来看，中国不到 1 倍，美国一般在 20 倍以上。

以市场广度倒逼市场深度

在银行改革已经基本告一段落之后，未来 5 ~ 10 年，中国金融市场改革和发展的重心很可能转移到债券市场。可以预期，市场开放将对深化中国债券市场的发展起到实质性推动作用，这一点在中国银行业的开放中已经得到初步证实，也会在债券市场的开放中得到进一步证实。

债券市场投资者将对宏观经济管理提出更高的要求，这关系到投资者对国别风险的评估。债券市场收益对通货膨胀和利率高度敏感，债券发行国央行需要设定一个合理的通胀目标，并通过利率等价格工具管理通胀预期。从这个角度来看，一个相对独立的央行至关重要，并且，央行的政策需要经得起时间一致性的考验。

提高市场透明度，增强投资者信心。这包括建立市场化的发行机制、征信评级机制和定价机制，也包括破产清算机制和良好的法律环境。现有的债券市场或以政府信用做担保，或以较高的进入门槛，试图将违约风险降至最低，这固然有利于投资安全，但与低风险相伴的则是低收益。债券市场的真谛并不是完全去除风险，而是在规避系统性风险的同时，实现风险与收益相对称。

产品创新是债券市场活力之源，也体现了债券市场的深度。在中国信用制度进一步完善之前，以资产支持的债券发行可以较好地规避信用风险，增加市场供给。同样地，以债券为基础资产的产品创新也是深化债券市场发展的一种有效形式，这次全球性金融危机的根源不是金融产品创新本身，而是过于复杂的产品“创新”，脱离实体经济，且监管缺位。

市场的广度和深度有利于提高债券市场的流动性，降低市场的资金成本。随着人均 GDP 的提高，人们对休闲的需求将不断上升，由此带来的工资上涨将进一步推动资本替代劳动力，一个相对低成本的债券市场可以为企业转型提供相对长期和稳定的资金支持。

银行同业拆借市场的开放也是资本账户开放的重要一环。资本账户开放的一个重要障碍是资金过快进出对经济和市场所造成的震荡，一个有效的债券市场则可以起到缓冲的作用。一方面，资金进出相对透明；另一方面，债券市场收益率的变化是反映资金进出的晴雨表，可以为决策者采取适当的对策提供时间和空间。

一个良好的人民币资产市场将使得人民币更加有吸引力，这无疑将提高对外贸易中人民币结算的比例，加快推动其国际化进程。根据我们的测算，如果人民币在外汇市场上的交易比重能够达到 2007 年新兴市场经济的平均水平，2020 年，人民币有可能跻身世界前五大货币的行列。

最后，中国债券市场的对外开放也将加快其对内开放，债券市场的发展将拓宽国内投资者的投资渠道，降低对房地产投资的依赖。财产性收入的提高与工资性收入的增长一起，或成为推动中国经济转型的重要力量。

（本文观点不代表作者所在机构意见）

金融创新迫在眉睫

黄益平（北京大学国家发展研究院教授、财新传媒首席经济学家）

严格管制已几无可能

一个多月前，索罗斯到北京大学对话时，说了一句耐人寻味的话：就金融体系的发展而言，中国现在跑到各国的前头去了，但是，中国领先是因为她过去跑在最后。不过，他没有解释危机之后我们将朝哪个方向行进。这两年，在国内也听到过一些议论，觉得全球金融危机表明，欧美的金融制度搞砸了，而中国的做法是对的。

但是，中国究竟在哪些方面做得好，却是一个值得探讨的问题。如果说中国经济在这次全球危机期间表现出色，没有受到太大影响，主要是三个方面的因素：第一，资本项目还没有开放，加上庞大的外汇储备，因此，没有造成激烈的短期资本流动；第二，金融监管相对比较严厉，绝大部分国内金融机构无法投资国际市场的金融衍生工具，损失相对较小；最后，中国政府采取超常的财政与货币扩张政策，保住了经济高速增长。

不过，这三条能否长期坚持下去？我的答案是否定的。过去两年，中国经济受的冲击小，主要是因为改革还没有改到那一步，即索罗斯说的“落在最后面”。然而，过去落后不应该成为我们现在自满的理由。说自满可能有些夸大，可确实有一些过度自信的言论。

下一步怎么走？上述三条中，前两条是核心，一是资本项目到底要不要开放？二是金融创新究竟该不该鼓励？资本项目管制有好处也有弊端。在“一战”以前，各国经济实行古典金本位制，当时的资本流动非常自由，美国西部开发和南非办化肥厂，都是跨洲融资。后来，随着经济、金融震荡加剧，资本管制变得越来越普遍。资本项目再次开放的浪潮始发于20世纪70年代布雷顿森林体系解体之后，发展中国家的资本市场开放更晚一些。

因此，过去20年的世界潮流就是资本市场开放。其直接好处就是让融资者和投资者获得更多的选择空间，可以改善资本的配置效率，并提升风险调整以后的回报率。但是，开放的风险也是不言而喻的：资本自由流动，可能冲击资产价格、资产质量，严重的会导致金融危机。当年，印尼开放不久就爆发了危机。马来西亚前总理马哈蒂尔一怒之下，恢复了所有资本管制措施。

所谓政策选择无非就是在高回报和高风险之间求得平衡。但并不是所有国家都可以自由选择，比如，新加坡和香港显然不能选择管制：一管制，立身之本就丧失了。我们现在的难题可能是想管都管不住。最近，我和王勋分析发现，尽管我们没有出现自由的跨境资本流动，但是，管制的效率越来越低，即境内和境外利率或收益率之间的互动性大幅度提高。这点也可以理解，在一个如此开放的经济体里，要找到规避资本管制的渠道实在太容易了。

这就是说，我国实施或加强管制的成本已经非常高，要严格管制其实已经基本不可能。因此，政府能够选择的也许是如何开放，而非开放不开放。当然，资本项目开放并不意味着要放弃所有管制，事实上，大多数国家和地区的资本项目只能是“基本开放”。以台湾为例，因为当局担心短期资本尤其是股市基金流动频繁造成负面影响，开放初始，台湾实行了合格机构投资者制度（QF II），后来才逐步放弃。我们也完全可以采取类似的策略。

因噎废食不可取

这次全球危机的一个严重后果是许多人对金融创新产生了恐惧。美国次债危机所反映的一个重要问题是金融监管跟不上衍生品市场的发展，再加上高杠杆率和道德风险等问题，终于酿成了大祸。一些资深的国际银行家因此呼吁回归所谓的“传统银行”。最近，美国和其他国家的监管机构对高盛展开调查，更增强了对金融创新的担忧。既然那些声称将信誉和客户视为生命线的国际投行都可能涉嫌欺诈，我们再发展这些复杂的产品也许是不明智的。

这样的看法近似于因噎废食。过去一百多年金融市场发展的历史，恰恰就是金融创新的历史，创新使得资本效率越来越高，经济发展速度也越来越快。即使在中国，从清朝的票号到民国的商业银行再到当代的资本市场，无一不是金融创新的结果，总体上看来，它们既有助于提高资本利用效率，也为控制风险提供了新手段。

有学者在国际比较中发现，与其他发展中国家相比，中国具有典型的金融抑制的特征，包括央行对基准利率的控制、政府对信贷分配的影响和资本项目管制等。但是，中国同时又实现了最快、最持久的高速增长。印尼与韩国的金融自由化就要彻底得多，可它们的经济表现似乎不如中国。这是否意味着金融抑制对增长没有负面作用，甚至还有正面作用呢？

这样的解读并不准确。我和王勋在最近所做的另一项研究发现，支持中国经济增长的不是金融抑制的程度，而是金融抑制降低（金融自由化）的过程。数量分析表明，金融抑制指数从1977年1.0下降到2008年0.56，表明金融自由化刚刚走过了40%，即便如此，它已经对过去的经济增长提供了强劲的支持。当前的金融抑制仍然令每年的经济增长损失好几个百分点。因此，金融自由化和金融创新仍然可以给我们带来巨大的收益。

以全球危机中惹祸的金融衍生品为例，它们本来可以帮助提高效率、控制风险。比如，对冲工具就是规避风险的重要手段，如果你持有一种金融产品，就要面对这个产品价格下跌的风险。但是，如果你增加做一个卖空的合约，就可以将风险控制在你可以承受的范围之内。在这次危机中最令人诟病的信用违约掉期（CDS），它实质上是一种金融保险产品。然而，如果使用不当，任何产品都可能造成严重的后果，衍生品尤其如此。因此，监管就显得十分重要。全球危机的教训，不是我们应该从此限制金融创新。相反，我们应该进一步鼓励金融创新，这才是未来效率提高和经济增长的重要推动力量。不过，一旦创新产品形成一定的市场规模，监管当局必须严密监控可能带来的风险，而不应听之任之，无所作为。

对中国来说，推进金融创新、发展金融衍生品其实已经迫在眉睫。如果中国的金融系统必然要走向进一步的自由化和开放，那么，国内的机构和个人就将面对更多的风险和不确定性。过去，我们把国内资本市场封闭起来，金融机构的主要业务就是存贷款，而且利率都是由央行直接决定的，因此，市场风险并不大。但是，进一步开放以后，这一状况就会改变。汇率要变动，利率要变动，市场本身的波动也会增加。国内机构就需要市场工具来应对这些新风险。

更重要的是，国际市场本身也会比过去变得更加不稳定。过去几十年，全球宏观经济“大平稳”（Great Moderation），这样的好日子短期内不会再现了。尤其是美元的国际地位开始动摇，国际汇率的不确定性也会大大增加。我们一直抱怨中小企业融资难，其实，衍生品的发展也可以帮助中小企业管理风险、降低融资成本。最后，金融改革的趋势是金融机构来自存贷款的收入将相对下降，这些机构也需要创造新的收入来源。包括衍生产品在内的新金融工具将成为一股重要的市场力量。

金融创新非易事

在中国发展衍生产品也并非易事。要让大家投资衍生品，让市场发展起来，首先要有创造动力和条件。现在最大的问题是贷款利率和汇率没有灵活性，价格无法合理波动，既无法区分风险的程度，也没有买“保险”的动力。资本市场尤其是债券市场不发达，那么，衍生品又能附着在什么基础产品上面呢？有人说是因为没人对冲，市场才不能波动，一动就会出大问题。但是，究竟是先有鸡还是先有蛋呢？解决的办法还是应该让利率、汇率开始动起来，市场再渐渐发展吧。

监管体制的建立也不是一件容易的事。既然投资衍生品的目的是改善风险结构、增加长期回报，那么，对国有机构业绩的考察就不应过于强调短期指标，而应看中长期表现。当然，对一些结构复杂、杠杆率高的产品，必须加强监管。国外很多机构都把衍生产品挪到资产负债表外，我们怎么做？如果也这样做，监管能不能跟得上？另外，国内缺乏有信誉的评级机构，往往让投资者无从下手。

无论如何，从国际市场风险、国内市场开放和金融自由化来看，金融创新已经成为一项刻不容缓的任务。发展新金融工具也是我们进一步提高资本利用效率、保持高速增长的重要途径。我们首先需要克服故步自封的观念，同时也要克服对衍生工具的恐惧。从简单的产品做起，让市场、投资者和监管者逐步学习提高。任何时候，金融创新都应该受到鼓励，但一旦形成规模，则需加强风险控制。因此，市场的发展理应与监管能力的提高齐头并进。

寻求金融稳定的支点

孙涛（IMF 货币与资本市场部经济学家）

当前全球金融稳定的现状如何？比半年前是好转了还是没有好转？影响全球金融稳定的短期因素有哪些？长期结构性因素又是什么？为维护全球金融稳定，各国应该做哪些努力？此次全球金融危机及国际社会维护金融稳定的努力对中国维护金融稳定有何借鉴意义？在世界经济初步复苏但存在诸多不确定因素的时刻，很有必要深入思考这一系列问题。

国际货币基金组织（IMF）近日发布的《全球金融稳定报告》（GFSR）有助于我们寻求上述问题的答案。这份报告认为，在过去半年里，全球金融稳定形势没有好转。主要原因是发达国家经济复苏乏力和金融市场对部分发达国家高债务的担忧增加。复苏乏力表现为，财政紧缩压力加剧了发达国家经济复苏的困难，私人部门尚不能主导经济复苏。银行不良资产仍达 2.2 万亿美元，先前信贷风险下降的趋势停滞。市场信心对发达国家的主权债务风险更加敏感，金融市场表现欠佳。在实体经济和金融体系之间再度出现负面互动：银行体系中的问题导致实体经济难以获得经济复苏所需的信贷资金，经济复苏乏力反过来使部分主权国家债务融资压力增大和银行融资困难。

短期因素呼唤迅速行动

影响全球金融稳定的短期因素主要有：

一是部分国家面临主权债务压力。国债占 GDP 比重过高、短期债务融资困难及投资者有限，导致部分欧洲国家面临融资压力，市场信心受挫，市场波动加剧。

二是主权风险和银行之间的风险互动传递增加。一方面，银行风险向主权风险传导。部分国家的银行资产负债表恶化，导致这些国家的或有负债增加和主权风险上升；另一方面，主权风险传导为银行风险：国债利率上升引致银行融资成本上升。

三是新兴市场可能面临更大的资本流入压力。在发达国家复苏乏力和被银行不良资产困扰（推动因素）和新兴市场国家良好基本面和增长潜力（拉动因素）的共同作用下，流入新兴市场国家的资本可能大幅增加。GFSR 的测算表明，如果 G4 国家（美、英、欧和日本）1% 的金融资产（约 50 万亿美元）向新兴市场国家重新配置，就会有 4850 亿美元证券投资流入新兴市场国家，打破 2007 年 4240 亿美元的历史纪录。持续的资本流入会产生“羊群效应”，给新兴市场国家的商品和资产价格带来上升压力。而将来资本流入一旦逆转，又会给新兴市场国家带来冲击。

GFSR 提出的一些政策建议是很有建设性的：第一，继续解决银行体系的遗留问题。继续确认核销 5500 亿美元银行不良资产，满足银行未来两年 4 万亿美元的债务展期需求。必须通过注资、关闭、合并等方式，解决银行体系中的问题，增强市场投资者信心。第二，强化金融机构和主权国家的资产负债表。需要以市场化的定价机制来管理和降低主权国家或有负债。第三，新兴市场国家继续完善宏观经济政策，拓展本国金融市场的深度，提高吸纳外国长期资本的能力。第四，有序地在全球范围内推进金融监管体制改革。加强对整个金融体系（包括影子银行体系）的监管。必须处理“太大而不能倒闭”问题，加强监管激励，增加监管资源，建立宏观审慎框架。国际社会只有诉诸切实行动，才能避免下次金融危机。

长期因素有待根本变革

按惯例，GFSR 还讨论了影响全球金融稳定的两个长期因素——系统流动性风险和评级公司。

多家金融机构无力展期融资或获得新的短期融资，是本次危机的一大鲜明特征。流动性风险包括融资和市场流动性风险两种。简单地说，前者是指金融机构不能到期还债的风险，后者是指不能以原价变现资产的风险。系统流动性风险是指在整个金融系统层面，金融机构不能满足内外流动性需求的风险。常规的金融工具、衍生产品、批发融资、回购市场、银行、投资银行、货币市场基金等都是系统流动性链条上的环节。雷曼兄弟在倒闭前，曾与众多金融机构（交易对手）相互提供有抵押品（如回购）的流动性（批发融资），其倒闭导致交易对手无法收回贷给雷曼的流动性，从而迫使这些金融机构向更多交易对手收紧流动性或出售所持抵押品来获取流动性。这样，抵押品价格下跌引起参与此类融资交易的金融机构普遍面临交易对手风险和流动性紧缩。概括而言，对稳定性不足的批发融资的依赖、过度依靠价值波动大的抵押品市场（如回购）、利用跨境外币短期融资投资于长期资产、市场基础设施的缺陷及关于交易对手风险信息的缺乏等，都是导致系统流动性风险的因素。

针对这一影响货币市场乃至整个金融市场安全运转的关键风险点，GFSR 的主要建议是，建立中央交易对手来减少金融机构之间的柜台交易，通过轧差来缩小金融机构之间的风险暴露和系统流动性风险。

早在 20 世纪 80 年代和 90 年代的新兴市场金融危机（如拉美和亚洲金融危机）期间，评级公司就曾受到新兴市场国家和投资者的批评。本次金融危机期间，评级公司的一些评级结果及其突然调整也让发达国家政府和投资者对评级公司的问题有了切肤之痛。

对评级公司的批评主要集中在两个方面：一是对评级公司骤然调低被评级机构资信或抵押品价值的做法表示质疑。如果抵押品价值的突然下降发生在金融市场波动和信心不足时，市场波动会加剧，使得被评级机构融资成本和破产风险陡然上升（所谓“陡壁效应”cliff effects）。另一个是评级公司的利益冲突问题。由于是被评级对象向评级公司付费，所以，评级公司就有被“收买”之嫌；而评级公司为获得利润或市场份额，也可能出现“美化”评级结果和误导投资者的情况。

针对上述问题，GFSR 在肯定评级公司价值和贡献的同时，提出了以下建议：首先，监管机构减少其监管标准对评级公司评级结果的依赖；其次，加强对评级公司（如信贷矩阵、评级模型和准确性事后检验）的监管。最后，监管机构要限制评级攀比和利益冲突，增加对投资者的信息披露，鼓励投资者提高研究判断能力。

中国金融体系如何更强健

随着中国经济和金融规模的扩大，对外贸易金融联系的增加，中国金融稳定与全球金融稳定日益相关。一方面，全球金融稳定影响中国金融稳定。欧洲主权债务危机的现状和演化趋势无疑已成为中国各级政府和私人机构关心的议题，发达国家向包括中国在内的新兴市场国家的资本流入更是事关中国的资产市场稳定和政策取向。另一方面，中国的金融稳定也日益作为一个重要组成部分而被纳入全球金融稳定的分析框架。

近年来推行的银行改革，对中国比较安然地度过危机冲击、维护全球金融稳定起到积极作用。但是，我们不能轻易陶醉于本次全球金融危机后“中国经济金融已经很强健”这样的说法。我们必须认识到严峻的国际经济金融形势和国内改革攻坚的压力，至少要冷静地从危机和国际社会的努力中学习，防控风险。

第一，选择采取综合措施应对资本流入给国内资产价格带来的压力。GFSR 提出的根据国情，选择采取扩大汇率浮动区间、紧缩财政、加强审慎监管、鼓励资本流出和实施资本管制等政策措施。此外，还要跟踪和应对发达国家正在和将要采取的货币宽松和定量宽松政策对资本流入的进一步影响。

第二，研究巴塞尔协议 III、国际清算银行（BIS）和 IMF 近来提出的各种新监管改革建议对中国金融业国际竞争力和金融稳定的可能影响，结合实际情况准备应对和实施方案。这些建议包括，确定较高的核心资本充足率、对系统风险金融机构征收额外资本金和流动性缓冲准备、建立中央清算交易对手等。

第三，继续改善银行资产负债表，防控国家或有负债。近年的银行重组、注资和上市等都是完善银行资产负债表的极有成效的举措，2010 年开始的严控政府融资平台风险的政策也是防控国家或有负债增加的积极措施。为维护经济金融体系的稳定，需要继续强健银行（表内外）和国家的资产负债表。

第四，需要倍加珍惜和用好高储蓄，尤其是居民储蓄。次贷危机期间出现的系统流动性危机，本质上是美欧金融机构为扩张资产而过度依赖不稳定的批发融资的结果。危机爆发后，各大金融机构竞相出招，吸纳零售居民储蓄和其他稳定的长期资金，以争取最稳定、最可靠的融资来源。与外资金融机构相比，中国的高储蓄率，尤其是高居民储蓄率，是中资金融机构稳定资金来源的保证，是中资金融机构的一大竞争优势。然而，近十多年来，居民储蓄占全部储蓄之比和居民可支配收入占国民可支配收入之比下降的趋势值得关注。需要尽早采取措施扭转此双下降趋势。

（本文为个人观点）

Chapter 3

第三篇

投资与贸易

▶ 现在中国海外投资的一些现状存在不少问题，需要亟待解决。按世界银行的分析来说，主要有五个因素。一个是外汇的限制，一个是行政程序的审批数量，一个是办理程序所需的时间，一个是有限的资金来源，还有一个是合规的成本。在实践当中，中国“走出去”亟待解决的问题主要是人才储备不足，另外是政策有很多障碍，比如行政管理审批过于繁杂，行政管理体制政出多门。

——常振明（中信集团总经理）

▶ 我们的储蓄率要想下降其实是很难的一件事情。要想把储蓄全部用掉，增加投资也是不合理的。在这种情况下，我们只有进行资本输出。资本输出的一种渠道是靠中央银行来输出，我们去买美国的债券、买欧洲的债券，但是这种方法是不可能长期持续的，而且也不一定是对我们有利的。我们要在政府对外资本输出之外，开辟新的渠道，让企业对外输出，或者居民对外投资，这其中一大部分就是对外直接投资。从中国宏观经济的结构来看，增加对外直接投资是必须要做的。

——白重恩（清华大学经济管理学院副院长）

▶ 我有一个从高盛退休的同事，他告诉我，20世纪80年代中期，日本企业也是现金多得不得了，他去日本东京，说服了一个集团高价买了洛克菲勒中心，他们买下来以后不知道干什么用，买下来以后经营不好，价值下跌，他又说服他们卖了洛克菲勒中心，一来一回，结果他赚了大钱，买了豪宅，安然退休，但是日本企业赔了大钱。我希望中国企业不要重蹈日本企业花钱买洛克菲勒中心的覆辙。

——杨贤（新加坡国立大学管理学院院长）

第七章｜透视中国海外投资

追踪中国投资

史剑道（Derek Scissors）（美国传统基金会亚洲研究中心亚洲经济政策研究员）

中国有2.5万亿美元外汇储备，由于自身国际收支平衡的规定，它必须将所有的外汇储备投资到海外。其中大多数不可避免地进入了美国债券市场，因为这是唯一足以吸收如此多外汇储备的市场。但是，自2005年开始，中国将约2000亿美元的外汇投资于债券以外的资产。中国官方数据对于了解资产投资的情况没什么帮助，但美国传统基金会的“中国环球投资追踪”按国家和行业列出了非债券的外汇支出。该追踪提供了直到2010年6月30日的最新资料。

迄今为止，中国的投资主要奔向了除美国之外的西半球国家。中国在2010年上半年创下了投资活动的历史纪录，在全球的投资和工程承包额超过了450亿美元。约超过一半投资的目的地都是除美国以外的西半球国家（中国在美国的非债券投资为16亿美元）。

中国有权利在西半球或其他地方寻找合作伙伴。同时，考虑到中国庞大的外汇储备，其在债券以外的投资在未来的几年必将明显增加。美国必须要重启经济外交，以应对中国从投资和商业合作中产生的不断增加的影响力。改善美国有关中国投资政策的第一步便是分清事实与杜撰。中国的官方数据虽然准确但不实用。官方数据没有各部门的投资数额，并将大部分的支出划到了香港——但是香港只是一个中转站。

“中国环球投资追踪”（下称“追踪”）通过对公司的监测解决了这些问题。在可能的情况下，外国的合作方被用作信息来源。中国企业有时候对信息披露十分吝啬，但还是会提供最终目的地和项目的特征。随着投资项目规模越来越大，“追踪”数据已经和修订后的官方数据越发匹配，同时一直比官方数据披露得更快，更详细。

除了按部门和国家的分类，“追踪”还包括遭受了重大挫折的交易的资料。其中最有名的例子就是中海油对优尼科的收购受挫，此外还有数十个其他案例。自2005年以来，这类交易的总价值超过1300亿美元，但其呈现了一个重要的新趋势：阻止达成交易的问题似乎正在减少。相比于之前几年，2010年上半年有问题的交易少了很多。中国公司投资者的角色扮演得越来越好，而且目前的投资规模更大，其中包括了以前难以触及的复杂交易。

在行业方面，中国追逐的目标没有什么悬念：能源部门一直领军，煤矿业现在也加入石油和天然气的队伍。金属行业位居其次，其中铁矿石项目最多。金融是第三个重点，在近期地产收缩后寻求可能资产的美国房地产基金得到注资。运输领域所得的传统投资不多，但吸引了数十亿美元的一系列工程和建筑合同。两个讨论得最多的行业——农业和科技，迄今为止尚不太活跃。在这两个行业中，大的交易均被阻止，使得中国公司不免有些灰心。

中国企业在哪些国家中最为活跃，是最大的政治课题。我们的评估与关于中国投资的诸多传言大相径庭。全球媒体鼓吹所谓的来自中国的“超大型”交易，可能是基于东道国政府所散布的谣传。根本不存在的公司被说成要投资数十亿。媒体抛出的巨大数字事后却要被除以10。当地政府和许多国际媒体常常将在能源等领域的贷款和非约束性的未来贸易合同，在重要性和承诺性上与真实投资等同起来。在美国的政策讨论中，这些报道往往会被当真。

我们的“追踪”不包括贷款、贸易或东道国政府未经核实的声明，而只含有除债券外的真实投资项目。澳大利亚是最大的投资目标，美国以很大的差距位居第二；自 2005 年以来，中国在哈萨克斯坦、伊朗和加拿大每年都有超过 100 亿美元的商业合同和投资（如果包括债券，美国毫无疑问以绝对优势领先）。

北京明显在金融风险、能源和金属矿石来源以及投资驱动的外交行为等方面的多元化上做出了努力。2010 年上半年则展示了其在西半球的一个突破。

直到 2009 年年底，中国在加拿大和拉丁美洲的投资活动多是雷声大雨点小，但加拿大友好的投资环境，巴西的双边努力，以及丰富的矿产资源使得协议数量激增。虽然最后的数字可能比预期要小——回想一下之前的受阻交易数据库——但这不会改变西半球在中国“走出去”战略中日益重要的位置。

在其他地方，如在撒哈拉以南的非洲，有一些交易未能实现。尼日利亚也许是最大的“罪人”了——最近 230 亿美元的新业务声明中实质性内容极少。中非发展基金已促成了几个投资项目，但迄今为止这些项目规模都很小。

东亚的数字低得令人吃惊，这部分是由于时间的原因——中国在东亚的有些项目早于“追踪”起始的时间，部分也是由于东亚的资源相对缺乏。在西亚的投资明显是由石油和天然气占主导地位。

在阿拉伯世界，显性的能源交易较少。相反，大型运输和建筑合同成了主流，因为中国希望寻求其他途径与能源丰富的国家建立友好关系。除了英国，欧洲并没有从中国投资者中得益太多。然而，希腊的主权债务爆发之后可能向北京求助，也许在西班牙、葡萄牙和意大利也会上演类似的一幕。

中国海外投资怎样“走出去”

王小广（国家行政学院决策咨询部研究员）

“腾中收购悍马”掀起的波澜尚未完全平静，国家电网斥资9亿美元与加拿大公司携手开发智利铜矿的大手笔已浮出水面，颇有“你方唱罢我登场”的架势。

在中国企业频频出手海外的背后，隐约可见国际金融危机带来的“抄底”憧憬，但更应看到，加快步伐“走出去”，越来越符合国家与企业自身的利益，已经是大势所趋：

——外汇管制对企业“走出去”的束缚已经逐步松绑。2009年年底中国外汇储备增至2.4万亿美元，中国已经彻底告别外汇短缺、需要“宽进严出”的时代；相反，增加对外直接投资还有助于缓解人民币汇率升值压力，化解外汇储备贬值风险。

——转变外贸发展方式、推动产业结构调整，也是企业“走出去”的重要推动力。以海外兼并收购获取先进的技术设备，拓展海外营销渠道分享产业链中更多的经济增加值，或者借助海外生产基地规避贸易壁垒、转移国内过剩的生产能力，是中国应当借鉴并正在效仿的国际经验。

与此同时，国家与企业均应认识到，中国还是对外投资领域的“新手”，成功地“走出去”既需要事前周密分析，又应当不断总结经验教训。检讨2009年中国企业海外“抄底”之举，可以为未来提供借鉴。

海外“抄底”短长

依照规模及成长性衡量，2009年中国企业的国际并购令人瞩目。据普华永道新近发布的调查报告测算，2009年中国海外投资交易达166宗，交易金额约335亿美元，为2008年的3倍，也超过了国际金融危机前2007年的水平。

从交易对象的行业看，中国企业的海外“抄底”主要集中在资源能源领域，其他领域比重极小；从地域分布看，“抄底”集中在资源丰富的非主流富国和一些发展中国家，对欧美主流发达国家未形成明显的“抄底”压力；从出手企业的性质看，“抄底”的主力军是国有企业，特别是央企。

2009年中国企业海外“抄底”的成功之处，在于我们从国际上得到了一定的资源份额。

中国经济持续较快增长，对资源的需求很大。中国在许多资源上存在严重短缺，需要利用国际市场，需要通过参股、控股等方式参与国际竞争，保障资源稳定供给；更重要的是，通过对控制资源的跨国垄断企业形成竞争压力，可争取一定的资源定价权，以减少资源价格过度波动对中国经济造成的危害。

但是，如果从一个更宽广的角度看，中国的“抄底”或许还存在明显的不足：

其一，总体上重自然资产及资产增值、轻构成竞争力的无形资产，如技术与品牌。主导着高端制造业、服务业和高新技术的发达国家在国际金融危机中遭受重创，特别是其在高端制造业上面临巨大的发展压力（需求不足、升级缓慢等），理论上讲为中国“抄底”创造了难得的机遇。虽然中国企业的资金实力不等于资本实力，更不等于产业整合能力，但知难而进才有可能出奇制胜。吉利收购沃尔沃的尝试可谓凤毛麟角，反映出中国实业界对此种机会准备不足，但这些尝试是必经之路，都可为中国企业“走出去”提供有价值的经验。

其二，从资源“抄底”占绝大多数（90%以上）看，中国企业缺乏“危机后的思维”。危机之前，囿于中国经济的发展阶段及粗放型增长方式，国内资源存在严重短缺，拥有资源几乎意味着拥有暴利；下一轮中国经济增长将很不同于过去，虽然资源供应仍然重要，但中国与世界对气候变化、环境污染日益关注，低碳经济方兴未艾。若能“抄底”更多海外清洁能源技术，则更能顺应后危机时代的增长模式。

其三，过度热衷于资源，不仅会使中国在国际化过程遇到更多的摩擦和阻力，而且会被国际金融“炒家”所利用，即帮助他们在“堆”新的全球资源价格泡沫。结果，中国由企业国际化而获致的资源溢价收益可能远小于为高价格资源进口所多付的成本。

当然，海外市场复杂多变，企业也有各自的经营之道，因此观察者对2009年中国企业海外“抄底”长短的判断，可以见仁见智。但是，对政府在“走出去”中应当如何发挥作用，可能比较容易达成共识。

政府搭台，企业唱戏

与中国市场化改革的大方向相一致，政府在规划中国企业“走出去”战略时，应当突出发挥市场配置资源的作用。理顺要素价格，为企业自主决策如何“走出去”提供便利，是政府应当承担的职责。

目前普遍存在的人民币汇率升值预期，对企业“走出去”具有相互矛盾的作用。一方面，国内逐步上升的劳动力成本及人民币升值会促使一些外向型企业“走出去”；另一方面，如果企业开展海外投资之后，人民币汇率持续升值，则可能令某些海外投资的人民币收益率贬值。政府着力完善人民币汇率机制、发展风险管理功能完备的外汇市场，进一步推动人民币国际化，有利于企业更好地“走出去”。

推动投资便利化，既包括放松本国实施的管制，增加管制政策的透明度，提供关于海外投资环境的基本信息等，也包括通过双边与多边投资协定争取外国开放投资领域。同时还要引导中国海外企业积极履行社会责任，在海外为企业“走出去”营造良好的舆论环境。

近年来，中国政府在推动投资便利化方面颇有建树。自2006年以来，商务部已在亚洲、非洲、拉美等地推动建立19个境外经贸合作区，推动贸易、开辟市场和获取资源；2009年商务部发布了《境外投资管理办法》，下放境外投资核准权限，简化核准程序；外汇管理局则把外汇管理由核准制调整为登记制。类似的便利化措施不胜枚举，这个方向的努力值得肯定和继续深化。

不过，围绕腾中收购悍马失败原因的传闻或误解也显示出，政府还有增加对外投资政策透明度的空间。

除此之外，国有企业在关系国民经济命脉的重要行业和关键领域占有支配的中国特色，为中国企业“走出去”带来了特殊问题。

一方面，中国大型国有企业在海外投资，尤其是在资源收购中表现活跃，不时有国家担心这些国企因为有政府色彩，收购并非完全出于商业目的，或者以此为借口，将中国国企拒之门外。中国到澳大利亚收购资源的企业，民企比国企容易获得批准，与此不无关系。

虽然近来国企联合外国企业进行海外收购取得了进展，如中石油集团通过与英国石油公司（BP）联合，赢得了伊拉克的油田合同，但更全面的解决办法，或许是政府加强与主要西方发达国家的资源能源对话，促使其理解中国对资源的合理需要，以此消弭外国对海外收购资源的阻力，为中国企业“走出去”拓展空间。曾经担任美国助理国务卿帮办、负责国际能源政策的爱德华·莫尔斯（Edward L. Morse）几个月前在美国《外交》杂志（Foreign Affair）上表示，应当邀请中国企业投资于西方国家生产石油天然气及其他初级产品的公司。发现和借力如此有识之士，不无裨益。

另一方面，大型国企对外投资规模通常出手不凡，蕴涵巨大的投资风险。完善公司治理、确保政企分开、明确投资责任，方能重视投资的经济效益、有效控制风险。

回顾历史，中国企业的海外投资，既有海尔较为成功的业绩，也有TCL收购汤姆逊、联想收购IBM等出现消化不良、难以达到预期效益的事例，表明中国企业的海外投资之路不会一帆风顺。只有让“市场的归市场，政府的归政府”，在海外投资中企业自主决策、自担风险，企业才会在磨炼中成长，“走出去”之路才会越走越宽。

第八章 | 全球贸易变局与中国

新兴市场新定位

安德鲁·科恩斯维特（Andrew Cornthwaite）
（俄罗斯复兴资本副首席执行官）

当我们把最近的金融危机抛之脑后，开始重新审视目前的世界经济，人们会惊讶于过去十多年在所谓“新兴市场”和发达市场之间角色的互换。

增长引擎

我们正看到，业已存在的一种趋势变得越发明显。这种趋势就是全球的经济增长全部或者说几乎全部来自新兴市场。同时，新兴市场也正扮演着一个原材料供应地和一个促使资本流向高增长领域的角色。这些蕴藏于新兴市场中的机会也意味着，像中国这样的经济体不但有机会刺激自身经济的增长，而且能够从其他发展中国家经济增长中获得好处。

让我们以新兴市场中最“新”之一的非洲为例。

复兴资本（Renaissance Capital）最近在伦敦组织了一个大型的投资者会议，会议对遍及非洲大陆深具吸引力的投资机会给予了强烈关注。会议举办地伦敦是历史上两大全球金融中心之一，兼具欧洲金融中心，而欧洲仍是世界上最大的单一经济集团。

我们所讨论的这两大洲和会议地点之间的对比让人非常震惊。现在英国的经济规模比五年前要小一些，它的预算赤字占 GDP 的 10%，公共债务占 GDP 的 80%，无资金准备的负债占 GDP 的 200%，同时面临老龄化的人口和入不敷出的公共部门。

另一方面，非洲过去十年实现了每年 6% 的平均实际增长，接近 GDP 25% 的储蓄率，不足 GDP 25% 的债务，人口年轻化并且不断增长，大量的国内投资以及 50 年来最稳定的政治体系。然而，非洲仍然被认为是全球最具风险的投资环境之一——这意味着我们需要改变对“风险”概念的认识。

新兴市场的经济增长速度让人印象深刻。20 年前，欧美以外的世界占全球总人口的 80%，但它们的 GDP 总量只占世界的 30%。今天，这些地区的 GDP 总量已超过世界 GDP 总额的 50%，并且几乎占了世界经济增长的全部。

但是，这只是这些地区增长故事的开头——新兴市场的人均 GDP 比发达市场低 80%，中国的人均国内生产总值更是只有美国的 8%。如果我们假设，在接下来的 20 多年中，发达国家经济以每年 2 % 的幅度增长，新兴市场国家人均 GDP 从西方的 20% 上升到 33%，人们将看到新兴市场创造出超过 2000 万亿美元的财富。这些新创造的财富是过去 20 多年创造的财富总量的 3 倍，这是历史上创造财富最快的时期。

此外，发达国家和新兴市场国家的人均收入趋近的过程，正呈加速和扩大的趋势。就速度而言，今天各国经常设定并取得 10% 的经济增长目标，而直到最近，这一目标在中国以外的国家或地区似乎难以想象。就广度而言，新兴市场之间的日趋接近现在是主流而不是个案，不参与其中的仅限于个别国家，比如津巴布韦和朝鲜。

日益明确的是，新兴经济体无法照搬西方经济发展模式，如果没有实质性结构改革的话。近期爆发的信用危机就是因为西方家庭和政府试图通过过度借贷来维持生活标准。在“后危机时代”，当市场变得越来越自信，并开始质疑让资金流向政府的借债计划是否是最佳选择时，政府就不能只靠举债来摆脱财务困难。当资本面临是选择高增长、低杠杆的新兴经济体，还是低增长、高杠杆以及结构僵化的发达经济体时，它将越发对旧有经济发展模式失去耐心。

资本流动新趋势

现在，资本大规模流动的情况比五年前更甚，我看到新兴市场面临三个好机会：作为资本的提供者，作为支持进一步发展的资本使用者，以及作为资本的中介。当传统的安全避风港作用减弱时，资本会更愿意流向那些不明显的机会。资本会更多来自产生储蓄的经济体，而这些经济体大多存在于新兴世界中。资本也会更多流向新兴市场中那些与自然资源、食品安全和基础设施相关的项目。资本也会更多被新兴市场中的新型机构所管理，特别是在香港而非伦敦或纽约这种地方。因而，在下一波财富增长期间，资本流动的方式将以不同于过去的方式进行。

"金砖四国"（巴西、俄罗斯、印度和中国）以及其他新兴经济体都是典型的低负债率、高储蓄率和高经济增长率国家。这些经济体已经成为全球资本的重要来源。看看中国政府对美国政府债务的投资。

但为什么中国的储蓄（或者俄罗斯石油收入，或者中东主权财富基金）要乐于满足对西方投资的低回报，难道仅仅因为这些投资被认为是一种低风险的行为吗？

我们已经看到一种趋势，就是资本正在从国内市场转向经济快速增长的新兴经济体。比如，中国在非洲和其他地方都成为当地自然资源项目的大买家。这些项目给予了投资者丰厚的回报，同时，也帮助投资者持续地获得自然资源以确保这些国家经济不断发展。但是，这个过程并不局限于中国——巴西、哈萨克斯坦、印度以及俄罗斯，都在全球自然资源资产方面制定长远的投资战略。这些投资不仅是基于观念意识方面的原因，而且也能够发展商业，产生丰厚回报以及持续获得有价值的潜在稀有商品。

然而，还存在另一个领域，在这个领域，我们仅仅处在一个大潮流的开端。比如，中国对非洲的投资已经让人印象深刻，中非之间的贸易从十年前不足100亿美元增长到现在的超过1000亿美元。但这不过是冰山一角。

随着中国经济的增长，对原材料需求的增长，以及对投资机会竞争的加剧，促使对非洲的投资将会更快。

“金砖四国”之间的一些投资活动仍发展不起来，例如，俄罗斯和中国之间的投资已经几十年无人重视，这可能是历史原因造成双方间的猜忌。然而，这两个巨大市场之间的地缘协同空间非常广阔。俄罗斯拥有中国所需要的丰富的金属、石油以及天然气，并且，这些资源中的很多都储藏在俄罗斯东部，靠近中国甚过莫斯科。我们意识到，俄罗斯和中国都对增加投资的想法持更开放的态度。

在 6 月于莫斯科召开的投资者年会上，我们宣布，我们设在香港的亚洲第一家办事处开业，并且专门探讨中国和俄罗斯之间的新关系。参加讨论的有众多国际投资者和俄罗斯最具实力的公司。我们正和客户就在香港上市的可能性举行商谈，并且，我们确信如果市场保持稳定，我们的一些客户明年会加入已在香港证交所上市的俄罗斯铝业联合公司（United Company RUSAL）的行列。

这些在新兴市场间增长的资本和贸易流动，将给全球经济带来好处，同时也有利于新兴世界内部的每个国家。

举例而言，今天的中国在非洲以及其他地区眼中的形象，可能类似于过去美国在中国眼中的形象：自己产品的输出市场以及资本和技术的来源。技术和资本同等重要。上面讨论的这些趋势连同技术应用的推广，比如互联网和移动电话在新兴市场的应用，我们会看到创意、经济模式、技术、金融以及人力资本更快的传输以及更大的流动性。

西方角色有所削弱

传统上而言，西方是新兴市场创造财富的保管地所在，不论是伦敦还是纽约的机构投资者，抑或是瑞士和其他地方的私人银行，都是如此。但在本文讨论的新全球经济中，西方的这种角色将显著降低。为何一个身处伦敦的银行家会和一家中国公司在非洲石油的投资有所牵连，或者又和智利养老基金对亚洲证券的投资有关？

随着资本和人才流动性的加大，投资者期待人们将他们的钱投向全球经济增长的来源地——新兴市场。所以，我们看到私人银行的资产从瑞士流动到新加坡，我们看到，对冲基金离开伦敦和纽约以规避高额税收和监管，来到那些正在产生财富的市场。我们也会看到，那种发展中国家公司只有在伦敦这样的西方市场才能募集资金局面的结束。我们正看到新兴市场内交易中心的崛起。香港在吸引中国内地公司上市方面取得了巨大的成功，并且，它也成为发展中世界其他公司融资的选择。这种角色只会越来越多，唯一可能的竞争发生在当这些公司发现它们能够直接在中国上市的时候。

在复兴资本，我们正在加大投资力度，以确保我们和客户以及蓬勃发展的市场继续保持密切的联系。我们特别关注资源行业，包括石油、天然气、矿业和农业。我们已经在新兴市场之间推进一些最大规模且最有影响力的跨国交易，与此同时，将投资者引向新的前沿市场。

我们对前面提到的对未来的看法深信不疑，并且相信，新兴市场的时代即将到来。

贸易崩溃启示录

理查德·鲍德温［日内瓦研究所（Geneva Institute）国际经济学教授、欧洲政策研究中心（CEPR）政策主管、VoxEU.org 网站创始人及主编］

最猛的贸易崩溃

2008年年底，世界各国的对外贸易突然同时急转直下，下降速度为“二战”以来所未见。经过世界各地的学者研究，对这种现象的解释逐渐达成了共识：之所以出现贸易额的急速减少，是由于全球经济衰退使得许多采购活动突然被推迟，特别是耐用消费品和投资品，包括其零部件的采购。此外，国际供应链中出现的“组合效应”和“同步效应”，更让这种变化雪上加霜。

“贸易大崩溃”发生在2008年三季度到2009年二季度的时间里。此次的下降速度是世界贸易有记录以来最快的，并且是全球同步发生，造成了严重后果。这是一场名副其实的“贸易大崩溃”。

——来得快，来得猛。

“二战”后全球贸易发生过三次大幅萎缩：1974—1975年石油危机导致的全球性衰退；1982—1983年遏制通货膨胀后的全球性衰退；2001—2002年的IT泡沫破裂后的全球性衰退。每一次，全球贸易额都出现了三个季度以上的连续缩减。但近来的这一次是最猛的一次。

具体而言：1982年和2001年的两次贸易量下降相对较小，年同比降幅大概只有5%。1970年的那次降幅2倍于此，下降了11%。今天的情况则更糟糕得多，世界贸易流量连续两个季度的同比降幅达到了15%。经合组织(OECD)对其成员国的真实贸易量有月度统计，有过去533个月的数据，其中前7大月度降幅全部发生在2008年11月。

“贸易大崩溃”的下降幅度虽不如20世纪30年代的“大萧条”，但速度快得多。2008年11月之后的9个月，世界贸易的降幅已经与“大萧条”期间24个月的降幅相当。

——全球同步。

世界贸易组织（WTO）有数据在案的104个国家中，进口和出口在2008年下半年到2009年上半年的时间内都出现了明显下降。

欧盟27个国家和其他的10个国家，进出口的下降总共占了全球贸易量下降的3/4，所有国家的贸易量在2008年二季度到2009年二季度间的降幅都在20%以上，甚至达到30%以上。

2008年二季度，还几乎没有一种商品种类的世界贸易量出现负增长；但到了2008年四季度，负增长的占到了绝大多数；到了2009年一季度，已经无一例外为负增长。

——结构性差异。

贸易的崩溃是全面性的，但还是有必要区分大宗商品和制成品。矿物、石油等大宗商品的贸易量是从一个繁荣期迅速降下来的，速度比总体贸易量的下降速度快。原因与价格有关。

粮食、原材料，特别是石油的价格在2008年年初迅速飙升，涨势于2008年中告终，这是在2008年9月雷曼兄弟倒闭很久之前了。与之形成反差的是制成品的价格，在这段时间内相当稳定。

由于粮食、燃料和原材料占全球贸易的四分之一，这些价格变动对总体的贸易数字产生了很大影响。依赖于大宗商品出口的那些国家，特别是那些石油出口国，是出口下降最大的。

制成品贸易额的下降也很巨大，但主要原因是商品数量的减少。主要出口耐用消费品的国家出口也出现了大幅缩水。墨西哥既是石油出口国，又是美国的制造业供应链上的一环，因此是世界上贸易额下降最大的国家之一。

"大崩溃"因由

全球经济放慢导致了"贸易大崩溃","贸易大崩溃"又反过来助长了经济的下行,这共同导致了所谓的"大衰退"(The Great Recession)。

经合组织成员国在这段时间内陷入了衰退,这些国家同时也包括了最大的进口市场:美国、欧盟和日本(所谓的G3),这三个国家的GDP增长率基本上是同步下落。美国和欧洲的GDP负增长3%到4%,日本则严重得多。

——为何贸易下降幅度比GDP多这么多?

全球衰退的背景下,贸易的下降顺理成章。问题是:为什么会下降这么多?此前的四次衰退中(1975年、1982年、1991年和2001年),世界贸易比GDP的降幅大了4.8倍。

这次的倍数要远远大得多。纵观历史,这次的下降简直令人震惊。世界贸易与GDP之比从20世纪90年代末开始就显著上升,进入21世纪后有所停滞,直到2008年的"贸易大崩溃"。

20世纪90年代之所以出现快速上升,有包括贸易自由化在内的多种原因。但其中的关键动力是国际供应链的建立。制造业成簇状分布于全球各地,每一个制造业集群中的周边国家各自承担一定份额的增值。这种分布情况意味着,一个增值过程会涉及好几次跨境贸易。在一条简单的国际供应链中,进口零件转变为出口部件,再组装成最终产品,然后再次出口,所以贸易数字中最终的增值部分被重复计算了多次。

这样高度一体化和紧密同步的生产网络,是"贸易大崩溃"中出现的一些特点的重要原因。

——关于原因的共识。

国际贸易这种不同寻常的骤降,引起了全世界经济学家的研究兴趣。虽然不是所有问题都取得了一致,但已经出现了某种共识。

"贸易大崩溃"可以看成是国际销售活动的巨大减少,所以经济学家们研究,到底是需求方的冲击,还是供给方的冲击,或者二者兼有。大家逐渐形成了这样的共识:"贸易大崩溃"几乎完全是需求方的冲击引起的,虽然供给方的因素也有一些作用。需求方的冲击主要通过两个渠道来产生作用，这两个渠道各不相同，却能互相加强。

一个是大宗商品价格。2008 年年中价格泡沫破裂，大宗商品价格跳水，此后世界需求的疲弱又使世界经济陷入一个恶性循环。在这个过程中，大宗商品贸易的价值和数量都急速下降。

另一个是制造业的生产和出口。雷曼兄弟破产后，世界市场的消费者和企业都选择了持币观望；只要是能够推迟进行的消费活动，私有部门的需求一概缩减。

不过，这种共识并不完整。一个问题有待解答：如果贸易的下降是由于需求的减少，为什么贸易的下降幅度远超过 GDP 的下降幅度？现有共识的解释是，需求冲击的同时，还产生了“构成效应”和“同步效应”，这几种效应互相作用，使得贸易降幅远超 GDP。

——“构成效应”。

“构成效应”把需求冲击一种奇怪的特点表现了出来。需求冲击固然影响很大，但主要还是聚集于少数几种国内的增值活动，也就是那些可以推迟消费的商品、耐用消费品和投资品的生产。由于这些产品的需求骤降，导致所有相关的中间产品（零部件、化学品、钢铁等）的需求也随之减少。“构成效应”观点的立足点在于，可推迟消费的商品虽然只占世界 GDP 的一小部分，却是世界贸易中的主要部分。总而言之，可推迟消费商品的需求突然下降，是造成 GDP 和贸易下降的一个共同原因，但由于“构成”上的区别，这对贸易产生了全面性的影响，对 GDP 的影响就要小得多。

——“同步效应”。

“同步效应”更直观地解释了“贸易大崩溃”如此巨大的原因：几乎所有国家的进出口都同时下降。战后以来的三次贸易下降都没有出现这样高度同步的现象，为什么这次会这样？

这种惊人的同步性主要有两种解释。其一与国际供应链有关，其二与“大衰退”的最终原因有关。

供应链国际化的深入发展始于 20 世纪 80 年代，这种垂直一体化的生产网络具有“恰好及时”的特点，因此反过来也使得需求冲击能够迅速传导。

即使在十年前，美国或欧洲消费市场的销售下降，都要好几个月才会传导到工厂，到这些工厂的供应商时间还要更久。今天，亚洲工厂时时“在线”。美国和欧洲消费者一犹豫，整个供应链几乎瞬时就会受到影响，然后它们立即就会减少生产和采购，贸易的下降在进口和出口同时表现出来。比如，2001 年的贸易下降中，52 个国家的月度数据显示，有 39%的国家出现了月度的进出口双双负增长。2008 年的危机中，这个比例是 83%。

第二个解释需要联系一些背景知识，也有一些推测的成分（因为宏观经济学家还未对“大衰退”的原因形成共识）。要理解全球需求冲击对可贸易商品的影响，我们需要对全球危机做一个简单的回顾。

次贷危机如何成为全球危机

“次贷危机”爆发于 2007 年 8 月。前 13 个月内，人们都视之为金融危机，只会影响到那些货币和监管政策有误的 G7 集团国家，尤其是美国和英国。

2008 年 9 月，危机从“次贷危机”升格为全球危机。美国财政部允许投资银行雷曼兄弟破产成为一个决定性的时刻。这对全球的金融业形成了冲击，因为它们原来以为政府不会让任何一家金融机构倒闭。

从会计角度来说，其他许多金融机构实质上都已经破产，所以没人知道接下来会怎么样。银行停止相互借贷，信贷市场冰封。

不过，雷曼兄弟的倒闭只不过是那段时间内好几件“不可能事件”中的一件。其他还包括：

——大型投资银行不复存在，要么破产，要么转为“银行控股公司”。

——美联储向美国财政部借入 850 亿美元，用于为美国国际集团（AIG）这家保险业巨头提供贷款。

——美国货币市场基金严重亏损，甚至无法偿还其储户资本。

——美国财政部长保尔森拿着一份区区三页纸的申请书，向美国国会请求拨款 7800 亿美元；至于这些钱将如何解决问题，他难以回答。

——此前一贯秉承自由放任的美国证监会，突然下令禁止银行股票的卖空行为，以求减缓金融机构股价的下跌。没有奏效。

——如一些学者指出的，欧洲的银行大得没法倒闭，也没法挽救（它们的资产常常是母国 GDP 的好几倍）。

——美国国会对保尔森语焉不详的计划说“不”，提出了自己的另一个版本。人们看到美国政府这种莫名其妙的行为，产生了巨大的不安全感。行为经济学的大量研究表明，人们处于对某种未知的恐惧时，倾向于极度厌恶风险（这与人们面对风险时不同，比如在纸牌游戏中，所有的后果都能够列举出来，并分别计算出概率）。人们就是在这样一种茫然失措中度过了 2008 年的秋天。

全世界的消费者、企业、投资者，在这个时候都决定持币观望——推迟那些可以被推迟的采购和投资活动，直到他们对现状的恶劣程度有所理解。采购和投资的延迟、资产负债表的调整、财富向最安全资产的转移，使得金融市场如同得了急性心脏骤停。

“恐惧因素”在全球以互联网的速度传播。消费者、企业和投资者都担心他们马上就要看到一个“没有资本的资本主义”。此时他们作出了类似的决定：搁置耐用消费品和投资品的采购计划，取消奢侈的假日和休闲旅游。雷曼兄弟的倒闭在全球上演了一幕同步的持币观望，这样的事件是以往的世界贸易萎缩中没有的。

几个导致贸易和 GDP 减少的关键原因：

——恐惧因素通过电子媒体迅速传播，传导是全球性、即时性的。

——需求冲击对 GDP 和对贸易同时产生影响。“可推迟”产品的生产和贸易首当其冲，且程度最大。

一系列的迹象都印证了以上的解释。第一，全球服务贸易总体而言并没有“崩溃”。有意思的是，旅游业是少数几个确实“崩溃”了的服务贸易部门之一，因为旅游说到底还是“可推迟”的。第二，宏观经济学家对此次危机传导机制的调查说明，通常的几个传导向量（货物贸易、国际资本流动、金融危机传染效应等），都不是此次全球收入同步下降的原因。

供给方效应

雷曼兄弟所引起的“金融骤停”，使全球信贷市场陷入冰冻，并通过国际贸易中各种起了润滑作用的专业金融工具(如信用证等)，迅速向外扩散。“贸易大崩溃”之初就有分析人士预测，贸易信贷融资的缺乏会加剧贸易的萎缩。

这种供给方冲击在历史上产生过重大影响。对 1997 年亚洲金融危机以及历史上几次银行危机的深入研究，都提供了信贷环境能够影响贸易流的可信证据。不过，有研究发现，全球贸易融资的下降并没有对贸易流产生重大影响。虽然全球信贷市场总体上是瘫痪了，但大部分的贸易融资只是略微下降。美国的跨境银行融资是各种类型的银行融资中最早复苏的。简而言之，贸易融资顶多只在全球贸易骤减中扮演了一个小角色。

供应链的国际化，可能是供给冲击的第二个来源。

可以想象，需求明显下降的同时信贷环境恶化，大量贸易公司会陷入破产。既然供应链是一个链条，只要少数几个环节破产，就能让整个链条受到抑制。

但有研究证明，这样的毁坏此次并未发生。比如，通过区分“内涵型”和“外延型”的贸易利润，也就是将贸易量的变化分解为已有贸易关系中的销售额变化(内涵型)和贸易关系的数量的变化(外延型)。如果说上述的供应链影响对“贸易大崩溃”起了主要作用，那么外延型的变化应该很重要。然而，研究发现，“贸易大崩溃”主要是内涵型的变化引起的，也就是已有贸易关系中的贸易量变化。贸易下降的原因是企业已经在销售的产品销量减少，而不是外延型的那种贸易关系的减少。这可能是发生了“贸易滞后”(hysteresis in trade)，也就是由于市场进入成本巨大，企业在受到暂时性的冲击时不愿退出市场，而只是减小了产量待情况好转。

供给冲击还来自于保护主义，已经有许多人将保护主义称为“贸易大崩溃”的原因。许多国家的政府在危机后都出台了一些保护主义的措施——2008 年 11 月后几乎每隔一天就有一个 G20 国家打破不进行保护主义的承诺。但这些措施涉及的产品只占全球贸易的一小部分。目前看来，保护主义并不构成“贸易大崩溃”的主要原因。

前景与启示

2008年的贸易萎缩非常突然，那么也许贸易的复苏也会同样迅速。如果恐惧因素造成的贸易下降是“贸易大崩溃”的主要原因，那么信心因素造就的需求回暖同样能使贸易回复强劲增长。如果这完全是一个需求问题，就不会有什么长期的损害。

贸易回暖的迹象已经很明显，现在没有人怀疑贸易已经停止萎缩。问题是，贸易的复苏会持续下去吗？没有人知道世界经济未来会以什么方式复苏，而这是贸易回暖的关键。不过，我们不妨将全球金融危机理解为两个不同危机的组合：一个是过度负债的发达国家（尤其是美国和英国）的银行及资产负债表危机，一个是大部分其他国家的期望危机。

对美国、英国和其他一些G7国家而言，次贷泡沫产生的危害还未完全消退。它们的金融系统仍承受重压，仍面临着银行借贷停滞、企业债券的担保等诸多问题。中央银行对资本市场的直接干预是这些国家经济复苏的托力。危机——具体说是次贷危机——对这些国家的损害是长期的。在所谓的“大缓和”（great moderation）时期，这些国家的银行、企业和个人普遍过度借贷，现在它们只能减少消费和投资来调整它们的资产和负债。结果是，它们或许会重蹈日本“失去的十年”。

然而，对世界上的大部分国家，这不是一场金融危机，而是一场贸易危机。许多国家在应对危机的过程中都实行了史无前例的巨大财政刺激，但这些国家的银行和消费者的处境相对而言要好得多，他们没有像一些G7国家那样，在2001—2007年期间过度借贷。关键问题是，G7国家金融体系受到的这种损害，是否会阻碍需求的恢复和信心的重建，从而影响投资引擎的重启？

我们没有水晶球。假设此次贸易的复苏速度会像前三次贸易紧缩（1974年、1982年和2001年）时一样。那三次情况下，贸易都在达到最低点后的 2 ~ 4 个季度内回到了危机前的轨道。假设 2009 年二季度是这场“贸易大崩溃”的底部，这意味着贸易会在 2010 年年中回到正常轨道。

这场“贸易大崩溃”对世界经济意味着什么？世界各国的学者似乎有一种惊人的共识。有一点是大家反复强调的：全球贸易失衡的问题亟须解决。

有一派学者认为这是次贷危机的根源。他们担心，如果失衡持续下去，另一场全球经济危机指日可待。美国智库彼得森国际经济研究所主任弗瑞德·伯格斯坦（Fred Bergsten）就特别指出，美国要避免酿成下一场危机，就必须校正其联邦财政赤字。

另一派学者指出，亚洲的贸易盈余和美欧持续的高失业率，将成为保护主义压力的来源。爱尔兰都柏林大学圣三一学院的经济学教授凯文·奥儒尔克（O’Rourke）指出，要避免保护主义抬头，需要两个条件：一是经济放缓立即结束，二是在失业率上升时避免汇率的严重错配。

此外，政府对抗保护主义还需戒骄戒躁。虽然目前看来，新保护主义对贸易的影响不大，但不应该因此就容忍这些保护主义行为。

信贷紧缩只是导致贸易大崩溃的次要原因

杰西·莫拉威廉·鲍尔斯
（美国国际贸易委员会国际经济研究员）

在全球金融危机中，全球信贷市场冻结也影响了信用证等专门性金融业务，让这些润滑国际贸易融资齿轮的工具失去了作用。有分析人士认为，贸易融资的减少是2008年三季度到2009年二季度间全球贸易骤减的原因之一。

细致研究一些历史上的案例，确实可以发现信贷和贸易之间有所联系，已有对1997年亚洲金融危机和一些历史性银行危机的分析。然而，有证据说明，全球贸易融资的减少并未对贸易形成重大冲击。贸易融资对全球贸易的减少最多只是扮演了一个小角色。

拆分因果

在贸易和贸易融资的问题上，要拆分因果很不容易。贸易和贸易融资都急剧下降，怎么能知道是哪个引发了哪个呢？数据的缺乏也增加了难度。

从可得到的贸易融资数据来看，贸易融资占全球出口额的比重不会超过10%。但所有出口商都需要融资，当然有可能是通过自有资金。这意味着贸易融资在全球的缩减必然与出口的全球下降相匹配。

历史上也有过一些关于金融危机对贸易的影响的估计。例如，曾有研究将日本一些公司的出口数据与这些公司的银行的业绩相比对，发现如果银行受到损害，这对其客户的出口影响甚于对其本地销售的影响。不过不能轻易就由此下结论。这场危机的“震源”是全球信贷市场，所以全球贸易融资的情况这次可能大不相同。

比较全球商品出口的时间选择和地区构成与贸易融资之间的关系，可以发现以下几点：

——全球的跨境资金流动都大幅下降，不管来自哪个国家。美国的对外融资下降，并没有特别地早于他国，比例也没有特别大。

——贸易融资对贸易的减少作用很小。银行和供应商普遍认为，贸易融资的减少是全球出口下降的次要原因，全球的需求减少才是罪魁祸首。

——危机导致了贸易融资的结构变化。由于对交易对手风险和未来不确定性的增大，出口商减少了风险较大的赊账付款形式，更多采用风险较低的银行中介融资和出口信用保险。

——2009年二季度，发达国家和发展中国家的贸易和贸易融资同时上升。美国的贸易融资重振的时间可能更早。

——世界范围内的发展银行和政府机构对帮助企业获得贸易融资方面起了重要作用，这也有助于贸易的复苏。

反周期特征

2008年二季度到2009年二季度，全球商品出口的名义值下降了32%，经济衰退和出口下降是从发达国家开始的，新兴市场经济的下行速度更快，但复苏也更快。相比其他国家，美国的贸易变化要缓慢一些。

早在2008年雷曼兄弟银行倒闭之前，全球银行业务活动就开始减少，商品贸易的下降则时间更晚。先是全球跨境放贷的下降，继而大多数国家的国内信贷投放也下降，这使得贸易融资的可供资金也减少。但是，美国的对外国际融资复苏早于别国，这说明银行间美元借贷活动的重启，也凸显了世界范围内对美元资金的需求，虽然世界范围内真实GDP还在萎缩。

跨境放贷跟贸易融资的关系更直接，跟全球金融“头寸”的关系小一些，因为后者还包括银行持有有价证券的部分。由于许多贸易活动都依赖于短期借贷（要么是直接通过信用证等银行代理的出口融资，要么是间接通过运营资本融资），因此银行短期业务的减少也是一个重要的指标。结论是：金融流量的缩减反映了商品贸易的下降，但前者的幅度更小，持续时间更长。

贸易融资在危机期间的变化，在诸多方面都反映了总体信贷条件和银行业市场的情况。例如，一些市场的贸易融资成本一度高达数百基点，反映出2008年四季度整个金融体系中融资成本的异常高企。世界各地各种类型的企业融资都遇到了可供资金减少、信贷标准提高的问题。

贸易融资的确有一些不同于其他类型融资的特征。贸易融资的价格一般是按货物贸易价值的一定比例来计算，所以贸易融资是各种金融交易中与出口水平的关系最直接的。贸易融资总体上也反映了一国出口的季节性变化。此外，危机期间贸易融资的全球需求是在增加的，这与其他类型的企业融资需求衰减形成了鲜明对比。

这些区别导致了贸易融资缩减出现的时间也不一样。虽然总体的融资水平在贸易急剧减少之前就已经开始下降，但贸易融资的下降却是与贸易的下降同时出现的。可以用短期出口信用保险的敞口来衡量各国提供的贸易融资水平。这类保险在2008年二季度到2009年二季度间下降了22%。不过，各国承担的贸易融资债务并不完全等于各国接收的融资额。上述债务只下降了12%，比信用保险的降幅小得多。

关键性结论

我们对跨国银行、供应商、政府机构最近做的六个调查显示，2008年下半年和2009年年初，贸易融资的下降对全球贸易的下降有直接作用。调查得出了以下几个关键结论：

——银行和供应商反映，贸易融资是全球贸易放缓的次要原因，国际需求的疲软为首要原因。

——30%的国际供货商认为，贸易融资减少是出口销售下降的关键因素。

——危机早期的调查中有57%的银行反映，可用信贷的减少导致了贸易下降，但这一比例在较晚的调查中有所下降。

——银行普遍认为，金融危机对贸易融资的全球性冲击在2009年上半年达到高峰。

——在危机早期，欧洲和北美的贸易融资下降幅度大于世界其他地区（只有东欧例外）。

——到2009年年中时，虽然拉丁美洲已经开始趋稳，亚洲的大部分国家的预期也相当乐观，但还有许多新兴市场国家还在经受融资萎缩的严重打击：东欧的融资额还在下降，非洲仍未复苏。

危机早期，即使银行减少了供给，某些贸易融资的需求也还在增加。2008年9月后，由于一些企业、银行和国家的评级下调，出口和融资的风险大幅上升。宏观经济的恶化也增加了风险：GDP萎缩、汇率动荡、价格下跌。

危机期间，虽然贸易出现了大幅下降，但出口信用保险需求的却在增长，投保的资本品的价值也在上升。

——近半数的受调查银行表示，其信用证等金融产品的需求有所上升，但银行却要限制融资规模以避免过大的贷款风险。

——大多数受调查银行（各调查的结果在47%～70%之间）在2008年四季度减少了贸易融资的供给。例如，虽然信用证的价格在上升，但信用证业务的总值在该季度下降了11%。

——需求的增长和供给的减少共同导致贸易融资价格的上涨。

——整个危机期间，银行都在涨价，其中信用证的价格上涨了70个基点，出口信用保险的价格上涨了100个基点。

这种增长反映的只是银行自身融资成本之外的那部分价格变动。银行间融资成本本身在危机中先是剧烈上扬，然后才下降。不过，此前广泛报道的危机高潮时一些市场的融资成本上升 300 ~ 500 个基点，此次调查中并没有发现类似的例子。

调查发现，到 2009 年二季度时，贸易融资的条件已经有所改善或正在趋稳。虽然价格仍然很高，但人们已经不再把融资成本当做贸易的主要障碍。对许多公司来说，贸易融资仍然是它们能得到的最低廉的融资形式。

多边支持的积极作用

贸易融资之所以开始复苏，一个重要原因是 2009 年 4 月G 20 集团会议宣布的高达 2500 亿美元贸易融资得以执行。我们的调查和一些政府报告都显示，多边发展银行（MDBs）、各国政府和出口信贷机构提供的这笔额外流动资金产生了积极作用。

多边发展银行目前已经宣布或注入到位的额外资金超过了 90 亿美元。由于大多数贸易融资的期限都较短，这就意味着一年内可以进行好几轮循环融资，那么 2009—2011 年间的贸易融资额就可以增加 800 亿美元。2009 年夏之前，多数受调查的银行（55%）都参与了多边发展银行的贸易便利化项目。

各国政府也提高了贸易融资的可供量。例如，18 个受调查的石油输出国组织成员国中，有 15 个已经扩大了贸易融资项目，其中最多的是增加出口信用保险或运营资本担保。这些政府的新措施总价值几何还不清楚，但在主要经济体中，美国政府宣布每年将提供 40 亿美元的短期保险和 80 亿美元的长期融资，帮助美国向新兴经济体出口商品和服务。中国政府也宣布每年增加 80 亿美元的融资额。日本将在今后两年内提供最多 220 亿美元的融资。

贸易融资的状况似乎受美国情况的影响并不大。

但是，由于大多数贸易可能都采取了赊账的付款方式（也就是客户收到货物后再付款，如国内采购一样），所以提供了最多贸易融资的，其实是企业而不是银行。出口的复苏需要金融市场条件的整体改善，这对出口商获取运营资本尤为重要。因此，美国的金融市场可能会起很大作用。

资料：贸易融资的一般类型及出口商的风险

2008年，世界范围内货物出口总额约16万亿美元。公司出口的主要融资方式是赊账形式（open account），也就是到货后进口商才付款——与国内销售的情况一样。对出口商来说，这是风险最大的支付方式。

各种评估之间不尽相同，但有关资料显示，世界贸易中有40%～80%采用赊账贸易。而对出口商风险较小的预付货款的支付形式，只占总支付的较小份额。银行融资在全球贸易的份额在10%～50%。大多数银行融资都是以信用证的形式，亦即在交易中，只要出口商已经发货或装船，银行就承诺向出口商支付货款，从而承担起买方不付款的风险。

这一形式为出口商提供了较大的安全保证。特别是在小公司和发展中国家中非常普遍。除了这一支付方式的应用，出口商还购买出口保险来减少风险，2008年世界贸易大约有9%上了保险。

如果算上运营资本贷款，也就是用于购买出口订单生产所需的投入品的短期贷款，银行融资起到的作用就更大了。运营资本贷款对出口的重要性高于其对国内贸易的重要性，因为出口的生产和支付之间的时间差较长。

中国贸易顺差并非全球经济失衡主因

乔纳森·安德森（瑞银集团环球新兴市场经济师）

在过去几年里，各界人士都认为，“全球失衡”是当今世界经济所面临的最紧迫的问题之一。最近，外部再平衡更被具体化成了一场关于中国人民币币值的激烈政治辩论。

流行的说法是，廉价的外国资金和低利率支撑着发达国家超前消费，新兴市场经济（特别是中国）则主要依赖于向这些国家出口，并自私地将汇率维持在低水平上。新兴市场国家不断增加的贸易盈余和外汇干预风险终将导致经济泡沫，引发全球经济再次崩溃。

这种说法既夸张又偏颇，理由如下：

其一，失衡状况从来没有像通常认为的那样严重，现在还变得更小了。2000—2006 年，新兴市场国家贸易顺差和发达国家的赤字都不断增加，但相对于增长和消费总量来说规模甚小。2007 年以来，这两项数字已经明显缩小，2010 年更是离历史“平衡点”相差无几。

其二，失衡从来就不能单归咎于中国。中国的贸易顺差的确急剧上升，但对整个新兴市场国家顺差增长的贡献率从未超过 1/4。迄今最重要的影响因素是石油和燃料，它们对累计失衡状况要负超过一半的责任。

其三，新兴市场国家的“增长模式”并非失衡的元凶。造成贸易顺差不断上升的主要动因是供给方的冲击。大家都在指责新兴市场消费率太低，但如果从消费结构分析，他们的消费率与发达国家几乎完全一样。最近消费有所降低并非由于消费支出疲软，而是由于作为分母的 GDP 受供给驱动突然增加。

从新兴国家的角度来，这意味着外部失衡状况可能实现稳定，继而持续消退。即使新兴市场国家不对经济战略进行重大调整，平稳的石油、燃料价格，以及新兴市场国家与发达国家经济之间的相对脱钩，都明确指向上述发展趋势。

对中国来说，这并非必然。外部失衡能否稳定和消减，在很大程度上取决于新增工业生产能力，以及未来的人民币汇率政策和其他关键的结构改革进展。不过，我要再次强调，中国不是造成新兴市场国家总体外部失衡的罪魁祸首。

许多有关全球失衡问题的争论，都没能真正将“新兴经济体”和“发达经济体”分别作为整体来考虑二者之间的差距。相反，它们把美国的贸易逆差与中国和亚洲的贸易顺差相提并论。因此，尽管从世界经济整体角度来看，失衡状况并非特别严峻，但如果我们只是将注意力集中在有了麻烦的“跨太平洋轴心国”上，谁说不会出现更大的问题?

如果新兴市场国家顺差的增加主要由中国的严重失衡造成的，那么，是不是可以认为近期失衡出现“暂时性”改善，是因为中国大陆实施了刺激政策？一旦中国政府改变政策，新兴市场国家总体的贸易顺差就会恢复到以前的高点呢?

答案大都是否定的。美国因素可以解释发达国家赤字的绝大部分，但中国因素不能解释发展中国家整体盈余的大部分。对人民币汇率的责难满天飞，但到目前为止，石油价格才是造成新兴市场国家贸易顺差的最大推力。

造成失衡的主要推手，只有石油和燃料出口国有这个能力。中国 1999 年石油消耗量仅占全球石油消耗总量的 5% 出头，而 7 年之后，占比仍然只有 8%，每年新增需求中，中国需求仅占约 1/4。再看赤字方面。美国几乎是造成发达国家总体赤字上升的唯一因素。1990 年到 2006 年，美国经常账户余额大幅减少，而其他发达国家的顺差都有所增加。

研究美国商品和服务贸易逆差双边构成，结论大同小异。20 世纪 90 年代到 2006 年，美国赤字整体水平逐渐恶化，占 GDP 的比重从 2% 增加到接近 7%，这当中有整整 3 个百分点的变化，来自于其他发达经济体和能源进口；只有 2 个百分点来自中国和其他非能源型新兴市场国家。而近期美国贸易赤字下降与中国几乎没有任何关系，过去 18 个月里出现的转变，完全可由石油价格变化和与发达国家的贸易得到解释。

没有任何证据表明中国贸易顺差是失衡的主因。

中美贸易：小摩擦，而非大战争

谢国忠（独立经济学家、玫瑰石顾问公司董事）

美国正在对中国不断施压，迫使人民币升值。美国国会就人民币汇率举行了听证会。财政部部长盖特纳大声抱怨，人民币升值太慢。施压似乎有点效果。人民币对美元的汇率每天都创新高。但是，每次新高仅为小数点后第二位的变化，因此，美方仍非常不满。美国是否会通过重大的贸易保护主义法案，扰乱中美两国贸易？

美国“惩罚性法案”会搁浅

在 2010 年 11 月中期选举之前，众议院可能会通过一项法案，扰乱中美两国贸易。但是，中期选举结束后，参议院不会批准这项法案。美国可执行的措施无非是禁止进口某些中国产品，主要是仍在美国生产，或对美国的大公司并不重要的产品，例如，钢铁、化工产品和太阳能电池板。这些措施可能会使部分中国公司感到相当痛苦，但是，对整体中美贸易影响不大。中国出口的产品中，2/3 是由跨国公司直接拥有，即由它们贴标和配送。中国工厂即使不是跨国公司所有，也和它们的分厂一样。美国政府是不会破坏这些公司的业务的。

在可预见的将来，中美贸易不会受到什么影响。原因有二：首先，中国贸易在美国的附加值比在中国高。中国制造的消费品在美国的零售价是出厂价的 3 ~ 4 倍。如果贸易遭到破坏，美国经济可能蒙受巨大损失。其次，苹果、惠普、耐克等美国公司从中国生产中获取巨大利润。它们的产品利润率很高，因为它们在中国，而不是在美国生产产品。如果贸易遭到破坏，这些公司的股票价格会暴跌。

理性观点对近期发展并不重要，政治上的权宜之计和行动后果决定一切。11 月，美国将举行中期大选，众议院可能会高唱着圣母马利亚，通过推动针对中国的民粹主义贸易保护法案。但是，即使该法案在众议院得以通过，选举结束之后，也不可能获得参议院批准。金融市场的动荡会说服参议院。

2010 年前七个月，美国货物贸易比 2009 年增长 24.6%，但仍比 2008 年低 12.1%。2010 年，美国贸易总额将突破 3 万亿美元。2010 年前八个月，中国商品贸易比 2009 年增长 40%，全年可达 2.9 万亿美元，比 2008 年增加 15%。考虑到两国贸易规模，爆发贸易战的可能微乎其微。

美国的目标是平衡双边贸易。2010 年前七个月，美国海关数据显示，从中国进口商品价值 1930 亿美元，出口至中国商品价值 486 亿美元。出口比 2009 年同期增加 36%，进口则比 2009 年增加 14 个百分点。目前，两国贸易的发展趋势是合理的。但是，2010 年中美两国贸易逆差仍会进一步扩大，因为进口为出口的 4 倍。按当前趋势发展，如果美国对中国的贸易逆差开始下降，将需要 8 年时间。许多分析家认为，汇率出现大动作，会加速这一进程。

美国对日本的贸易逆差的经验，并不支持这种看法。1985 年，日元对美元比价翻了一番，但是，在接下来的十年中，日元汇率也没有对双边贸易逆差产生重大影响。当然，也有人争辩说，如果日元汇率翻两番，就会产生影响。我们不知道是否如此。日美双边贸易逆差开始降温后，日本将生产转移到了中国。美国将制造业创造的就业机会拱手让给了日本，无论日元兑美元的汇率后来如何变化，这些就业机会再也没有回到美国，因为日本企业可在发展中国家从事生产。

人民币低估了吗

如果只关注两国贸易平衡，是能够找到合适的汇率水平来实现平衡的。两国汇率达到一定水平，中国某些工厂就会关门大吉，即生产会出现萎缩。这是两国贸易较快平衡的唯一可能：因为利润下降，中国企业减产；由于价格上涨，美国购买力下降。这种解决方案实际上是将蛋糕做小。我看不出在不破坏中美两国经济的前提下，何以达到贸易平衡。

显然，人民币汇率并没有浮动。因此，有人说人民币汇率不是以市场为基础。我并不想说，中国政府已经将汇率设定在“合理”水平。市场也不会这样认为。20世纪90年代，市场催生经济泡沫，导致1998年亚洲货币崩溃。无论基本因素出现多大变化，都不应该出现这样巨大的动荡。日元经济没有出现任何变化，日元汇率却大起大落。给中国的教训很清楚：将汇率完全交由市场操控，是灾难性的。

中国也有很多问题。但低估汇率不是问题。我反而认为人民币可能被高估了。近十年内，中国的货币供应量增加了4.5倍。在经过长时间和大规模的货币扩张之后，从来没有任何经济体的货币会不贬值。如果人民币升值预期逆转，资本会巨额外流。这才是对中国的考验，而不是今天的升值压力。

中国的宏观挑战，是其危险的房地产市场。现在房价超过可持续水平100%。泡沫破裂后，部分省份的土地价格可能会下跌70%～90%。尽管政府采取调控政策，房产热情仍然看涨。但是，针对市场的不利因素层出不穷。人民币升值预期的变化是主要因素，可能比政府调控房产市场的措施更重要。中国利率将迅速上调。如果土地价格开始下跌，人民币升值预期会进一步下降，导致资本外流。由此产生的流动性短缺，将导致土地价格进一步下跌。螺旋状态可能已经开始，但速度很慢。2011年下半年，形势将一发不可收拾。

虽然看起来并不可能平衡双边贸易，但是，未来形势看起来对美国企业获利却相当有利。过去20年，美国企业得益于中国生产成本低。现在，中国劳动力市场正趋于平衡，工资开始快于名义GDP上涨，美国公司又可以开始将在中国制造的产品，以在美国的售价卖给中国消费者，以此获利。事实上，美国名牌商品在中国的售价更高。再过 15 年，中国的消费市场堪比美国。届时，许多美国跨国公司可在中国获得比在美国更多的利润。标准普尔 500 公司的收入，几乎有一半来自海外市场。中国的增长能够进一步提高这一份额。据估计，美国养老基金有 6 万亿美元的缺口。如果美国股市上扬，海外赢利增加，就可以填补这个漏洞。

在货物贸易方面，美国向中国的出口增长很可能会持续大于从中国的进口。农产品、自然资源和设备名列美国出口至中国商品的前茅。不过，由于基数效应，未来十年或更长的时间内，双边贸易逆差还将居高不下，在可预见的未来可能还会继续增加。由于中国与资源丰富的国家的贸易都会出现逆差，美国需要加强对这些国家的出口。这可能是美国在十年内实现贸易平衡的唯一办法。

美国出口到中国的产品增加最快的是农产品和资源产品。美国在这些领域具有很强的竞争优势。考虑到环境方面的因素，贸易政策并不有利于这些产品的出口。而美国发展这些行业的空间很大。若想平衡双边贸易，重点或许应该放在宏观方面，而非微观方面。

风暴正蓄势

虽然眼下不太可能出现贸易战，未来几年，中美贸易摩擦可能加剧。专门针对某种商品的保护措施会激增。中国企业会越来越难以在美国销售它们自主开发的产品。中美贸易会越来越集中在美国跨国公司中。显然，这对中国公司来说不是好消息，因为这些公司渴望树立自己的品牌，或者建立它们自己在美国的分销渠道。中国可能会作出反应，限制美国跨国公司在中国的业务。虽然两国贸易将继续发展，但是，增长率将大幅度减缓。在未来十年内，双边贸易发展的速度可能还不及过去的一半。

中美贸易摩擦的迹象表明，全球贸易将会放缓。这可能是好事。过去 20 年来，由于跨国公司将生产转移到发展中国家，全球贸易增长速度是全球经济增长速度的2倍。大部分可以转移的生产都已完成转移。其余的生产由于受政治干扰而难以转移。未来全球货物贸易可能与全球经济同步增长。

长期以来，全球化无论对发达国家，还是发展中国家都是共赢的。但现在已经没有这种感觉了。发达国家多年来享受廉价商品，现在由于失业，发达国家面临痛苦的收入问题。发达国家的未来看起来更糟。

人民币的升值压力让中国感到头痛，全球化的各种压力却对中国的出口经济造成更多威胁。中国目前需要缓解全球化的紧张局势。关键是要限制政府调动资源实施投资的权力。中国经济中最不寻常的现象就是政治经济。除非中国限制政府滥用权力配置资源，否则，中国与其他国家的贸易紧张局势将进一步加剧，并可能在五年内酿成贸易大战。

虽然美国对人民币升值施压是“水杯中的暴风雨”，但是，中国必须启动政治经济改革，以应对全球化的紧张局势。否则，风暴会真的来临，只是时间问题。

Chapter 4

第四篇

环境、资源与能源

▶ 要创建“两型”社会，即资源节约型、环境友好型社会，关键的一点就是把过去被扭曲的，被低估的环境成本、资源成本要计算到企业生产成本中去。

——刘世锦（国务院发展研究中心副主任）

▶ 环境和资源问题，其实和社会的管理也有很大的关系。我们可以看到，在那些污染严重或者我曾经从事过的像资源型城市的采煤城县区，当地的居民他们身受其害，但是在很长的时间内找不到表达自己诉求的渠道，直到把事情闹大，闹到政府跟前，所以环境资源的问题在很大程度上也是和我们的社会组织联系在一起的。

——宋晓梧（中国经济体制改革研究会会长）

第九章｜建言中国电价改革

中国电价改革何去何从

王骏（国家能源局新能源与可再生能源司司长）

近几年电力业大力呼吁，建议尽快实行“水火同价”。这其实是推行电力价格市场化形成机制的代名词，是建议遵从经济规律，而不是说要把水电价格审批得跟火电价格一样高。

中国1996年颁布的《电力法》就规定“同网同质同价”，但这个最基本的电价原则在发电领域一直没有执行。中国的发电价格至今都要由审批决定。审批主要内容是成本和利润，成本高的批给高电价，成本低的批给低电价。任何发电企业成本和利润的增加都需申报审批，然后以“宏观调控”的名义在全社会提涨销售电价，称之“顺价”或“疏导电价矛盾”，最后都“顺”到电力消费者身上去消化。供电紧缺时急需“顺价”，供电宽松时又是“疏导电价矛盾”的大好时机，所以不论形势好坏，电价走势从来都单边上扬，这违反了市场规律。尽管如此，中国价格管理部门还总是拖着电力企业的电价欠账、总要寻找再次实施电价“宏观调控”的合适时机。这是许多地区占全部用电量85%左右的工业和商业用电实际支付的可比价格水平已高于美国等发达国家的原因。

因此，在水电上网电价被人为定得很低的情况下，如果是以燃煤火电厂上网价格不变为前提，只要谈“水火同价”，就是指采用行政措施单独提高水电上网电价，也就意味着在水电比重较大地方需大幅提高全社会销售电价。这些地区一般都欠发达，提价对贫困地区发展经济的打击会是毁灭性的。难怪广西壮族自治区政府顾不得日益激化的水电移民遗留问题矛盾，正式行文表示坚决反对“水火同价”。

如果这样解释“水火同价”，是把一个明显荒谬的说法加在论题上，令其不攻自破；这样对待“水火同价”，是将电价市场化形成机制这一重大改革转化成一件按计算器算账的“大幅度顺价”工作，来证明改革不可行；这样宣传“水火同价”，是在与“电价改革就会导致销售电价上涨”的危言遥相呼应。无独有偶，“改革就会涨价”这个缺乏科学道理的论断，与十年前的“厂网分开就没人投资建电厂了，全国都会严重缺电”的著名警句同出一辙。说穿了，是在用大幅度提涨销售电价的前景，对整个电力行业市场化改革“将军”。

什么是“水火同价”

“水火同价”的实质，是指各种不同发电方式所生产的电力，都是同样的商品，给使用者带来的效用相同，从消费者那里能够讨到的价格必然就是相同的。因为用户是在消费“电力”这种商品，而不是消费煤炭、天然气、水、核材料等原料。至于成本高低，对从事竞争性业务的企业来说，完全是自己产品竞争力的问题，用不着行政部门管。即使商品成本没有任何变化，也常常会因消费需求变化引起市场价格变化。需求强劲，电可能会卖到五毛、六毛；市场疲软，三毛钱也许没人要，与发电方式和成本并无直接关系。如果行政管理者越俎代庖，过于热心地为竞争性企业的成本和赢利操心，按照发电方式及其不同成本，分门别类地审批、规定价格，虽然工作既重要又热闹，但违反了经济科学的规律，结果会造成市场供求关系扭曲。

《电力法》中的“上网电价实行同网同质同价”，已经朴素地表达了这个道理。国务院2003年批准的《电价改革方案》，基本思路也是首先对电网企业单独定价，然后放开对发电价格和用电价格的政府管制，让发电企业与电力用户直接进行电力交易，通过讨价还价形成市场价格。这样，电力作为同一种商品，在市场里的价格自然就会是相同的。这才叫做“水火同价”。当然，风电、光伏发电等新能源在一定发展阶段还需要政府在市场价格基础上给予政策扶持。

至于有些电厂因技术特点所限，在发电时间和出力大小方面“不由自主”，不应属于电能质量问题，能够上网运行的电力，物理参数都是相同的。国际上成熟的电力市场并不存在“垃圾电”这类歧视性概念，因为只要实行“分时计价”就可看出，在同一计价时段内，是所有发电机组共同提供的电力电量满足了电力供应，因而该时段内每度电的贡献是相同的，缺一不可。在某一时段，不能说是最后加入的那台发电机组才满足了最高电力负荷需求，就像不能说“吃了第三个馒头感觉饱了，就后悔买前两个馒头”。所以，“同时同价”比“同质同价”表达更为清晰，因为它更直接地反映出电这种商品在时间过程中稀缺程度的变化。

电力尽管具有“产供用”三个环节在同一瞬时发生的特点，但并不改变某种商品对消费者的效用相同，其市场价格有相同的科学规律。正是基于这个规律，英、澳、美、欧盟等早已建立了发达的电力市场，有些已经发展到取消电网企业作为单一购买方的“竞价上网”办法，代之以全部电量都由发电商与用电户或配电商签订各类购电合同、自行商定电价的高级阶段。经营输电网络的企业不再被允许“买卖电力”，而只能做“传输电力”业务，这使电力成为一种高度市场化的普通商品，显著地提高了电力系统整体效率和经济性。

中国电力行业为什么要改革？因为中国共产党十六大、十七大都明确提出：要尽快建立和完善社会主义市场经济体系。更早些，江泽民前总书记多次指示“现行电力体制必须进行改革”，要建立市场竞争机制，改变“既打篮球，又吹哨子”的垄断体制。因此，电力行业责无旁贷，本当奋勇争先。

中国电力工业市场化改革于2000年前后起步，不算太晚。然而，厂网分开后，电力体制改革的核心任务——电价市场化形成机制改革却止步不前。当今世界上已没有几个国家还像我们一样，在发电和用电环节这样典型的市场竞争领域，仍由行政审批来规定全部发电电价和用电电价，将市场上时刻变化的电力供求关系牢牢罩在审批制度之内。而对最该尽快实行政府单独定价单独监管的电网环节，在十年后的今天，却依然处于“全部电力的唯一购买方和销售方”的垄断地位，所有收入都来自发电企业上网电价和终端用户电费之间价差，这是一种“最粗放型价格管理”的落后模式，将我们与世界先进电力管理体制的距离越拉越远。

现在，中国的电价改革“千呼万唤不出来”，电力是商品的概念甚至都开始“被模糊”。改革不进则退，不少水电站被规定，江河里的水，流过不同的水轮机所发出的电量要执行不同的上网电价。在这样的环境下，水电要想改善人为制造的低价困境，要么坐等“恩赐”，要么去以个别项目的个别理由，想方设法做大成本，一分钱一厘钱地讨要电价，看谁本事大。

现在业界听到最多的是：“只要把水电电价提高一两分钱，就能解决许多移民困难。”这种天真的建议的出发点是希望加快水电发展，但客观效果却是夯实计划体制基础，在市场竞争领域内继续对商品价格实行行政管理、依赖官员裁量、按照成本定价的模式。

原能源部老部长黄毅诚在最近发表的《核电定价机制必须改革》的文章中谈道：“最最重要的一条，就是要改变现在核电价格的制定办法，不能谁的造价高，谁就能卖高价电。”因实行按项目的成本审批定价，导致人为抬高工程造价的现象在全国盛行，中国电力行业在20世纪90年代已经历过切肤之痛，常规火电厂每千瓦造价曾经向匪夷所思的8000元攀升！给国家造成了难以估量的巨大经济损失。

如果审批确定具有一定代表性的“分类标杆电价”，比起过去的“一厂一机一价”，似乎是个进步。但关键是，“标杆”仍旧是单独以企业成本为基础的人为安排，是一种不考虑用电户需求情况的单向规定。所以，“标杆”无法反映市场上时刻变化的电力供需关系。事实上，只要考虑成本因素，标杆电价就要设为多种，像水电、火电、核电，发电成本各不相同；水电还准备按各水库的调节性能，分为日调节、周调节、月调节、季调节、年调节、多年调节；火电要分为脱硫、不脱硫、燃用高硫煤、燃用低硫煤、水冷、空冷、供热、凝汽、常规锅炉、循环流化床锅炉；核电要分新的、老的、进口的、国产的、轻水冷却的、重水冷却的；这么多种标杆电价，还规定了每个省各不相同，标杆总数还需再乘以30……这与过去的“一厂一价”有多大区别？可见，标杆电价最多是过渡性措施，是因电价改革滞后“不得已而为之”。还是要加快电价市场化改革进程，尽快转为由市场供需关系形成电价。若将过渡性措施作为常态管理和运行方式，或者用人为制定的、以成本审批为特征的“标杆电价”改头换面代替电价市场化形成机制，实不可取。

成本定价成为节能减排之累

发电环节成本定价模式，既浪费能源又污染环境，对国家的节能减排战略有重大负面影响。

一方面，由于每台发电机组运行的年度利用小时数是计算其发电成本的主要参数，为了执行审定的发电成本，迄今仍必须给各类各台发电机组平均分配发电量年度计划指标。也就是说，在实时电力调度中，高煤耗燃煤机组发电量计划指标尚未完成时，先进节能机组要减发让路；燃煤火电厂发电量计划尚未完成时，水电要弃水、核电要压减负荷。仅因执行这种与成本定价模式配套的计划发电调度方式，使中国电力系统生产同样的发电量，每年白白多烧煤炭近一亿吨。而国务院2007年批准试点的《节能发电调度办法》，也因没有改变成本定价模式，至今无法推行。

另一方面，烟气脱硫是燃煤电厂整体运行中的一个流程，建设和运行脱硫装置本来是火电企业天经地义的责任。然而，对燃煤电厂的环保管理不是采用国际通行方式——根据火电厂运行实际排放烟气中的含硫量处以罚款，多排放多罚款，少排放少罚款，反而是增设一道行政审批程序，对各火电厂建设的各种类型的脱硫装置单独审核、额外加价，只要有脱硫装置，就能再多得几分钱电价，烧高硫煤还可得到更高电价。加价费用每年数百亿元，要由全体消费者“顺价”埋单。这样的环保价格政策，尽管彰显了行政审批权力，却让排放污染物的发电方式得到远高于清洁电力的价格，而且关键是由于加价与脱硫装置运行的可用率和实际排硫业绩并无关联，消费者增加了支出，全社会却难以收到减排实效，“赔了夫人又折兵”。

特别需要指出的是，现在对新投产的水电项目实行每千瓦时上网电价低于当地火电厂 0.1 ~ 0.2 元的低价政策，在理论上和实际中都存在很大问题。

首先，它是一种歧视政策。水电站给电力消费者提供了效用相同的电力商品，却“被低价”。管理者按照发电方式来定电价，火电就给高价，水电就给低价，而且新建电厂不论低价或高价上网，均与销售电价无关，因为现在终端电价主要通过“煤电联动”与电煤价格挂钩。然而，新增加的水电发电量执行了低电价，却并未见全社会销售电价有所降低。这样做，使得新投产项目的“家庭出身”成为定价依据。所以，水电项目建成后，还不如干脆上报投产的是个火电厂。实际上，水电在中国电力结构中起替代火电、减少燃煤和污染物排放的作用，按照现行办法，既然新的火电厂投产后可以批给高电价而不用提涨销售电价，水电替代火电当然也应当得到相同的价格。

其次，以行政行为，人为压低水电站的上网电价，直接导致水电项目业主从紧控制水库移民和生态环境保护支出，由此带来的水库移民不稳定和生态环境破坏问题，自然成为政策性问题，是“国家价格政策不到位”造成的，责任在中央政府身上，不在投资方和地方政府身上。项目业主没有主动性，一旦出现水库移民稳定和生态环境保护问题，就都坐等中央政府提高相关水电站上网电价，涨多少价干多少事，还不够，就等下次再提价，像“挤牙膏”一样慢慢来。这种机制使水电移民遗留问题越积越多，矛盾反复发作，影响社会稳定大局。人为的水电低价政策是中国水电工程移民安置和库区环境保护工作长期陷于困境的直接原因。

再次，主管方面曾经宁愿考虑就事论事的办法，不改革电价形成机制，而在某次提高全国销售电价的方案中拿出数十亿元资金，专门用于解决“闹事儿的水电站水库移民遗留问题”，按项目分下去。给钱当然是福音，且不说资金在数量上是不是杯水车薪，但会不会对“还没有闹事儿的水库移民”

产生影响，是否会引发连锁反应，造成新的矛盾，是需要慎重对待的。

还有一个经常听到的、来自价格主管方面的反对实行电价市场机制的理由是：水电经济效益很好，而资源都属于国家，所以只能定低价。否则，投资方获取水电资源的开发权就赚取暴利，是不公平的。

这是个站不住脚的伪命题。我们可以从几方面加以分析：

——这个论点是计划经济体制铸就的。因为计划体制下所有产品都按成本定价，企业赢利水平被事先规定，各种资源之间和商品之间都有官员认定的“合理比价关系”，都要由“看得见的手”来安排，都与市场因素无关，都与消费者行为无关。这种听起来精确无比的行政手段配置资源方式和价格审批管理办法，经过几十年社会实践，让国家和人民付出了巨大代价，事实证明：计划经济没有出路！

——从事竞争性业务的企业凭借某种技术优势和环保优势所带来的经济优势，在市场里获取更多利润，是国家大力鼓励的。且不说有大量水电项目因“被低价”，在水库移民和生态环境保护方面欠账而形成社会稳定问题，即使有些移民负担较轻的水电项目效益很好，或过去国家拨款建设的老水电站现在有较高利润，企业可将其作为滚动发展水电和其他清洁能源、扩大规模、改善融资条件的筹码，国家也可通过税收加以调节，不宜使用直接干预市场价格的做法，延续成本定价机制，让“市场配置资源、供需决定价格”沦为空谈。

——现行水电审批定价的灵活性也能说明成本定价机制的不合理。主管方面一直主张要按照各水电站不同的水库调节性能定价，调节性能好的批给高电价，调节性能差的批给低电价。众所周知，日调节性能的水电站是所有水电站中调节性能最差的，本应批给最低价。然而，为了满足某省两个纯径流式的日调节水电站每千瓦时 0.57 元和 0.65 元的超高上网电价要求，主管方面不但专门拟文强调这两个调节性能最差的小型水电站对整个省电网调峰的重要作用，要求省里为这两个小型水电项目单独制订、实行发电峰谷电价，而且明确承诺将因此而增加的电网购电成本摊入全部销售电量，相应提高全社会销售电价，让全体电力消费者埋单。如此看来，水电低价政策并非铁板一块，“被高价”也是可能的。

——电力资源开发权如何配置与电力市场化改革不是对立的。水电资源是全民所有，但其他种类的能源资源，诸如核电厂址、火电厂址、风电厂址、大小煤矿等也都不例外。各行各业实践证明，市场机制能够促进资源的优化配置，也就是说，电力资源的优化配置是电价市场化改革的结果，而不是推行改革的前提条件。就像上述两个民营小水电项目，主管方面考虑满足它超高上网电价的要求时，并未对它的开发权提出质疑。毫无疑问，确定资源开发权的办法应当改革，改革的思路同样是引入公平公开竞争机制，减少政府直接干预，发挥国家税收政策调节作用，完善社会主义市场经济体系。

水电低价之源

对水电站只批给低电价的原因，主管部门一直这样解释：水电站不用买煤，没有燃料成本，尤其是老水电站，还贷早已结束，折旧都提完了，所以只能批给更低价格，否则利润过高。

这是一个需要弄清楚的关键问题。

企业从销售收入中计提折旧，偿还债务，是正常的财务运转。然而，在市场经济条件下，商品价格是由供需情况形成的，不可能由个别企业的财务安排来决定。比方说，如果市场管理者根据各个菜农种植设施不同的财务折旧情况，分别规定其蔬菜在市场上的售价：种植大棚需要偿还贷款时，蔬菜必须卖高价；贷款一旦还清，蔬菜必须低价出售。这是不可思议的。

如果不谈市场经济，就按计划体制的规则说话，也可举出一个例子说明问题：中国现有较早建设的几亿千瓦燃煤电厂，按照成本定价规则都已经完成了建设贷款的“还本付息”，而且不断地有更多的火电厂在财务上结束还贷，按成本定电价主要考虑内容之一的“还贷成本”已经不存在了，但这些电厂至今都继续享受着“还本付息”电价，每度电多出0.15元左右的“暴利”。由于全国燃煤发电量比重占80%以上，这个因素影响全国终端销售电价高达 5 ~ 6 分钱，每年从电力用户那里多拿走 2000 多亿元。对这样巨大的成本审批漏洞，有关方面含糊地解释为：“火电厂普遍亏损着呢。”可是不应当忘记吧：按照现行成本定价规则，“打油钱不能买醋”，火电厂是在燃料成本上亏损，自有“煤电联动”办法给予补偿，与还贷成本无关！

还贷结束就应当及时将上网电价里面的还贷电价降下来，像“没有燃料成本”的水电一样拿低价，相应及时降低全社会的销售电价。不应使火电企业仅仅在燃料成本上大做文章，而将不应得的还本付息电价藏而不露，在成本上“只报忧不报喜”。这项事关每年数千亿元电费的重大降价举措从未实施，成为中国电价只升不降的主要因素，直接影响国民经济整体竞争力。所以，即使执行计划体制规则，单独指责水电获取暴利也是说不通的。

由以上分析，以商品效用同一性为基础的“水火同价”理念及其所倡导的电力价格市场化形成机制才是能够避免行政定价诸多弊端的科学机制，才是政府和企业权责明确的法治机制，才是能够建立水电项目的经济可行性边界条件，从而促使水电站项目业主积极承担水库移民脱贫致富的责任，发挥主观能动性、想方设法去解决水库移民不稳定和生态环境保护问题的治本之策。换句话说：电价市场化，水电移民和库区生态环境保护工作的经济边界明确、项目开发权责清楚，企业才有条件承担全部责任，下真工夫、费大气力，切实做好工作；电价行政化，项目开发的经济边界模糊，缺乏经济性就等待审批提价，政府成了最大的责任人，企业没有主动性，移民和环保工作困难重重，水电开发不可持续。

前一段时间，主管部门提出了一份《水电价格形成机制改革研究》，下发地方能源主管部门和相关电力企业征求意见。令各方面感到难以理解的是：党中央和国务院八年前就批准了《电力体制改革方案》和《电价改革方案》，而这篇名为“改革研究”的文件中却没有任何改革的内容，只字不提市场机制、竞争机制和电力供需关系，而将水电价格再次定位在“行政审批”、“成本加成”、“高成本高电价”、“低成本低电价”的逆竞争机制旧轨道！仅从题目就能看出问题，因为它还是把电价圈在计划体制框架内，为维持个别的或“分类”的成本审批定价方式寻找依据，也就意味着后面纷至沓来的“火电价格形成机制”、“核电价格形成机制”、“风电价格形成机制”……可就是没有“电力市场价格形成机制”！与水电开发有关的地方和企业都大失所望，其中，水电第一大省的发改委在正式回复文件中提出了全面的和尖锐的不同意见，强烈要求国家尽快推行电价市场化形成机制的实质性改革，真正促进水电健康快速发展。

没有退路的改革

胡锦涛主席2009年9月22日在联合国气候变化峰会上郑重承诺，到2020年，中国的非化石能源在能源消费总量中要占到15%左右。要实现这个目标，任务十分艰巨，而中国的水电首当其冲，承担着最大的份额，决定着战略的成败。

在大力推行节能的前提下，如按照2020年全国商品能源消费总量为45亿吨标准煤最保守估计，则非化石能源需提供6.8亿吨标准煤，折合电量约为2.1万亿千瓦时。其中，十分乐观地预计核电、风电、光伏发电等能在未来10年间翻三番，实现8倍的增长，即从2009年的1000亿千瓦时，到2020年可以达到8000亿千瓦时，则水电还需要提供1.3万亿千瓦时的年发电量。

进一步分析，2009年全国水电发电量为5717亿千瓦时，目前在建水电站约为5000万千瓦，建成后可增加年发电量约2000亿千瓦时。考虑水电建设周期长，2016年开工的大型水电站对2020年发电量已无贡献。也就是说，为了在2020年新增5000多亿千瓦时电量的水电项目，都要集中在2011—2015年开工建设，“十二五”水电新开工总规模需1.5亿千瓦，平均每年新开工水电站3000万千瓦！

由上分析，中国水电承担着2020年非化石能源总量中60%以上的份额，届时，全国总共4亿千瓦、1.75万亿千瓦时经济可开发水电资源的开发程度需达到80%，“十二五”的五年期间，常规水电站新开工规模将接近建国60年水电建成的总规模！任务极其艰巨，时间非常紧张，但若不按此实施，非化石能源占15%的国家承诺势必落空。加快水电建设已经是能源行业必须完成的一项“硬任务”。

今后10年间，要完成这项硬任务，中国作为水电第一大国，在技术、资金、专业人员、设备制造等方面，条件均已具备，不存在太大困难。然而，仅仅由于落后的管理体制和管理方式已不能适应新的经济社会环境，近些年水电开发与建设矛盾重重，步履艰难。

一是因规定的上网电价过低，导致老的水电站水库移民群体事件反复发生，生态环境保护问题无资金投入。

二是对水电项目按成本定价，高成本批给高电价，低成本只给低电价，促使新建水电项目走入需要动脑筋抬高成本、人为提高造价的歧途，回到二十世纪八九十年代造价攀升的老路，由此出现的效率滑坡、经济性降低问题，使水电项目经济不可行。

三是水电建设项目要统一执行过去规定的水库移民安置补偿的计划指标体系，而这些指标并没有也不可能周全地考虑到各项目所在地千差万别的具体情况，项目业主按图索骥、照本宣科，不可能满足移民群众基本的生存和发展需要，新开工的水电项目往往在工程建设期间就出现移民不稳定事件，而混乱的局面都归咎于“国家的水电低电价政策”，因而最后都要由中央政府出面收拾。

四是环保部门对河流水能资源的开发要最大限度地利用水流落差的科学方法和国际惯例了解不够，在法律依据和科学依据都有不足的情况下，自行删改建立在数十年间积累起来的前期勘测科学资料基础上、经过法定论证程序的河流梯级水电站国家规划布局。从怒江到金沙江，河流规划环评中连续出现主管部门只同意开发河流上某几个梯级水电站，并要求投资方承诺放弃国家规划中其余更大量的水能资源的怪异情况。中国水资源开发量不断减少。这种类似“环保极左”的思路和做法，使国家水电开发规划和建设无所适从。当前水电环保管理集中在项目开发前端的行政审批环节，对生态环境的实际影响过程却缺失监管，鲜有问津；习惯采用“环保风暴”方式，忽冷忽热，忽快忽慢，一旦某个项目的环保出了问题，就对当地其他的发展项目施以“殃及池鱼”式的“环评限批”处罚。这样的“株连”政策，的确可以体现行政审批权力的威严，然而被丢弃的，却是大量无辜项目和地区经济宝贵的发展机遇。再拖下去，胡主席和温总理对世界的承诺如何兑现？

我们已经没有退路。再出一次瀑布沟事件足以毁掉整个水电事业。不搞市场机制，中国的水电已经不可能再有发展。

电价如何改

市场竞争领域中的成本定价机制是水电的悲哀，作为水电移民管理办法改革的前提条件，电力定价模式首先需要尽快改革。

——改革国有电力企业经营业绩考核办法，严格区别对竞争性发电业务和自然垄断性电网业务的不同考核方式，对前者考核单位资产利润率，即考核其经济效益；对后者考核单位资产输、配电量，即考核其经营效率。

不应考核国有发电企业的“资产总量排名”、“发电装机总量排名”等“纸老虎”指标，还应避免“资产总量末位淘汰”这类可能促使发电企业非理性发展的政策；不应考核电网企业的赢利水平，因为垄断企业的赢利当由国家规定和控制，不是越多越好。

——在不改变电网原有物理联结格局和发展规划的前提下，区分面向电力资源配置的输电设施和面向用户供电的配电设施的不同功能，划小电网企业财务核算单位，按照“合理成本加规定利润”的规则，并通过在同类企业之间进行资产量、输配电量和运营效率的横向比较，对各级电网企业分别实行单独定价，确定并公布其年度准许收入总量和相应的输电、配电所有路径的过网电价。国家对电网企业单独定价的结果，主要应体现：充分保证各级电网企业正常经营和发展建设所需要的合理、充足和稳定的收入，并使之与发电企业和电力用户的交易情况脱钩，与电力供求关系形成的发电和用电价格隔离。

目前在输配电价改革方面，国家既定的“划小电网企业财务核算单位从而实现政府对各级电网企业分别单独定价”这项最为关键的工作多年来按兵不动，而在2006年、2007年两次以正式文件突兀颁布“分省电网输配电价标准”，公布了各省电网企业经营每千瓦时电量的平均输配电价在0.09～0.13元，但并未说明该标准如何付诸实施；标准与电网企业的实际运营效率、实际结算上网电价、销售电价实际执行情况和售电现金实际收入总量等财务运行情况之间关系如何；没有划分各大区域、各省、各市县电网企业的成本和利润在每千瓦时0.09～0.13元中各占多大份额；也没有公布各电网企业按照上述标准规定，每年各自应得总收入多少，实得总收入多少，多收入了多少，少收入了多少，原因各是什么；特别是在党中央和国务院做出的“主辅分开”决策长期难以贯彻实施，其改革原则反而面临着“被改革”的境况下，该标准并未反映出电网企业的设计施工等辅业及“三产多经”的成本和利润在其中的总量和比重；电力监管部门对标准实施中监管情况如何，存在哪些问题；电网企业、发电企业和电力用户对此反应如何、意见如何。

如果这些情况都不清楚，已经颁布的标准是根据什么制定的？出台这些标准的用途是什么？如果这些情况都清楚了，那么是否意味着国家对各级各地电网企业单独定价这场“改革攻坚战”在三年前已经结束，只差信息公开了？这些问题是需要负责任地回答的。

——以完成上述两方面工作为前提，按照用电户的电压等级和用电变压器容量，从高到低，逐级限期，规定由用电户与发电企业通过直接交易，签订各类购电合同，自行确定电力、电量和电价。所签合同交付电力调度机构执行后，由用户按国家规定向电网企业缴纳过网费。较低电压等级的零散用电户可委托相关配电企业代签与发电商的购电合同，并由地方政府监管。

需要反复强调的：包括试点工作在内，开展电力直接交易的前提条件，必须是完成对各个电网企业的单独定价和单独监管。实际上这也是发展新能源等分布式能源和智能电网、微电网的必要条件。过去的实践已经证明，如果不能做到将电网企业的收入与发电企业和电力用户的交易情况相隔离，“竞价上网”、“大用户直购电”等所谓的电价改革，都会演变成一出出“从电网那里讨些便宜电”的闹剧，刚刚起步的太阳能发电等分布式能源亦将受到制约，造成浪费。

——建议取消销售电价中诸如三峡基金及南水北调重大水利建设基金、农网还贷资金、水库移民后期扶持资金、可再生能源电价等名目繁多的各类附加收费，让终端电价真切地反映市场供求。同时，将上述所需资金来源全部转为在化石燃料发电量环节或全社会化石燃料燃烧量环节征收环境影响税，向国际主流思路靠拢：多排放多收税，少排放少收税，不排放不收税，鼓励节能减排，支持清洁电力。

我们需要把国家调控经济的宏观措施，诸如利率、税收、进出口政策等用好用足，而不宜对商品价格直接施加人为安排。因为价格仅仅是商品供需情况的反映，性质上属于一种信号，拿它作为调控手段或“杠杆”，会使市场信号扭曲失真。现在销售电价有些类似行政集资的“摇钱树”，里面的“加演节目”实在是太多太乱了。

与不断上涨的煤电电价和终端销售电价相比，人为压低水电上网电价，已成水电发展的桎梏。

另外需要讨论的，中国水利工程水库移民遗留问题的原因与水电工程类似，但现在解决水利项目移民遗留问题，不应当与水电项目绑在一起，也去依赖提涨全社会销售电价筹资，出台全国统一的“一刀切”补助政策。因为每一项水利工程本来都应当有负责任的可行性研究报告，包括完善的水库移民安置补偿方案及资金来源落实的筹资方案，经济上可行才能实施建设。如果某个建设项目的移民工作出现问题和矛盾，就应当调整这个行业的国家政策，或者研究这个行业、这个领域内的体制改革问题。假如各行各业的建设项目一旦在工程移民和生态环保方面出了漏洞，就都从提高全社会销售电价上开口子拿钱，“羊毛出在牛身上”，那么中国的电价不就涨到天上去了？

通过上述电价改革，以项目经济性取决于市场商业电价水平作为水电项目开发建设的前提和边界条件，对水电建设中的水库移民安置办法按“以人为本、因地制宜”的原则全面改革，彻底改变以往在僵化的计划指标体系下，脱离实际、大而化之、敷衍了事的移民工作方式。不再实行全国统一的水电站水库移民搬迁安置经济补偿标准等“一刀切”的计划指标体系。

因瀑布沟水电站水库移民不稳定事件，2006年国家下大决心提高移民搬迁补偿标准，其中土地产值从补偿8倍提高到16倍。然而，某省参与水库移民工作的同志透露，该省早就按照30多倍补偿了，否则怎能保证稳定！可见，水库淹没补偿和移民安置工作中"一刀切"式的计划指标体系、捉襟见肘的成本审批定价办法和脱离实际的行政规定已经名存实亡，需要尽快实施实质性的改革了。

在此录下一位两院院士对当前水电移民工作的建议。"要集中力量和加大投入，解决移民的现实困难和创造致富之道。对老弱病残，不论有没有子女亲人，一律提供社会保障，包括医疗保障，以保证移民安度余年，解决后顾之忧。除了地方政府按照当地的政策提供低保以外，其余资金应由电站业主解决。对后靠安置，我觉得迁移务农的农民，不但要给他们提供土地，解决水利、交通等问题，而且在一定期限之内，还要按年予以补贴，帮助他们解决垦荒、改土、改变作物和其他后续发展的需要。对所补土地不足的，更应提供长期补偿。对年青一代，主要是要及早培训，因地制宜地建立二、三产业，提倡对口支援，产业可以建在库外，鼓励他们外迁转业创业，发放创业贷款，改变身份。在工程建设中，也应优先吸纳他们就业。只要动脑筋，路子是很多的。"

大家可以体味：这么多新措施中，并没有计划指标的影子！设身处地考虑移民群众利益，与过去"全国一刀切"的计划指标体系相比，在水电移民工作思路、办法和效果上，会有多大不同！以往审计部门坚持要求"同库同策"，本意是防止出现移民互相攀比问题，可正由于把它僵化地理解为"补偿内容和指标完全相同"，反而造成了不少项目移民工作脱离实际，束手束脚，困难重重。

需要强调的是，所有这些办法和措施都必须建立在电价市场化形成机制，即俗称的"水火同价"基础之上。

市场竞争领域中的价格管制是中国经济生活中传统计划体制的最后一块领地。实践证明，在这样的管制下，商品价格不能反映市场供需关系，建设项目经济可行性的边界条件难以确定，作为市场主体的企业缺乏主观能动性，不但水电无法再发展，整个电力工业运行也每每陷入危机。2008

年的“煤电联动”，用行政规定将高度市场化的煤炭价格和全面管制下的电力价格绑在一起，结果引发两者脱离市场需求轮番上涨，险些将能源系统推到崩溃的边缘，教训十分深刻。

电价改革是电力体制改革的核心任务，而党中央和国务院做出的改革决策，却因各利益体的阻力，至今无法推行。反观电力体制改革迈出的第一步，厂网分开取得巨大的经济社会效益，大家当然可以感到，能源工业一旦实行市场机制，将给中国经济注入多么大的活力和动力！也正因如此，业界上下拭目以待：电价改革，何去何从。

阶梯定价不如实时定价

张昕竹（中国社科院规制与竞争研究中心主任）

2010年4月，国务院常务会决定，为了深化能源价格改革，加强能源需求管理，将推行居民用电阶梯价格。10月，电价主管部门国家发改委发布了居民阶梯定价指导意见（征求意见稿），推出了实施阶梯电价的两个选择方案。方案一经公布，立刻引起了公众广泛关注，这当然与其彰显的涨价因素有关。不过，涨价仅仅是故事的一部分。涨价之外，这次电价改革更值得关注的，是从线性定价到阶梯定价这种定价方式的转变。

在世界各国电价实践中，阶梯定价并不是什么新鲜事物。早在20世纪70年代，为解决电价上涨对低收入用户的冲击，美国一些地方就引入累进阶梯定价。近年来，随着全球对环境和可持续发展问题的关注，很多国家的管制机构重新燃起对阶梯定价的热情。

但毋庸讳言的是，自打阶梯定价诞生之日起，无论是为了调节收入分配，还是旨在促进资源节约，都掩盖不了与效率原则的明显冲突。正是阶梯定价与资源配置效率的这种内在矛盾，决定了在选择这种定价方式时，必须反思其基本逻辑。

涨价的艺术

按照发改委的解释，在居民阶梯电价的三个档次中，第一档电量按满足居民基本用电需求确定，电价维持较低价格水平；第二档电量反映正常合理用电需求，电价逐步调整到弥补电力企业合理成本加合理收益的水平；第三档电量体现较高生活质量用电需求。

方案一中，第一档以电量覆盖 70% 计算，每户每月用电量 110 度以下时，维持现有电价，三年不变；第二档，每户月用电量 110 ~ 210 度时，超出基本用电量部分每度电上涨 5 分钱；第三档每户月用电量超过 210 度时，超出部分每度电上涨 2 毛钱。

按照方案二，第一档以电量覆盖 80% 计算，每户月用电量低于 140 度时，每度电上涨 1 分钱；第二档以电量覆盖 95% 设置，每户每月用电量 140 ~ 270 度时，超出部分每度电上涨 5 分钱；第三档，每户月用电量超过 270 度时，每度电上涨 2 毛钱。

在这两个阶梯定价方案中，除了方案一中，第一档电量的用户的价格维持现有水平不变，其他用户的电价都将面临着上涨，这意味着此次电价调整将提高整体电价水平。

对为什么涨价，按照发改委的解释，目前居民用电价格过低，发电企业因此普遍抱怨使它们处于亏损边缘。居民供电成本本来就高，加之近年来煤炭价格上涨很快，而电价仍被人为限制在较低水平，所以需要让电价回归理性。

无论是发改委的解释，还是发电企业的抱怨，都显然是一种垄断叙事，很难赢得普通民众的认可，因为在现有的电力体制下，发电企业的发电成本缺乏竞争约束，上网电价也不是在竞争中形成的，所以谈论电价低或者供电成本高都没有实质意义。

当然，引入电力市场竞争机制，并不意味着电价必然会降低，但是，竞争机制会增加成本信息和价格形成的可信性，这是问题本质所在。定价问题的背后其实是电力体制问题，是电力市场机制问题。但现在的状况是，虽然发电已经市场化，但销售还没有走向市场化，上网电价还是国家控制，电力批发市场尚未建立起来，是由电网公司统购统销。

2002年国务院5号文件明确电力市场化改革方向以来，电力改革进展缓慢，其根本原因在于缺乏改革动力。希克斯说过，垄断的最大好处是可以享受悠闲的生活，也就是说，凭借垄断地位赚钱太容易了。推进电力市场化改革，意味着要触动很多人的利益，存在巨大阻力。在电力市场化改革难以推进时，就会依赖现有电价形成机制，通过涨价来解决很多矛盾。

但涨价无疑会产生巨大的张力，这一点政府部门非常清楚。他们知道，简单地按照原来的定价方式涨价，老百姓意见会非常大，会影响政府形象，所以在这次涨价时很聪明地突出了节约资源的主题，同时，因为富有的人一般会消耗更多电力，因此在定价方案中，让这些人支付更高电价。这样，涨价就占据了道德的制高点，看起来很美。

实际上，这次涨价的一个主要特点是，价格调整方案隐含了一个收入再分配的思想，这赋予了涨价以追求公平正义的假象，但很显然，阶梯定价本身并未解决电力价格形成机制问题，甚至反映出当前改革出现的一些苗头，那就是泛价值论取代了工具理性。

收入分配叙事

赋予阶梯定价调节收入分配功能，说明政府认识到民众对现阶段收入分配状况不满，也反映了财政税收这种传统的收入分配调价方式存在很多问题。但即使把阶梯定价作为调节收入再分配的工具，或者说把电力消费作为实物再分配手段，仍需考量它是不是最有效的方式。

此次推出的阶梯定价最基本特点是，随着用电量的上升，适用的边际价格是累积递增的。按照最基本的经济学常识，这种定价方式违背了电力成本规律，因为电力生产的长期增量成本，包括可变成本、专属的固定成本和容量成本，并不随用电量的增加而改变。能够更好地反映这种成本结构的是二部制定价，或者实时定价，而不是阶梯定价。缺乏成本基础的阶梯定价，无疑是违背有效经济原则的，会产生无谓的福利损失。

在考虑是否用扭曲相对价格手段实现收入分配目标时，经济学中有一个非常著名的原理，叫做阿科森－斯蒂格里兹定理，这是任何领域政府定价必须首先考虑的一个基本原则。它的主要意思是，在一般条件下，收入分配不需要扭曲价格，而只需借助税收手段就可以，用价格手段调整收入分配，注定是缺乏效率的。价格的目的很简单，就是资源配置的信号，它不能干其他事情，包括不能用来调节收入分配，否则，必然要付出资源配置效率的代价。

当然，现实世界是复杂的，不一定满足阿科森－斯蒂格里兹定理的条件，因此存在用价格手段调节收入分配的空间。本质上讲，用价格手段改善收入分配的理性，取决于价格扭曲所产生的福利损失，与税收系统效率的比较结果。这里有一个重要概念，叫做公共资金的边际成本，简单讲，其含义是每收取一元税收所产生的社会成本。一般来说，发达国家的税收体系效率较高，因此采用财政税收手段更合理，而发展中国家的财政税收体系效率较低，公共资金成本更高，运用价格手段的空间更大。即便如此，也要具体考量价格扭曲带来的福利损失，最好采用旨在针对特定群体的调节方式。

在现实中，用价格手段改善收入分配产生的危险是，收入分配目标常常被作为保护垄断的借口，这是因为扭曲的价格，包括阶梯定价，与竞争机制格格不入。只有在垄断体制下，依靠强制力量才能实施，从这个意义上讲，阶梯定价包含着垄断思维。现在，很多行业都提出普遍服务目标，就是给所有人提供服务，不管其服务成本或支付能力如何，但问题是提供这些服务可能是亏本的，比如说高原或边远地区，收入水平较低的用户，在没有政府直接补贴的情况下，提供服务需要交叉补贴，这种交叉补贴机制最后就演变成垄断的借口。

必须强调的是，阶梯定价无法给予消费者选择权，就是说，给消费者不同的边际价格选择，大家肯定会选择较低的价格。与此相对的是，在电信领域，消费者已经有电信资费选择权，而在垄断体制下，是不可能有这样的选择权的。

除了效率问题，通过扭曲价格改善收入分配还涉及程序正义问题，这个问题与“价”和“税”的混搭有关。按照发改委的解释，预计涨价后多收的钱中，一部分补贴电厂成本的提高，还有一部分是补贴脱硫成本。由此看，阶梯定价有三重使命：一是回收电力成本；二是征收“庇古税”，即环境成本；三是调节收入分配。

在阶梯定价中，既有价的含义，又有税的概念，但问题是，“价”和“税”混在一起。消费者不知道阶梯定价中哪部分是付出的价格，哪部分是“庇古税”，哪部分属于实物收入分配。

居民用电对消耗资源的社会成本，和用电多少到底是什么关系，并不是显而易见的。不能简单说，用电多边际成本就高。虽然累进的“庇古税”有调整收入分配功能，但从定价角度看并不合理，更不要说有关部门连电力生产成本和环境成本都没测算。即使是电力行业作为特殊行业，在使用环节增收“庇古税”有其逻辑基础，那也要把价和税分开，让价和税透明，这有利于公民社会的建立，让老百姓清楚自己的纳税义务，同时使政府对收上来的钱负责，这是定价和征税的程序正义的要求。但政府现在只解释了涨价后的钱用来干吗，以将来的用，来定现在的收，没有提供价和税的透明性，给人的感觉就是为了涨价。

调高电价能节约能源吗

通过征收“庇古税”，使用户承担用电的全部社会成本，意在节约能源和保护环境。但即使调高电价能降低用电量，也不意味着能源消费的减少，节约能源的命题需要在更大范围内考量。

调高电价，能够降低电力需求，从而能节约能源，其假设是消费者会因为付费更高，而降低整体的能源需求。但此假设并不一定成立，因为消费者并不一定因为电价的上升，就减少了对能源的整体需求，而很可能转用其他的替代性能源。

资源节约命题的复杂之处在于，居民电力需求并非最终需求，而是一种其他消费所引致的需求，也就是说，人们需要的不是电力本身，而是用电力干其他事情。而能源的种类很多，可以相互替代。

比如，做饭可以用电，也可以用天然气，当电价提高后，人们会更多地使用天然气，满足做饭的需求。另外，改变电价可能会改变人们的生活方式，但不一定会改变人们的能源需求。哪种能节约能源，哪种对环境更友好？

比如说，电动车是否对保护环境更好。电动车减少汽油消耗，确实节约了汽油，但电动车是要充电的，并且需要回收处理电池，而充电电池对环境的潜在影响难以估量，很多专家甚至认为，从长远看，它产生的污染远远高于汽油的使用。

电力是二次能源，相比于一次能源，本身就是一种高效清洁能源，这也是国家为什么大力发展电力，花那么多钱来修输电网络的原因。如果电价上涨，而其他能源价格不变，人们就会选择替代能源，或者替代的生活方式，涨价能否达到减少能源需求的效果很难说。如果民众能源需求总量不变，那么用效率更低、对环境更不友好的能源来代替电力，得不偿失。

从根本上讲，资源的消耗取决于增长方式，更确切讲，就是经济发展速度。不可否认的是，目前全球资源定价难以反映全部成本，并且一些主要环境污染物如二氧化碳具有全球公共品属性，在这种条件下，经济增长实际上是搭便车行为，转变增长方式是难以承诺的政治意愿，在缺乏全球性约束机制情况下，任何一个政府都很难约束增长冲动。仅仅通过提高电力价格，而不是彻底改变增长方式、降低发展速度来调整能源需求，是不大现实的。

阶梯定价的挑战

如果引入阶梯定价是一种政治选择，那么不管是让电价回归理性，还是调节收入分配，或者是促进能源节约，实现这些美好的意愿，都需要制定和实施合理的阶梯价格，但采用这种定价方式面临巨大挑战。

对累积性的阶梯定价，有两个问题特别值得关注：一是不同档电价的相互影响。在存在多档电价情况下，实行阶梯电价，低档电价对高档电价用户产生纯粹的收入效应，但没有替代效应，就是说提高适用于低收入用户的低档电价会更有效地抑制电力消费，这是阶梯定价的一个悖论。这意味着，在电价水平和改变消费行为之间，方案二的低档电价高于方案一的低档电价，但因超边际价格产生的收入效应，在方案二下，不仅低档电量消费者会减少消费，而且相对于方案一而言，高档电量用户会减少电力消费。

采用阶梯定价面临的另一个技术问题是，阶梯定价的拐点存在用电消费的集聚，很多具有不同偏好的消费者，会选择彼此相同的处于拐点的电力消费水平。递增阶梯定价的这个重要特征，将影响不同档电价水平的选择，以及不同档的拐点的确定。

需要强调的是，这些考虑并不仅仅是纯技术上的，在阶梯定价时，这些看起来有些难以理解的技术问题，是价格主管部门在实行非线性定价时必须面对的技术挑战，特别反映在微观信息的需求上。

在线性定价时代，制定最优定价无须考虑消费者的偏好信息，只要知道加总的需求信息就可以了，因为只要有电力总需求的弹性信息和成本信息，就可以按照拉姆士定价原则确定最优电价。但采用阶梯定价意味着，制定最优价格仅仅了解总需求是不够的，还需要了解个体需求信息。这对习惯于线性定价的价格主管部门，无疑是巨大的方法论革命。

这种理性诉求也许过于苛刻，政府定价可能不会太关注这种工具理性要求，或者只能满足部分。比如，由于种种原因，阶梯定价的拐点可能由政治决定，价格主管部门的政策工具变成，只是对不同档的电价进行优化。按照目前信息，无从判断不同档电价水平的理性程度，对拐点的确定，发改委提出由各地方自己决定，但无法知道确定这些拐点的准则。

必须指出，不采用有效定价也许不影响阶梯定价的政治正确性，也不会影响阶梯定价的实施，但政府和公众必须认识到，由此带来的机会成本是巨大的，这种机会成本虽然是隐性的，但是和直接减少消费者福利的任何方式，比如减少消费者的收入，或者减少消费者的消费满足，并没有本质区别。

阶梯定价带来的另一个挑战，将会反映在实施后对其效果的评估上。可以预计，实施阶梯定价后，无论是政府部门还是学术界，为了评估阶梯定价的实施效果，或者是出于改善的目的，都需要对阶梯定价效果进行实证研究。但是在阶梯定价下，这些实证研究面临着很大挑战，包括需要更多地了解家庭层面的微观信息，而且面临着一系列技术难题，比如，如何考虑边际价格和平均价格的影响。如果不能合理考虑这些问题，将会误导未来的定价政策。

实时定价——未来改革方向

前面的分析表明，阶梯定价充其量只是一种调节收入分配的手段，但是远没有解决电价最核心的使命，即促进电力行业资源的有效配置。

那么什么是电力行业的有效定价？答案是实时定价。

电力行业最基本的技术经济特征是，电力系统的潜在需求和供给可能是不平衡的，但电力系统又必须时刻维持平衡。给定任何一个时点，如果电力需求不足，电力供应过剩，就需要电力供应系统作出反应，减少出力，否则保险丝会断，电器会被毁坏；而如果需求过剩，现有容量不足，电力系统同样会出问题，比如灯泡会暗下来。

由于电力需求存在不确定性，而发电和输电容量的增加是非连续的，并且需要付出成本，因此电力系统的永恒主题是，如何在短期内，在容量有限的情况下进行需求管理，在长期意义上，促进容量的合理增加。电力产品的这种特征，决定了电力行业的定价与一般产品的定价不同，电力的最优定价必须与特定的时空相联系。

发电行业的有效定价需要解决的问题，与其他具有容量限制的行业，比如交通行业非常类似。交通行业的供给和需求往往是不匹配的。比如在早高峰或晚高峰时期，路网非常拥挤，但此外的绝大部分时间，路网处于利用不足的状态。保持一定的拥塞是符合效率原则的，电力系统也是如此，在用电高峰时，供给难以满足全部需求，因此需要进行需求管理，甚至要拉闸限电，但大部分时间供给是过剩的。

这决定了有效配置电力资源的定价方式是实时定价。实时定价中，一种最简单的定价方式是峰谷定价，就是在用电高峰时段，用电价格较高，而在用电低谷阶段，用电价格较低，从而使用户有激励选择避开峰谷时期用电。这是国际电价改革的主要趋势。

在技术上，实施峰谷电价，甚至更复杂的实时定价都不成问题，就是装一个智能电表，将不同时段的电力消费区别开来。中国很早就试图这么做了，但至今没有大规模铺开，这里有很多原因，最主要的是在现有的垄断体制下，企业没有动力这么做，它们喜欢用最简单的方式赚钱。

对未来的电价改革，在引入阶梯定价的框架下，仍存在巨大的改革空间。可考虑的选择是，在阶梯定价中嵌入实时定价（峰谷定价），让峰谷定价主要承担有效定价的使命，而阶梯定价更多承担社会调节功能，这也许是下一步电价改革努力的方向。

但这一切依赖于利益相关者具有改革的动力。

第十章 | 如何发展低碳经济

哥本哈根之变

徐锭明 杨富强 黄德荫 李伟 应俊 黄杰夫
莫争春 喻捷 管清友 张称意 胡舒立

继 2009 年 12 月哥本哈根会议之后，《联合国气候变化框架公约》缔约方大会将于 2010 年 11 月下旬在墨西哥开幕。从哥本哈根到墨西哥，气候变化谈判将给中国的经济转型和社会建构带来怎样的影响？中国又该采取怎样的行动？财新传媒特地邀请各界人士，对此主题进行了探讨。

“中国低碳经济元年”

胡舒立：各位都知道，哥本哈根没有产生一个有法律约束力的协议。2010 年年底在墨西哥能否达成这样的协议，也很难预料。但这不会影响中国发展低碳经济的步伐。

我希望，中国发展低碳经济，所推动的不仅是经济转型；对我们的文化、社会体制和政治体制，也都将有所推动。

徐锭明（国家能源咨询专家委员会主任、原国家能源局局长）：我认为 2009 年中国进入了低碳发展的元年，标志是三点：其一，胡锦涛主席 9 月

22日的讲话提出了应对气候变化的四项主张，公布中国二氧化碳减排的行动目标；其二，全国人大常委会8月27日通过决议，为减排奠定了法律基础；其三，国务院8月12日和11月26日两次召开常务会议，具体部署了减排工作。

杨富强（世界自然基金会全球气候变化应对计划主任）：现在媒体上有一些言论，认为哥本哈根会议是失败的。但我认为，哥本哈根会议是全世界范围的教育运动，有110多个首脑参加会议，很多企业积极响应，所以没有失败。

《哥本哈根协议》也为未来墨西哥城的谈判提供了基础。我们应该积极沟通，弥补或消除发展中国家和发达国家之间的不信任。回想一下，谈判过程中谁能充当领导者的角色？中国不是，美国也不可能，那么只有欧盟。可惜欧盟在哥本哈根会议退缩了，所以应该鼓励欧盟再站出来，拿出更高的承诺来推动谈判。

谈判是一种妥协，一种折中，中国也要更好地展现可以变通的姿态。到2020年，我们要达到单位GDP碳排放比2005年下降40%～45%的目标。我更喜欢说45%，或者像温家宝总理说的那样，中国可以做得更多。有的专家认为，45%会对我们经济造成很大影响。我认为，这个观点值得商榷。

另外，我们要痛下决心进行经济结构的调整。现在从地方到中央，痛下决心还是做得不够。当我们要走向世界的时候，自己的内功练得怎么样？

第一，政府的结构是不是适应气候变化的要求？中央政府层面，国家发展与改革委目前有应对气候变化司，地方上谁来管？碳税要不要进行征收？怎样鼓励碳市场发展？

第二，企业怎么做？企业在报告节能数据的时候，是不是也要把碳排放数据报告上来？

第三，这次谈判的焦点之一是MRV，也就是减排行动要“三可”——可报告、可测量、可核实。中国的统计体系必须进行改革，才能适应这种变化的环境。

第四，中国的NGO太薄弱了，对推动应对气候变化缺乏应有的能力。

黄德荫（安利中国日用品有限公司总裁）：哥本哈根大会将世界的目光聚焦于气候变化，使这个概念迅速普及、深入人心，这是哥本哈根带给大家的最大变化，这也是企业经营环境方面必须关注的一个变化。企业是社会财富重要的创造者，但往往同时也是资源滥用、环境污染、生态破坏的直接制造者。企业如何做好环保？那就是要做好环境保护的实践者、组织者和倡导者。

行政力量还是市场力量

李伟（中华环境保护基金会秘书长）：40％～45％的目标既然定了，国家肯定会有各种办法推进这个事。环保部搞节能减排的考核，动用的是责任制，定期完不成要下台。河北省制定了“双三十”的政策，选择河北省节能减排量最大的、有代表性的30个县级市和30个大企业，“一把手”在三年之内不许调动，完不成任务就地免职，三年以后完成任务才可以提拔。这一招很厉害，对各地影响很大，还是动了一些真格的。

应俊（英国新能源财经有限公司北京代表处首席代表）：在中国，行政手段是目前来看最直接、最有效的方式。从长远角度来说，我们还是希望市场机制和市场手段被引到中国，这就需要进行制度方面的建设。

中国如果搞碳减排交易，市场前景非常广阔。我们公司刚刚发表了一些研究数据，2009年全球碳市场达到了1250亿美元，到2020年可以达到1.4万亿美元。当然我们的数据不一定准确，但说明市场非常大。

黄杰夫（芝加哥气候交易所副总裁、天津排放权交易所董事长助理）：天津交易所在过去一年当中，很大精力花费在MRV上面。芝加哥气候交易所七年之中产生了4.7亿吨的二氧化碳减排量，每吨都是审计过的。

莫争春（美国自然资源保护委员会北京办公室项目专家）：芝加哥气候交易所的碳交易是自愿性的，跟强制性有很大区别。在美国之所以做得成交易，是因为很多大公司拿这个交易所做一个试水，一旦真正实行强制，采取什么样的应对策略。没有这样一个预期，其实不会有人买这个东西。

如果我们国家搞碳交易，要明确是自愿性还是强制性。二者是有区别的。我们要做哪种？怎样做？不是蜂拥而上做交易所。现在交易所很多，天津、北京、上海都在做。

黄杰夫：美国的强制碳市场，不是出现不出现的问题，而是什么样形式的问题。美国东北部的 RGGI 市场已经有十几个州（参与），是强制碳交易。另外，加州出来自己做，加州如果是一个独立的国家，GDP 在全球占第六、第七位。

回到中国，45%应该是一个强制指标。"十一五"期间，二氧化硫、COD 和节能量没有做什么交易，当时我们没有环境交易所。大家开玩笑说，现在已经有十几个交易所，明年这个时候，后年这个时候，假如我们还没有实现节能减排指标的市场化交易，那恐怕是交易所的人工作没有做好。

美国现在有 1 万多农户在芝加哥交易所进行农业碳汇交易，7 年交易了 5000 多万吨，一个农户一年收入 5 万美元，有 8000 美元是卖碳指标。这应该给我们以启示。中国有几亿农民，怎样才能通过碳市场使农民受惠，同时减轻企业排放的成本？

喻捷（气候组织大中华区政策与研究总监）：在低碳浪潮中，要有市场，有技术。市场是有前提的，需要制度建设。在交易当中，首先是各个企业主体得有排放配额，只有完不成任务，才会去交易。但制定什么样的制度、规矩和标准来分配这些配额？我有一个担心，在这个游戏当中，可能国有企业尤其是国有大企业占了很多优势，这能不能实现公平的配额分配？因为配额就是钱，拿到市场上是可以卖的。

另外，我非常赞同用市场来解决减排的成本问题。但另一方面，我们的市场建设需要很多基础设施，包括能源数据的问题。能不能保证市场当中的各个主体给出让人信服的数字？有没有统一的标准来衡量大家的排放单位？交易时能不能做到真正公开、透明？市场对社会诚信、对大家遵守规则的程度，要求非常高。在市场经济的初级阶段，我们需要摸索市场机制。"十二五"期间，以市场手段来解决问题，可能有些难度。

我觉得，现在这个阶段是行政手段、法律手段和市场探索结合起来的一个阶段。在这个过渡阶段，非常重要的是，随着社会进步逐步建立起这些制度，也建立起市场上的诚信。

国有企业与私人企业

管清友（中海油能源经济研究院研究员）： 据我了解，中国的国有企业，特别是能源企业在发展清洁能源，在应对气候变化方面的态度是非常积极的。比如说中海油，专门成立了新能源公司，有真金白银投下去，而且思路比较清楚，就是高碳能源的清洁利用。政府还在为企业担心，怕因为节能减排而影响自己的利润，刚好相反，企业已经在把节能减排做成利润增长点了。

徐锭明： 你刚刚谈到中海油非常重视低碳经济，我很高兴，但不太同意你的观点。在国有企业节能减排班上,（企业）管节能减排的同志跟我讲，你最好跟领导讲，我们能理解，但领导不理解。

2005 年，在新疆开了一个全国风电会议，名单上有四五百家企业，唯独没有一家石油企业。我就是搞石油的，心里很不舒服。再看看现在，大家蜂拥而上搞风电，那时候动员大家搞，没有人搞。还有些人作秀，搞时髦，以大工业的形式搞生物质能，是干不成的。节能减排人人都能讲，但我总结成两句话，“有钱的看不上，没钱的干不了”。2009 年我们到南方调研新能源汽车问题，五家企业全是民营企业，国企有干的吗？有。但没有那么大的精力。国有企业大老板参观民营企业时说，你们干得很好，干成了，我再来！国有企业有人、有钱，低碳技术小菜一碟，可以买，但创新的有几个？我碰到一个全国有名的民营企业家，他说如果国有企业进入电动汽车行业，他就往后退，不和国有企业斗。

我不是说国有企业不好，国有企业很好，是长子，民营企业是国家的二子，长子可以成才，二子也可以成才。我的观点是支持各种企业来搞，而且要给民营企业更大的支持。要打破垄断，鼓励民营企业来搞，否则很难搞节能减排。

低碳经济误区种种

徐锭明：我到内蒙古、山西、青海、兰州、无锡考察，从上到下，中国现在刮起一阵低碳风。但是，什么叫低碳？大家的理解似是而非。我认为，最重要的还是要进行全民大培训。如果没有全民大培训，讲得再多，大家还是根本不懂。五年前我也不太相信气候变化，我当过能源局长，后来感到要学习，看了大量的书。我现在无法推翻2800名科学家的结论。

胡舒立（财新传媒总编辑、《中国改革》执行总编辑）：我理解徐主任的意思，现在已经不是中国要不要搞低碳经济，而是怎么搞低碳经济，最大的担心是由于误解而不能走上一条真正的低碳经济道路。现在中国对低碳经济典型的误解有哪些？

黄杰夫：第一大误解是技术可以解决一切。发达国家现在有一些低碳技术，但我觉得在可预见的将来，中国在清洁能源，在风能和光伏方面，技术一定站在全球第一位。另外像CCS——碳捕捉技术，西安热工研究院已经把一些关键技术出口到美国。几个月前，中国人民银行的研究人员说，在应对气候变化过程中，市场机制要比技术发挥更大的作用。我非常同意这个观点。

徐锭明：我补充四句。第一，查清碳足迹，搞清数据。第二，编制碳预算，从行政手段进行宏观控制。第三，推动碳交易，培育市场。第四，提倡低碳生活，从人人做起，改变观念。美国的生活方式不可取，我们要走自己的方式。但现在我们炫耀、攀比，开车要开SUV，手机要三部，每天都要洗个澡。

杨富强：在气候变化上，有这么几种认识问题。第一，气候变化是一个大泡沫，像金融泡沫和政治泡沫一样，这个问题在政府官员当中非常普遍的，尤其是基层，很多人根本不相信气候变化。第二，一些研究人员，包括政府智囊团，没有看到应对气候变化实际上也是中国经济发展的一个推动力，夸大了限制因素。第三，一些企业认为，有了气候变化，我失去了赢利机会，失去了竞争力。第四，民众认为气候变化会降低生活水平。刚才老徐说要不要每天洗一次澡，我说可以洗，用太阳能热水器，气候变化不会降低你的生活水准。第五，媒体认为气候变化只是一个事件，有了哥本哈根会议，有了墨西哥会议，报道一下，并不认为气候变化是可以长期跟踪的重点新闻。

胡舒立：在现阶段，一些企业抢先戴上“低碳经济”这顶帽子，有寻求政府补贴的愿望。换句话说，我搞低碳经济，意味着我可以拿到政府补贴。

管清友：我接触过一些企业的领导人，不排除有些企业发展新能源确实可能是为了拿到国家的补贴，但对一些大型国有企业来讲，这点补贴微不足道。

张称意（国家气候中心研究员）：杨先生说到泡沫问题。从西方到东方，对气候变化有一些不同的声音是可以理解的。我想用科学的东西来说话。我们国家在近100年中，大概升温1.1摄氏度。还有海平面上升，如果沿海变成了水城，现在许多基础设施全部报废。做企业的必须对这些东西有战略眼光。

胡舒立：老百姓现在也会在某些时候觉得气候变冷，这是什么情况呢？

张称意：根本不矛盾。气候变暖的情况下，发生冷的情况是非常正常的。不是说变暖，冷事件就没有了。

胡舒立：现在所有气候的反常，包括气候引起的灾难，都可以在气候变化的框架下得到解释吗？

张称意：不是的。大气不是稳定的，气候变化很有可能会加剧这种不稳定性，这是我们最担心的问题。但千万不要什么事都往气候变化上归。

中国节能应转向总量控制

姜克隽（国家发改委能源所能源系统分析研究中心研究员）

新世纪初全国范围的电力短缺、油价大幅度变动，以及能源对外依赖度明显提高，使得中国进入了一个全新的能源政策时代。2004年公布的中长期节能规划，以及随后的“十一五”节能目标，大量的节能和能源政策不断出台，节能减排指标也纳入了政府的绩效评价体系，全民节能意识普及，使得节能成了一个公众名词，中国的节能和能源发展进入了一个新时代。

实现“十一五”节能目标有把握

回顾2006年以来的节能路途，可以说是充满曲折。刚开始的两年，节能率很低，远低于计划的4.3%的年均节能率，使得全国上下均大为紧张，政策出台的力度大大加强。2008年和2009年又爆发了全球金融危机，对出口和高耗能工业产生明显冲击，使得节能率有了明显提升。但是，刺激经济的声音大过了节能，加上节能形势比较好，政策注意力就放到了如何促进经济方面。经济振兴计划中非常明显地以制造业为主，经济刺激计划中的“4万亿”也基本用在了基础建设上面，这导致到2010年上半年，“4

万亿”投入进入尾声，再次出现了能源强度不降反升的局面。节能的力度又回到了前所未有的程度。可以相信，中国实现“十一五”节能减排目标的可能性很大，只要政府希望实现目标，按照目前所看到的政策力度，应该是没有问题。

但是，我认为，是不是严格实现目标并不重要。“十一五”期间公布和实施的大量节能和能源政策，最为重要的意义是建立了全国致力于节能的管理框架体系，形成了全民节能的氛围。这种节能大环境的形成，对中国的可持续发展、低碳发展至关重要，所带来的影响将是长期的。这种大规模的节能行动，将会改变中国未来的发展格局，为中国在新世纪担当世界重任打下基础。

回顾“十一五”的节能政策和行动，政府出台政策的力度是令人惊奇的。不论在国内还是在国际上，大家常常提到的描述中国能源快速发展的说法是，每个星期，中国投产一到两家燃煤电厂。对大多数发达国家来说，每年新建的电站仅有几家，中国的这种能源发展速度带给许多能源人士的是惊叹。但是，很少有人知道，从2006年年中到2008年年中，平均每个星期，中国政府就出台一项和能源相关的国家或者部委的政策，或者政府文件。这种政策出台的频度，在人类历史上可以说从来没有过。中国推进节能和新能源发展的力度显而易见。

同时，让人更为惊奇的是，节能减排已经成为中国少数几个国家政治目标之一。节能减排目标成了评价政府官员绩效的指标之一。这样的指标在中国没有几个。考虑到中国的政治体制，这使得节能减排的重要性被提升到前所未有的高度。这成了能源发展进程中的一个政治里程碑。

节能效果显著

作为这些政策和国家行动的结果，中国的能源利用效率明显提升。从能源强度来看，或者说节能目标的实现程度来看，五年之内实现20%的能源强度下降，是一个雄心勃勃的计划。中国的能源资源导致中国只能大规模利用煤炭，利用煤炭就意味着能源利用效率要比其他能源形式要低。而且，对中国来讲，这种能源结构在短期内难以改变。从能源结构来讲，提高能源效率潜力不大。另外，尽管中国政府长期以来致力于调整经济结构，实际的结果却是，在"十一五"期间，经济结构的调整反而更加重化，高耗能行业的发展快于整体经济发展，使得经济结构调整带给经济层面能源效率的提高的贡献非常有限。根据我们的研究，经济结构调整对节能率的贡献一般会在70%左右，而在"十一五"期间，结构调整的贡献率小于50%，而且这种结构调整更多来自行业内部的产品结构调整。因此，"十一五"期间技术进步对节能的贡献非常大。

从技术角度来讲，节能出现了明显的效果。从几乎所有的产品能耗来讲，"十一五"期间都有了大幅度的提升。发电煤耗、吨钢可比能耗、水泥熟料能源单耗等，最具代表性。

"十一五"之前，我国的产品能耗和国际水平相差比较明显，在25%～15%之间，而目前，这种差距明显减小。有一些产品的能耗已经处于世界领先。这种能耗水平的提高，普遍出现于工业产品中。中国发电煤耗的水平，已经领先于美国。在2005～2009年，发电煤耗下降了近30克标煤/千瓦时，远超过中长期节能规划设置的2010年目标，已经接近发达国家平均水平。实现技术进步的核心政策，是国家发改委制定的《当前优先发展的高技术产业化重点领域指南》，其中确定了国家鼓励的先进技术，如果新上项目的技术不在指南中，很难获得国家发改委的项目审批。同时，中长期节能规划中有关关闭"五小"工业企业、节能标准等措施均起了重要的作用。

节能行动不仅实现了中国能源效率的明显提升，同时也给中国的经济带来了机遇。国家的节能需求，大大提升了相关先进技术制造业的发展，不仅在国内拥有广大的市场，在国际上也取得了明显的进展。中国在先进燃煤发电技术、水泥窑外分解窑、钢铁节能技术，以及许多高耗能产品的生产技术，在节能性能上都已经开始处于世界领先水平。同时，这些设备的成本和发达国家相比很低，如超临界燃煤发电设备的成本比发达国家公司同类产品低25%以上，中国现今燃煤电站的整体成本仅是发达国家的

50%。这种情况与其他的行业也比较类似。中国先进设备在国际市场上的份额明显上升，有一些领域基本已经成为中国设备的天下。我们的研究表明，只有在强有力的国内高标准的情况下，中国的技术水平才能在国际上领先。考虑到中国制造业的基础，以及研究人员的力量和国家投入，中国的制造业有能力引领世界。未来，中国的经济规模更大，必须有新兴的行业发展来支持，先进技术制造业在其中扮演的角色将会非常重要。

政策力度不应减弱

现在已经在启动“十二五”规划的阶段。对节能来讲，“十二五”一定要继续已有的节能努力不要放松。尽管“十一五”期间实现20%的节能目标难度不小，但是，我们能够付出很大的努力来实现目标。同样的努力可以在“十二五”期间继续。尽管在一般情况下，在付出大规模努力后，节能的空间会越来越小，难度越来越大，但是，各种政策不应放松。

“十二五”期间可以再次提出一个20%的节能目标，主要原因为：

——经济结构调整在“十二五”期间会很明显。2009年，主要高耗能产品产量已经达到较高水平，可以支持23亿~30亿平方米新建建筑面积、10万公里公路、7000公里高速公路、6000公里铁路、1500公里高速铁路、改建新建20个机场，这样的基础设施建设不需要继续明显扩展，因而,“十二五”期间高耗能工业的产量增长速度将会低于3%和4%。而目前，高耗能工业占据中国终端能源消费的50%左右。

——“十一五”的节能政策在“十二五”期间的作用将会更加明显。同时，还可以明显加大政策力度，如提高节能标准、增加节能标准覆盖面、提高税率，同时也可以考虑引入更多政策，如碳税或者能源税，创新交易制度等。

——目标的设立应该是一个努力的方向，不妨偏严，实现起来有一定难度。否则，目标的意义不大。

如果“十一五”期间的能源目标能够实现，二氧化碳强度可能是下降

20%。二氧化碳强度没有显著好于能源强度，主要原因是和2005年相比，煤炭的比例已经从68%上升到71%，即使在可再生能源可以实现10%目标的情况下，二氧化碳强度也没有更多下降。

另外，“十二五”期间的节能目标也可以考虑引入其他方式，如能源总量控制方式。尽管能源强度目标可以在保证经济发展的前提下做到尽可能地节能，但是，在实际操作中，GDP数据的获得比较滞后，使得最后是不是能够实现能源强度目标存在较大不确定性。总量控制方式可以比较好地利用地方的政策，分解目标可以根据各地的预期进行。其实，在制定强度目标的时候，各地已经对总量有了一个大体判断。从长期来讲，中国未来肯定会转向总量控制的方式。“十二五”期间，一些先进省市的能耗上升将比较有限，主要是由于工业将加速落后产能淘汰，特别是高耗能工业。城市要全面转向以服务业为主的经济结构体系，这样，其能源消费的增长就相对比较明晰。

中国的节能行动会一直持续下去，这不仅非常有利于国家可持续发展，同时也会对经济结构的调整有益，对中国参与全球的能源和气候变化合作有利。节能是非常明显的多赢战略，我们应该毫不犹豫地将节能战略大力坚持下去。

金融业如何支持低碳经济

梁猛（中国人民银行金融研究所研究员）

在温室气体减排问题上，中国所面临的压力正逐步增加。

根据《哥本哈根协议》的要求，66个国家和地区（大约占全球碳排放总量近80%）在2010年1月31日之前向联合国提交了量化的减排目标。欧美国家在承诺减排目标的同时几乎都带上了两个条件：一是要形成具有法律强制力的全球减排协议；二是主要排放国要承诺绝对减排量。

后一条实际上是针对中国的。因为中国是世界上最大排放国之一，排放量增长也最快。根据世界银行报告，中国1990～2005年碳排放量增长了129%。同期美国增长19.9%，经合组织（OECD）国家增长16.4%，全球平均28.3%。粗略估计，如果中国GDP按8%的速度增长，每年降低4%的碳排放强度（单位GDP碳排放）不足以保证出现碳排放峰值。即使最终出现峰值，也会接近或者超过100亿吨的排放量。

GDP和碳排放量的增长不但意味着能源消耗的不断增加，同时还意味着对其他资源的巨大消耗。巨大产能要求有充足的基础资源作为支撑，资源价格节节攀升已经成为中国今后发展的巨大障碍。中国已经是出口排第一的国家，因此，发展低碳经济是中国今后必将选择的经济增长方式。

盲目发展低碳是最高碳的行为

但是，必须发展低碳经济不意味着盲目发展。目前涉及低碳的概念很多，例如低碳城市、低碳生活、低碳建筑等。低碳概念的关键在于“减少碳排放”，而不是“碳排放少”。

有一个风光秀丽、没有大型工业的旅游城市提出建设低碳城市的目标。市政府错误地认为没有大型工业是建设低碳城市的优势。这个城市本身排放量不大，除了降低用电量和城市交通能耗，无其他能降低碳排放量的途径。简单地说是没有碳排放需要“减”。

在这样的条件下，提出建设低碳城市将导致一系列没有减排效果的项目上马，而建设这些项目本身就会增加资源消耗和加大碳排放。

另一方面，环境保护与低碳发展也是有区别的。

环境保护用国内的法律法规就能解决，只要政府有决心，加大管理和处罚力度，就能够有效遏制环境污染和生态退化。

解决低碳问题则复杂得多。二氧化碳不是污染物，也就不能用治理污染的方式来治理碳排放。而且碳排放量的增长往往和经济发展速度相关联，如果不提高生产效率，降低碳排放量就等于降低产出。因此不能把低碳问题与环保问题混淆了，更不能用环保措施来建设低碳经济。

举个例子。火电站脱硫技术，这是环保措施，但脱硫并不能降低火电站的碳排放量。

再举个环保和低碳相互排斥的例子：垃圾焚烧发电，可以有效解决垃圾填埋带来的各种环境问题，但即使将排放气体中的有毒成分完全处理干净，也仍然会增加碳排放量。如果采用填埋方式处理垃圾，达到低碳目标的同时却导致了环境恶化。

因此，在发展低碳经济的过程中，要注意到环境保护与低碳发展的不同之处，有的放矢，目标和措施要协调，避免出现概念性错误。

发展低碳经济一定要建立碳市场吗

有些观点认为，发展低碳经济就一定要建立碳交易市场，从而利用市场机制补偿企业减排行为，否则企业就不会主动降低碳排放。

我认为这个观点是片面的，碳市场会增加企业的减排动力，却不是解决中国碳排放量大的唯一方式。

首先，提高市场竞争水平，逐步减少垄断性企业数量，就能够间接达到向低碳发展转型的目的。实际上，低碳方向与企业自身的发展方向是一致的。企业的进步主要来自于技术进步，技术进步意味着用较少的资源达到相同的产出，或者相同的资源生产更多的产品。总而言之，是降低了资源消耗。这实际上就是低碳经济的目标。市场经济的激烈竞争能够刺激企业加大在技术进步上的投入。处于垄断地位企业的技术进步动力就要小得多。因此垄断企业数量多，或者占经济总量比例高的社会中，发展低碳经济的难度就会大很多。

其次，能源结构中煤炭比例过高是中国碳排放量大且增长迅速的主要原因。有两个方式能解决这个问题：一是下大力气推动碳捕捉和碳沉降技术（CCS）的研究，大幅度降低 CCS 技术成本，使之早日进入商业化运作阶段；二是找到足够储量和经济性上能够替代煤的燃料，例如水解氢气、可燃冰等。只有这样，才有可能解决中国经济发展与碳排放之间的矛盾。

以上技术的研究成本，只有国家的财力才能够承受。如此投入应该是值得的，由此可以实现国家能源安全，并保障经济的可持续发展，全国人民都将从中获益。

金融在低碳经济中的作用

金融参与低碳经济建设，被简称为“碳金融”。碳金融除了与碳排放权、碳排放权衍生品（如碳排放权期货）和清洁发展机制（CDM）中的核定排放权（CER）交易直接相关，还包括对低碳企业、技术和项目的直接和间接融资支持。

中国碳金融的发展主要有两个方向。一是建立碳交易市场，开发碳交易产品（包括金融衍生品），在期货市场或者银行间市场交易；二是对经济效益良好的低碳企业、项目、技术进行融资。

由于建设低碳经济是需要一定减排成本的，而这一部分成本投入大部分并不直接产生额外的经济效益，因此企业多数不愿意承担这一部分社会责任（或者人类责任）。这样就需要一个有效的补偿机制来分担企业减排的负担，甚至将减排行为转变为能够赢利的项目，从而刺激企业主动减排。因此与碳交易相关的碳金融体系建设需要三个基础：

第一，在降低中国碳排放强度的同时，设立中国自主的碳排放绝对限额目标，从而为建立有效的碳交易市场打下基础。让市场来确定碳排放的价格。碳价格实际就是对企业减排行为的补偿。

第二，如碳市场不能完全弥补企业减排的成本，可以对企业减排行为进行一定的财政补贴，降低企业减排的成本压力。

第三，当减排成本能够完全补偿的时候，金融系统可以为减排项目、减排技术和减排企业减排提供资金上的支持。当社会资源，尤其是金融资源向低碳技术、低碳企业、低碳行业集中的时候，实现低碳经济的发展目标就有了可能。

在目前中国没有碳排放限额的条件下，金融机构对低碳企业、技术和项目的融资支持存在一些亟待解决的问题——

首先，低碳的管理不明确。低碳在中国没有专门的法律进行管理。管理部门也不明确，环保部和发改委气候司在低碳领域的权限也不清楚。

其次，低碳标准不明确。管理的混乱实际上是低碳自身界定混乱的反应。什么是低碳经济、低碳企业、低碳行业、低碳技术、低碳项目等，都没有明确和权威的标准。

最后，金融机构对低碳的了解也不充分。有很多金融机构认为自己“低碳”了，原因是不折不扣地执行了“绿色金融”的政策，遵守了“赤道原则”——由世界主要金融机构根据国际金融公司和世界银行的政策和指南建立的，旨在决定、评估和管理项目融资中的环境与社会风险而确定的金融行业基准，等等。但实际上“绿色金融”和“赤道原则”更偏向环保的概念，与低碳的关联性不强。甚至可以这样说，“绿色金融”和低碳还沾点边，“赤道原则”与低碳基本无关。

就目前的情况来看，中国金融业现在可以支持的低碳项目有以下几个方面：

——节约能源和资源的项目和技术。节约能源和资源最终都将减少碳排放。金融机构对此类项目的审查，可采用 CDM 项目中常见的第三方核查的方式。

——建筑物的节能改造。建筑物是能耗大户，对建筑物进行节能改造，技术相对简单，效果比较容易认定，再加上有房地产作为抵押标的，安全性好。如果财政能够补贴一部分利息，普通家庭就会对节能改造产生需求。

——高技术、低排放、小排量汽车的生产和购买。货币政策可以适当倾向更加清洁的汽车整车和零部件制造商。

——能效合同管理。可以利用保理等金融工具，支持企业节能改造。

——利用 CDM 项目未来现金流作为质押，开展应收账款融资。

第十一章｜如何应对环境风险

海洋污染事件公平善后缺什么

夏军（北京市中咨律师事务所律师、中华全国律师协会环境与资源法专业委员会委员）

中国的环境保护立法、侵权责任立法在全世界居于领先水平，足以排在前十名以内，但是这些法律的执行力度颇令国人汗颜和尴尬。由于体制机制的掣肘，由于环保力量的弱势，由于转型社会的阵痛，中国的环境执法状况恐怕要排在全球第100名以后。

实际上，以权压法、执法疲软，是环保领域的普遍现象，法律权威远远没有树立起来。尤其是在中石油这样的航母级央企面前，行政部门和平民百姓犹如汪洋中的一叶轻舟，没有足够的力量去碰撞和博弈。

企业就这样被政府一次次惯坏，毫无愧色地把巨额环境成本转嫁给社会，轻描淡写地对待环境保护和安全生产，舒舒服服地安卧在政府庇护的温暖怀抱中。而面临埋单巨大压力的地方政府，还经常以“维稳”名义打压、规避群众的赔偿诉求。

法律执行力的缺憾

大连“7·16”原油泄漏事发半月前，《侵权责任法》刚刚生效施行。这部法律，以及《海洋环境保护法》均对包括海洋污染在内的环境污染赔偿问题作出了规定。

《侵权责任法》是新法，是特别法，且规定更为全面科学，故应优先适用这部法律来处理类似大连“7·16”原油污染的事故。肇事者不仅要全面赔偿渔业养殖、捕捞的损失，还要承担海洋水产资源、海洋生态损害赔偿，并支付清理油污、应急处置发生的费用。

根据已知信息，是多个原因叠加，导致了大连原油污染事件，至少涉及油罐油管所有者、原油罐区运营者、输油作业者三方责任。在这样的情况下，各肇事方的赔付责任比例如何划分，尤其是属于次要原因却又财力雄厚的一方，是否应当为无力赔偿的主要过错方造成的污染全部埋单？

对这个复杂问题，《海洋环境保护法》缺乏明确规定，不利于充分保护污染受害人的利益。自从有了《侵权责任法》，情况变得大不一样，它实行较为彻底的无过错责任，体现了最先进的环境立法理念。其第六十八条规定：因第三人的过错污染环境造成损害的，被侵权人可以向污染者请求赔偿，也可以向第三人请求赔偿。污染者赔偿后，也有权向第三人追偿。换句话说，第三人过错不再成为污染者减免赔偿责任的“挡箭牌”。

这条规定与美国的石油污染法案是原理相通的，充分体现了环境侵权特有的无过错责任原则。当与石油公司有合同关系的作业者肇事引发污染时，石油公司不能提出第三人责任的抗辩。因此，在墨西哥湾原油污染事件中，英国石油公司根本无法把赔偿责任推卸给钻井作业公司。同理，只要大连渔民选择起诉中石油一方，即使中石油过错很轻甚至没有过错，也有义务全额赔偿污染损失。如果同时起诉相关的几家公司，则它们应按适当比例分别赔偿。

可是，由于地方政府的行政压力，由于偏颇的“维稳”思维，目前大连海事法院拒绝受理“7·16”污染受害渔民的起诉。这种与此前外国油轮在大连溢油污染案件截然相反的态度，使大连渔民的索赔前景更加迷茫，公平善后更为艰难。

由于大连渔民的索赔诉求得不到政府的任何支持，求告无门、阻碍重重，他们的生产生活也陷入绝境。

政府信息公开的缺失

大连“7·16”原油泄漏，既是一起低级错误引发的特大安全生产事故，又是一起后果特别严重的海洋环境污染事件。国家安监总局和公安部的简要通报，立足于输油管道爆炸火灾事故角度，是对事件全貌初步的片段式展现，不应取代海洋环境监管部门的进一步调查认定。然而，人们至今不清楚这起重大环境公共事件的具体应对处置情况，甚至不知道有关部门是否拿它作为海洋污染事件来处理。

在新闻传媒中，充斥着英勇抢险、领导有方的报道。地方政府也一味炮制危机公关式的片面宣传，信息披露既不客观也不平衡，难以称得上及时全面。而公众更为关心的信息，包括此次溢油污染的影响范围、扩散情况、损失金额、责任主体，一概云遮雾绕、遭受封杀，重复着 2006 年海底盗油所致渤海特大原油污染的“故事”。

经历过环境污染高发阶段的发达国家的经验表明，信息公开本身可以成为一种有效的环境管理手段，是民众环境维权的锐利法律武器。2007 年 4 月，国务院颁布了《政府信息公开条例》，原国家环保总局随即公布《环境信息公开办法（试行）》，具体规定了环保部门公开政府环境信息的范围、方式、程序和责任。

其中，突发公共事件的应急预案、预警信息及应对情况，是《政府信息公开条例》第十条规定应当重点公开的政府信息。在处置突发环境事件中形成的信息资料，包括鉴定结论、监测数据、调查报告、处理情况，都应当以适当方式向社会公开，让污染受害人及时了解、全面知悉，为追究肇事者的法律责任提供便利。

然而，当前政府信息公开工作，同国家要求和民众期望相比，还存在明显的差距。环保等部门公开信息的范围和尺度，也有较大的改进空间。

海洋环境监管部门的缺位

《海洋环境保护法》维持了“五龙管海”的现行权力格局和体制架构，环保、海洋、海事、渔业、军队，是行使海洋环境监督管理权的五大部门，对不同的海洋污染事故拥有调查处理权。

大连“7·16”原油泄漏，发生在港口作业中，属于陆源污染行为，最直接的损害对象是渔业，环保部、农业部、中国海事局，都是查处这一特大污染事件的责任机构。

令人纳闷的是，人们鲜见这三大“海神”的护法举动。目前是否有机构在开展执法调查，在追溯肇事单位，在准备行政处罚，在考虑生态修复，在操心渔民生计，公众一无所知、疑窦丛生。

联想到有关部门屡次处理央企海洋污染事件时的“偏心眼"、“掉链子"，比如四年前胜利油田因遭遇海底盗油大范围污染渤海，国家海洋局害怕行政处罚增加渔民索赔的胜算，竟然高抬贵手、终止执法，人们有理由担心：集体“躲猫猫”将重演“7·16”原油污染事件，大连渔民的索赔将非常困难曲折，不会得到国家权威部门的支持。

海洋污染案件发生后，政府部门如何作为，对相关法律诉讼的意义不言而喻。

根据《海洋环境保护法》和农业部规章，本案属于农业部调查处理的职责范围。而2006年渤海特大溢油污染发生后，河北省乐亭县受害渔民鲁月波等人，在本人帮助下克服重重困难，通过依法运作，促使农业部专业机构到现场鉴定，为后来起诉奠定了坚实基础。

环境公益诉讼的缺声

海洋环境保护领域是公益诉讼先声夺人的坚固阵地。《海洋环境保护法》第九十条第二款明文规定：对破坏海洋生态、海洋水产资源、海洋保护区，给国家造成重大损失的，由依照本法规定行使海洋环境监督管理权的部门，代表国家对责任者提出损害赔偿要求。这类案件由海事法院审理，可以借助独立、专业的司法机构，彰显环境公益诉讼的威力，减少人类活动对海洋环境的破坏，为“碧海行动”提供可靠的法律保障。

实践中，各地渔业部门对多起海洋污染事故成功开展天然渔业资源索赔，天津海洋局也在“塔斯曼海”油轮溢油污染中提起了国内首例海洋生态侵权索赔。2007年，国家海洋局发布《海洋溢油生态损害评估技术导则》，为科学评估海洋生态环境损害提供了技术标准。

然而，在“7·16”原油污染事件中，有关部门畏惧大有来头的肇事单位，在保护国企的惯性思维支配下，没有采取生态资源索赔的法律行动。这无疑是在客观上纵容无良企业转嫁污染损失，将严重损害国家利益和社会公共利益，致使基本的环境正义无法伸张。

破解“有组织的不负责任”

蔡守秋（武汉大学法学院教授、中国法学会环境资源法学研究会会长）

中国已经进入以环境（或生态）风险（或危险）为标志的风险社会。2004年四川沱江水污染案、2005年吉林石化分公司双苯厂污染松花江案、2007年太湖蓝藻水污染案、2008年汶川8.0级大地震灾害和“三鹿奶粉”事件，以及2010年青海玉树7.1级地震灾害、大连新港输油管道爆炸起火污染案、福建上杭县紫金山铜矿污染汀江案、舟曲特大山洪泥石流灾害等事件的相继发生，即为明证。

面对频繁发生和大量潜伏的、具有极大破坏力的环境风险，如何有效地防治环境风险和减轻环境风险危害，如何加强环境风险管理的立法和执法，已经成为坚持科学发展观、建设“五型社会”（和谐社会、生态文明社会、环境友好型社会、资源节约型社会和循环经济型社会）、实现经济社会生态可持续发展的重要任务和关键问题。

政府失灵和法律失灵

平心而论，经过数十年的环境法制建设，中国现行环境风险管理方面的法律初步形成体系，同时建立起由全国人民代表大会立法、监督，各级政府负责、领导，环境资源行政主管部门统一监督管理，各有关部门依照法律规定实施监督管理，“条块管理结合、中央和地方管理结合、行政区域管理和流域管理结合”的环境资源管理体制；还建立了一支由数十万管理执法人员组成的环境资源管理执法队伍。

上述努力虽然取得一定成效，但中国的环境风险事故（事件）及其所造成的损害和其他有害影响，并没有因上述立法、管理、监督在表面上的增强而得到有效地遏制和减少，反而呈现出某种上升、加剧的趋势。

在法学上，一般将这种情况称为政府失灵和法律失灵；说轻点是政府环境风险管理不到位、环境立法缺乏足够的有效性。在一个强调依法治国、依法行政和环境法治的国家，政府环境风险管理失灵主要表现为环境风险管理法律失灵。所谓环境风险管理法律失灵，一般指已经制定的环境法律不能或没有发挥其应有的、立法机关所期望的、社会所期望的作用和效益，或没有实现环境法律所规定的目标等现象，即环境法律缺乏有效性或有效性不足。

客观地说，造成上述状况的原因很多。其中一个重要原因是，中国现行有关环境风险管理的立法和执法没有抓住“具有中国特色的环境风险”的要害和关键。环境风险及其损害事件（事故和案件）的发生具有不确定性、复杂性和综合性，对其评估也要较高的技术条件。在防治环境风险及其损害事件时，人们往往寄希望于政府，事实上中国实行的也一直是“政府主导的环境风险防治政策和机制”。但是，涉及防治环境风险及其损害事件的政府机构很多，这些政府机构结构盘根错节、关系错综复杂、分工相当精细。大量事实说明，有关环境风险的政府管理本身存在难以避免的失误，在防治环境风险政策制定、制度安排等方面往往因为一些政府负责人的“急功近利”、“单纯追求 GDP 政绩”而失灵、失效。

更为严重的是，在防治环境风险及其损害事件的活动中，有不少行为是属于“有组织的不负责任”（Organized Irresponsibility），即在政府的领导或组织下，打着“发展经济”、“确保经济增长”、“GDP 增长是硬指标”的旗帜进行违法活动甚至干预执法，结果导致更为严重的环境风险及其人员、财产和生态损失。

“有组织的不负责任”是德国社会学家乌尔里希·贝克“风险社会”理论中的重要概念。贝克认为，包括公司、政策制定者和专家结成的联盟在内的各种社会组织制造了当代社会中的危险，然后以组织体系非常复杂为由推卸责任。

例如，水源保护区、自然保护区、城乡生活居住区等环境敏感、容易发生环境风险的区域应该限制开发，不宜建设污染项目，但一些政府部门为了突出政绩，提出、确立或追求过高的GDP指标，有关上级政府部门也积极支持在上述地区建设污染项目这种“经济大发展”的行为。对那些已经建在环境敏感地区且呈现出环境风险症状的污染企业，本应及时进行治理，但企业却基于“追求最大企业经济利益”的考虑而“省掉”治污投资，一些地方政府行政主管部门或负责官员也在“确保GDP增长的大旗下”默认甚至支持企业的违法行为。

在这种对环境风险“有组织的不负责任”的形势下，一般人没有胆量或很难抵制这种违法行为，因为谁也难以承受“阻碍经济发展”或“妨碍GDP增长”的压力。而当环境风险及其损害事件发生后，各种政府组织（特别是某些地方政府负责官员）总是以“处理环境风险事故不能妨碍经济增长”“此事与本组织无关”或“我们在这个过程中只是一个次要参与者”等理由想方设法回避自己的责任，结果根本无法查明谁是真正的责任人和真正落实环境责任问责制。

正如贝克所言，风险一旦爆发，各责任主体尤其是各类组织将徘徊于“不确定性与模糊定义关系”之间，他们将通过此寻找借口并构建话语权以转嫁或逃避责任，进行“有组织的不负责任”活动。

环境风险管理制度的关键环节

从上所述可知，中国现行环境风险管理立法和执法之所以有效性不足，其中一个重要原因就是没有抓住和针对“有组织的不负责任”这一要害和主要矛盾。因此，建立健全中国环境风险管理制度的一项重要任务和关键环节，就是建立破解“有组织的不负责任”的环境风险防治法律机制。

温家宝总理在2006年举行的第六次全国环境保护大会上已经强调，要加快实现三个转变：一是从重经济增长轻环境保护转变为保护环境与经济增长并重；二是从环境保护滞后于经济发展转变为环境保护和经济发展同步；三是从主要用行政办法保护环境转变为综合运用法律、经济、技术和必要的行政办法解决环境问题。

这些都是建立破解“有组织的不负责任”的环境风险防治法律机制的指导思想。此外，还应综合整治政府环境责任问题，重点突破制约政府环境责任的瓶颈问题，积极进行体制、机制和制度创新，建立健全政府防治环境风险责任体系。

防治环境风险及其损害是一件涉及众多部门、学科、领域、利益主体，综合性极强的系统工程，其绝大部分工作都与政府有关。与此相适应，政府防治环境风险责任不是一项责任，而是由一系列相互依靠、相互补充、相互制约的责任所组成的责任体系。

首先，环境风险管理立法必须根据社会需要、公众环境需求和政府的能力，按照完整性、合理性和有效性的原则，将那些需要政府管、政府能够管、政府能管出成效的工作规定为政府的职责；其次，应突出重点，抓住关键，优化政府环境责任的结构。

健全政府环境风险防治责任的重点和方向，是不断提高实施、监督和追究政府环境风险防治责任的可操作性。从目前中国的实际情况出发，应优先建立健全环境与发展综合决策制度、政府环境目标责任制度、战略(包括规划、政策和立法）环境影响评价制度、排污总量控制制度、综合环境许可制度、生态区划与环境功能区划制度、生态补偿制度、政府环境信息公开制度、政府支持公众参与制度、政府环境应急制度、政府环境政绩考核制度、政府问责（政府环境责任追究）制度等制度。

在所有破解“有组织的不负责任”的环境风险防治措施和制度中，最重要的建立有效的政府环境问责制即政府环境责任追究制度：明确政府及其环境行政主管部门严格执法的职责，建立完备的环境执法监督体系；要依法追究政府相关人员的违法环境责任，特别是地、市以上政府负责人的环境违法责任。

七种倾向的法律应对

从环境法治的角度看，只有从环境立法着手，才能从源头上解决环境风险管理法律正当性、有效性不足，违法成本低，守法成本高，“环境法律法规虽多但管用、好用的法律法规却很少”等现实问题。针对中国环境风险管理中“有组织的不负责任”这一要害，以规范政府环境风险防治责任为重点的环境风险防治法律机制，应该正确处理如下七种不良倾向：

第一种倾向是“有组织地重政府经济责任，轻政府环境责任”，将政府负责人履行经济责任和完成 GDP 增长的情况作为其政绩考核、官职升迁的主要甚至唯一标准。

针对这种倾向，应通过环境风险管理加强政府环境风险防治责任，必须摒弃机械的“经济发展优位环境保护、政府经济责任优位政府环境责任”观；在某些环境资源问题特别严重的地区和环保领域强调“环境保护一票否决制”，强调政府环境责任的独立性和不可取代性，甚至强调政府环境责任在其他政府责任中的优先地位。

第二种倾向是“有组织地轻政府环境义务和追究政府环境责任”，在环境风险管理立法中，“治民”条款多，“治官”条款少。

针对这种倾向，应通过环境风险管理立法提高政府环境责任在环境法律中的分量和比重，增强环境法律规范政府环境行为和“治官”的功能，并将企业环境责任与政府环境责任结合起来，兼顾追究环境行政相对人的法律责任与追究政府的环境法律责任。

第三种倾向是“有组织地重政府第一性环境责任，轻政府第二性环境责任”，即重政府权力制度、轻政府问责制度。

针对这种倾向，应通过环境风险管理立法正确处理和协调政府第一性环境责任与政府环境法律责任的关系，强化政府环境第二性义务，增强政府执行环境法律的能力，明确规定追究政府及政府官员环境法律责任的具体措施、程序和制度，加强和健全政府环境责任问责制。

第四种倾向是"有组织地重政府环境权力，轻政府环境义务"的倾向，法律对政府设定的权力多、义务少，政府环境职责或政府环境义务往往处于被忽视、淡化、边缘化的地位。

针对这种倾向，环境立法应该兼顾政府的环境管制与环境服务，兼顾政府环境权力与环境义务，突出政府环境职责（义务）本位，以政府环境义务和行政相对人的环境权利制约政府的环境权力，全面、协调地发挥政府的环境指导、控制和服务等功能。只有合理配置和设定政府环境义务，提高政府环境义务条款在政府环境责任条款中的比重，才能提高政府环境责任法律的有效性。

第五种倾向是"有组织地重政府机关的环境责任，轻其他国家机关的环境责任"，在环境立法中，规定各级人民政府及有关行政主管部门的环境责任比较具体，规定立法、司法等其他国家机关的环境责任比较原则或很少。

环境风险管理法的实施是一项系统工程，需要国家立法机关为环境法的实施提供可靠的法律基础并进行有效的法律监督，需要国家行政机关、人民法院和人民检察院等国家机关各负其责、协同执法。法院是有效制止环境违法行为和解决环境污染案件的最可靠和最后的保障，中国环境立法唯有调动和发挥法院、检察院等其他国家机关在环境风险防治法治建设中的作用，才能全面提高我国环境风险管理法律的实施能力。

第六种倾向是"有组织地重政府环境保护行政主管部门的环境责任，轻政府负责人的环境责任"，缺乏有关省长、市长、县长等政府首长环境责任的具体规定。

实践证明，要解决中国环境立法中的政府环境责任问题，首先应该解决和明确政府负责人的环境责任。一般而言，政府负责人的环境责任比政府环境保护行政主管部门的环境责任更加重要，而且政府负责人可以将自己的环境责任分配或委托给所辖的政府部门，通过指导、表扬、批评、处分、命令、调动工作岗位、职务升降、政绩考核等各种合法的或非法的、直接的或间接的行政手段和领导方式引导、支持、阻碍、干扰或改变其所辖部门的环境职责行为和执法情况。如果政府负责人缺乏环境责任或不重视环保，那种希望通过加强政府环保局的权力来制约其上级（如省长、市长、县长）的想法或措施，不能说毫无效果，但肯定收效不会很大。

因此，中国环境立法唯有坚持“统一和兼顾政府环境保护行政主管部门的环境责任和政府负责人的环境责任”的立场，建立健全政府负责人特别是省长、市长、县长等对本辖区的环境质量和环境保护负责的责任制度。

第七种倾向是“有组织地重政府环境责任中的行政调整机制，轻政府环境责任中的其他调整机制”。

这里的行政调整机制，是指通过国家（政府）组织或行政当局，以各种行政手段这种“看得见的政府之手”，对有关政府环境责任实施的各种主体及其行为施加各种影响和作用（包括引导、控制和改变等），如行政许可、行政检查、行政处分、行政处罚等。这里的社会调整机制，是指通过非政府非营利组织，以利益相关人的协商、社会舆论、社会道德和公众参与等非行政、非市场方式进行调整，如环境善治、公众参与、环境信息公开制度等，可称其为行政调整和市场调整之外的第三种调整机制。

对中国的环境风险防治工作而言，政府执法、市场推动、舆论监督和公众参与的结合非常重要。中国环境风险管理立法唯有采用综合调整机制，正确处理政府主导和市场推进、公众参与的关系，合理定位和规定政府在运用行政、市场和社会这三种调整机制方面的环境责任，才能充分调动、发挥和整合“企业组织、政府组织和非政府非营利组织”在环境保护领域的能力。

Chapter 5

第五篇

中国经济结构调整

▶ 中国旧的经济发展方式最重要的特点就是主要依靠自然资源和投资的增加。因此，在收入结构上，资本和自然资源所有者的收入份额不断提高，而劳动和专业劳动（人力资本）所有者的收入份额不断降低。实现扭转的根本途径是要转变经济发展的方式，提高劳动，特别是专业劳动（人力资本）对经济增长的贡献率，这样才能提高劳动者的收入在GDP当中的比重，才能提高消费在GDP中的比重，才能根本扭转内部失衡的状况。而这个转变一直没有实现的根本原因在于体制性障碍，即政府仍然保持着像在计划经济条件下那样过大的配置资源的权力。要想真正实现经济发展方式的转变，根本在于解决体制问题，推进经济体制和社会政治体制的改革。

——吴敬琏（国务院发展研究中心研究员）

▶ 在过去十几年间，国民收入分配向政府倾斜，而不是向居民倾斜，这是中国消费上不去的重要原因之一。在财富积累方面，国民财富的积累速度落在央企财富的增长速度后面。前任国资委主任卸任的时候报了一份成绩单，作为经济学家，看到这份成绩单的时候只会感觉到中国经济结构失衡在继续恶化。

——许小年（中欧国际工商学院经济学和金融学教授）

第十二章｜结构调整的必要性

天公不语对枯棋

王兰（投资业者）

2010年11月最后一个周末，北京大学举办“经济学理论和中国道路研讨会”，以庆祝厉以宁教授80华诞。燕园一时冠盖如云、热闹非凡。

谈及改革开放后的中国经济学人，厉以宁和吴敬琏是绕不开的两位。约20年前，厉以宁等出版了《走向繁荣的战略选择》一书，此前不久吴敬琏等出版了《中国经济改革的整体设计》。彼时，中国经济改革正待深入，头绪繁杂，颇有治丝而棼之势。经济学者广泛讨论，提出了不少经济改革的思路，这两本书为其中佼佼者，但在关键点上出现了有趣的分歧，大致可简化成：在企业制度不健全、市场机制缺乏的状态下，想实现经济系统健康运行的目标，改革应从企业制度（A）或市场机制（B）入手？前一本书选择了A，后一本选择了B。

中国改革开放前，既不存在真正意义的企业（所有制形式高度单一，国有企业基本是政府的生产车间），也无配置要素的市场存在（量和价都由政府计划），两书从不同角度接近了中国经济问题的关键，体现了作者的慧眼，20年后两书主要作者分获2009年和2010年中国经济理论创新奖。

单从理论和逻辑上评价两种选择是困难的：确立了新的A，B还会牵制A，反之确立了新的B，A又还会牵制B。关键还是经济活动的实践及效果。前书作者除厉以宁还有孟晓苏、李源潮、李克强等，后书作者除吴敬琏还有周小川、楼继伟、郭树清、李剑阁等，他们均非纯粹“书斋学者”，在领悟经济理论背景同时也是过去20多年中国经济改革实践的主流亲历者，可谓一时之选。

20年过去了，中国经济像一辆体量庞大的列车高速驶过，今日中国经济总量和影响远非20年前所能想象，但始料不及且让人困惑的是：中国经济在总量高速增长同时在农业以外的企业制度和市场机制上似无根本变革。更准确的描述或许是，中国在非农领域企业制度和市场机制上非实质性的变化似乎匹配了中国经济总量高速增长。两书作者的眼光毫无问题，但中国现实复杂性超乎想象。我们至少可从两个角度思索：过去20年，中国经济的高速增长能否完全等同于经济健康发展；未来20年，没有企业制度和市场机制上的有效改革，中国经济还能否健康发展？

时至今日，中国在企业制度和市场机制上面临的困境不减。企业制度上，国有企业虽改变了形式，不少已是上市公司，但本质依然，版图无节制扩张，不但涵盖传统垄断行业，其他所有可能赢利行业都囊括其中，“国进民退”甚嚣尘上。市场机制上，价格机制对一些重要要素基本无效：货币价格（汇率和利率）变化考量基本是非市场的，资本市场中的IPO仍是配额或准配额制，所形成的价格无法起到资源优化配置作用；土地市场及其衍生的房产市场也类似，政府控制下的配额制形成畸形的价格，信号失真；不少上游资源品和公用事业品亦如此。如果说这些要素价格管控还勉强可用“渐进性”解释，政府对日常消费品的价格干预更让人莫名其妙，最近的“稳定消费价格16条”即为一例。对此，政府说是“必要时采取的临时干预措施，不是向高度集中的计划经济体制回归”。苦衷可以理解，但也说明市场力量仍多么弱小。

局面的棘手在于企业制度和市场机制上的缺陷交互作用、恶性循环，国有企业上市、国有商业银行的信贷投放、垄断企业的行为、国有房地产企业的盲动无不尽显了这种缺陷，有时政府干脆越位成企业置身其中，情形更加恶化；更棘手在于，20年前虽具体建议各异，但在中国经济改革的必要性上还凝聚了主流共识，而今日对中国经济是否还需要改革这个基本点已无共识，利益驱动下各说各话，宛如一盘无从措手的棋局。

厉、吴二位虽还精神矍铄、时有高论，但毕竟已年逾 80，哲人将老，棋局已残，后学何为？北大经济系有位长期担任系主任的陈岱孙先生，陈岱孙是 20 世纪同龄人，1997 年去世，一生颇具创奇，出身福州书香世家，祖父辈在清朝出过三位进士，其中陈宝琛是晚清同光年间著名“翰林四谏”之一，他在甲午战争后的 1895 年写下《感春四首》，第一首末句是“输却玉尘三万斛，天公不语对枯棋”。期盼有高人出手下好中国经济当下的棋局，再创辉煌。

"三难选择"

黄益平（北京大学国家发展研究院教授、财新传媒首席经济学家）

国际经济学里有个著名的"蒙代尔不可能三角"，即稳定的汇率、自由流动的资本和独立的货币政策这三个国际经济政策目标至多只能实现两个。最近，"中国金融40人论坛"的内部讨论会曾经提及中国宏观经济政策的另一个"不可能三角"，即保增长、调结构和遏通胀这三个政策目标不可能同时实现。这意味着，决策者也许需要重新考虑中国的宏观经济政策框架，在这三个目标之间做出新权衡，而关键在于改变调结构与保增长的相对重要性。

保增长

保增长几乎已经是中国家喻户晓的政策目标，每当经济疲软，政府总会全力支持经济增长，通常的口号就是"保八"。最突出的例子是在1997年东亚金融危机和2008年全球金融危机期间，由于出口增长和国内需求显著减速，政府全力实施扩张型的财政与货币政策，以国家主导的基础设施建设支持经济活动，保持较高的经济增长速度，充分展示了政府巨大的资源动员能力和雷厉风行的行政作风。

高增长是中国经济改革以来一直追求的重要经济目标。1992年邓小平南方谈话，提出“发展才是硬道理”的著名论断，终结了有关姓“资”还是姓“社”的意识形态争论，将各级政府的兴奋点紧紧地锁定在经济增长上。这是一个革命性的改变，使中国经济走上了高速增长的轨道。但是，也由此埋下了“增长至上”的政策思维的种子。在随后的十几年里，增长逐步演变成为最重要甚至唯一的经济指标。

为什么要保增长？政府的解释是要保就业，而只有保住了就业，才能确保社会稳定。道理很简单，因为中国还没有建立完善的社会保障制度，失业人口过多的话，很可能演变成社会动荡的导火线。保持社会稳定的重要手段，就是保证绝大多数人有工作。过去十几年，中国每年的新增劳动力有800万～1000万人，因此，需要一定的增长速度来创造就业机会，8%的增长红线就是这样算出来的。

还有一个政府从未公开表述，却可能是更为重要的动机，就是GDP增长实际是考察各级政府工作成绩的最重要的经济指标。清华大学教授李宏斌研究发现，改革30多年来，省委书记和省长能否得到升迁，在很大程度上取决于他们任期内当地GDP的增长速度。当然，这并不是说中央只是根据这个指标作出人事任命决定的，但是GDP指标在各级政府考核中的重要性是公开的秘密。

政府保增长的冲动最近再次得到证实。二季度以来国内、国际经济渐次减速，鉴于各国开始退出扩张政策和欧洲债务危机的影响，减速是一个正常现象。目前，尚无迹象表明中国和世界经济将发生“二次探底”。但是，中国的决策者已经迅速确认他们将继续执行宽松的货币政策。这其实是结束了已经开始的缓步回收流动性的努力，从根本上来说还是担心增长滑坡。

调结构

进入21世纪以来，调结构一直是中国宏观经济政策的一个重点。从国务院总理到基层乡村干部，几乎人人都在谈论经济增长模式转变的重要性。

经济结构失衡表现在多个方面，主要包括投资占 GDP 的比重过高、经常项目顺差过大、对自然资源的依赖度过高、消费占 GDP 的比重过低、地区经济发展差别过大和收入不平等过于严重。

经济学理论认为，广义的投资是经济增长的重要推动力量，因此，高投资率本身并不一定是个问题，而且，高储蓄率和高投资率其实正是高增长的东亚经济模式的普遍特征之一。不过，其中有一个度的问题，投资多了必然会形成大量的生产能力。如果消费不足，最终就可能导致两种结果，一是在国内形成大量的过剩生产能力，从而降低回报，影响未来的增长潜力；二是进一步推动出口，造成庞大的经常项目顺差。

经常项目顺差大，对像马来西亚和新加坡这样的小经济体来说，并非什么大事。但是，对中国不一样。既然是大国，顺差就会影响其他国家的生产、就业和外部平衡。中国出口已经占到全球出口的近 10%，若出口继续以 20%的幅度增长，就会迫使其他国家的经济实施调整，这就容易造成贸易摩擦。更重要的是，当出口占到中国 GDP 的 1/3 以上时，世界经济的波动就可能影响中国经济增长的稳定性。

中国经济正处在高速工业化和城市化的进程中，因此，消耗较多自然资源也在情理之中。不过，目前中国占世界经济的比重不到 10%，但占全球多数大宗商品消费的比重已经远远超过 20%甚至 30%，其中一个很重要的原因是中国资源利用效率偏低。资源消耗量大，容易造成对国内环境的破坏。更重要的是，中国已经成为推动国际大宗商品价格上涨的主要力量，而且，不少专家已经开始担心中国经济会很快将全世界的资源消耗干净。

收入分配不公，表现在地区之间差别扩大、个人收入不平等加剧和居民在国民收入中的比重下降。在改革初期，收入差距扩大是改革的一个成果，因为改革前中国搞绝对平均主义，经济增长缺乏动力。但是，目前，中国基尼系数已经达到 0.47，已经超过了全球收入不公的临界点。如果这个问题不能及时得到解决，社会矛盾爆发只是时间问题。

遏通胀

过去30年间，中国经历了几次比较严重的通货膨胀，分别发生在1988年、1994年、2004年和2007年。通胀不仅是个重要的经济问题，同时还可能是个严重的政治问题。高通胀曾加速了国民党政府的垮台，改革开放期间中国在这方面也有过历史教训，因此，经济政策一直高度重视通胀风险。

通货膨胀的最大问题是对穷人和富人的影响程度不一样。穷人的消费开支占收入的比重比较高，同时规避通胀的渠道比较少，富人则可能从资产价格上升中获益。因此，通常情况下，高通胀很可能令贫富差距进一步扩大。如果因为基本生活品价格上升过快而影响穷人的生活，就很可能酿成不利的政治后果。

不过，21世纪以来的几次通胀程度相对都比较轻，2004年年中CPI最高时曾经超过了5%，2008年年初CPI最高时曾经到达8.7%。这两个峰值与其他新兴市场经济的经历相比，确实算不了什么。不过，通胀相对温和，在过去十年其实是一个全球性的现象，中国是如此，美国和欧洲也是如此。

欧美的教训是，即便CPI比较稳定，也不表明总体通胀压力小。全球危机之前，欧美国家的CPI都相对较低，因此，这些国家的央行维持了相对宽松的货币政策。其结果是资产价格暴涨，最终形成了非常严重的房地产市场泡沫。一旦泡沫破裂，整个经济就陷入了严重的经济危机之中。从目前的发展情势看，这也正是值得我们密切关注的宏观风险。

三难选择

从表面看来，保增长、调结构和遏通胀这三个方面的政策目标都非常重要，放弃任何一条都可能导致严重的政治、经济后果。问题是，要同时实现这三个方面的目标是不可能的。也就是说，不论是有意还是无意，政府其实已经在现实经济生活中做了取舍。我们现在所观察到的，是政府给予了增长至高无上的地位，也十分重视通胀，而结构调整就被放在相对次要的位置。

经济学里的菲利普斯曲线，描述了增长和通胀之间的权衡关系。如果追求高增长，就可能带来高通胀；而如果追求低通胀，就可能压低经济增长速度。如果既想要高增长，又承受不了高通胀，怎么办？中国政府的对策就是直接控制价格，2004 年，政府限制食品涨价幅度，2008 年政府则直接锁死国内石油价格。但是，这种做法治标不治本，无法从根本上缓解通胀压力。

调结构与保增长之间也存在权衡关系，比如，要降低投资占 GDP 的比重或者减少经常项目顺差，在短期内也许会降低经济增长的速度，从长期看来则未必，不过，多数政府更关注短期的绩效。另外，在中国目前的情况下，调结构需要消除许多要素市场的扭曲，这些可能会导致生产成本上升，从而抬高通胀水平。如果政府不愿意接受较高的通胀，就只能牺牲调结构。

政府如何作这个三难选择？现在看来，调结构已经成为当务之急，如果听任结构失衡的问题继续恶化，增长的可持续性就会出现大问题。那么，剩下的选择就是放弃保增长还是放弃遏通胀？目前，政府应该接受相对比较低的增长速度。其实，通过或者增强社会保障体系，或者发展劳动密集型产业创造就业机会，都可以帮助实现社会稳定的目标。“三难问题”的另一个解决方案可能是每个目标都放弃一些，但现在的关键是要改变调结构与保增长之间的相对重要性。

气候与金融：双重危机

沈联涛（中国银监会首席顾问、前任香港证监会主席）

美国投资银行雷曼兄弟公司破产15个月后，我们应该讨论如何在危机之后重建世界。令人不安的问题依然存在。我们仍旧在危机中吗？我们应该改革吗？哪些需要重建？毕竟，世界主要国家的中央银行都采取了救市措施，金融市场几乎已经回到2007年前的水平；商业银行已经度过危机；利率被降到接近于零。有人确信，2010年是充满希望、经济增长的一年；有人则坚信，真正的危机还没有来到。谁对谁错？

一些事情在我们眼前更加清晰。在2007—2009年间，我们应对了两个同时发生的危机：金融危机和气候变化。第一个危机导致经济体间决策机制的变化——现在由G20而不是G7来作决定。另一危机则通过哥本哈根会谈来解决。

两个危机有三个根本不同点。首先，金融危机主要在国家层面上来处理，气候危机则必须在全球范围内处理。其次，金融危机产生短期影响，需要立即采取行动；而气候危机有不确定的长期影响，人们不会很快感受到其灾难，也没有理由支持这一领域的变革。再次，哥本哈根谈判表明，权力已经转移到人口大国——中国、印度、巴西和南非，由这几个国家和美国达成协议。这显示几个大国主宰世界的时代显然已经到来。

气候危机和金融危机是有内在联系的，因为二者都是对自然资源的过度消费造成的。金融危机首先爆发，因为西方的过度杠杆化难以为继。气候危机跨度很大，因为气候变化和资源缺乏可能需要 20 ~ 30 年才能显现出来，那些身受其害的人才会支持变革。那时，或许一切都晚了。

废墟上的重建

2009 年我一部分判断是错误的。当时我认为，全球性的变革将不如地区或国家层面的有成效。2009 年，全球和国家都比地区层面达成了更大的一致。但是，当经济开始复苏时，不同的观点开始出现。指责声再度甚嚣尘上。作为首先执行大规模有效经济刺激方案的国家，中国没有得到赞扬。相反，现在中国因人民币与美元的汇率稳定而备受非议。

因此，如果世界要平稳前行，必须做到两个方面的重建。第一个方面是全球金融构架的改革。这涉及反映国家经济实力变化的规则调整和结构调整。其次是东西方经济思想和经济思维的差异。这一不同会导致对危机认识和解决的巨大分歧。

显然，具体的重建比思想上的重建要容易。但是这两个方面不可分割。

重建全球金融体系

目前，各国之间唯一的共识就是全球金融体系有缺陷而不可持续。当然，国家层面上的错误和问题导致了全球金融危机的发生。但是，国家的问题有全球性的根源。根据“特里芬悖论”，主要外汇储备国家的中央银行必须采取可能与本国经济利益相悖的货币政策。作为储备货币的发行国，美国向世界提供充足的流动性，但其代价是越来越大的经常账户赤字。

作为世界最大的消费国，美国享有来自世界各地的支持。生产者（包括德国和日本）都愿意帮助美国维持其外贸逆差。不幸的是，2008 年美国过分地使用金融杠杆导致了金融危机。接着，美国需要通过家庭储蓄的增加和“去杠杆化”来改善资产负债表。

美国占世界经济体的1/4，其消费的减少导致全球经济增长放慢，从而全球有时间来恢复地区和生态的平衡。

不幸的是，世界三大经济体（美国、欧盟和日本）决心不惜代价来挽救经济。它们以公共部门庞大的财政赤字来吸收私立部门的亏损，以不可持续的公共部门的杠杆化取代了金融行业的杠杆化。恶化资产泡沫的过分投机没有被遏制，相反，投机者从中央银行得到融资成本近乎为零的资金。

这一对策复制了日本20世纪90年代的经济问题，从而引起大量利差交易，导致资本流向新兴市场。从根本上来讲，世界正在遭受“特里芬悖论”的后果。

对储备货币国合适的货币政策对世界其他国家是不利的。我不反对美国的近乎为零的货币政策，如果这些资金用来帮助美国受到重创的房地产业的话。但实际上好处都被华尔街的银行家攫取，他们正在给自己发奖金。

因此，应对西方的资产泡沫似乎需要东方也有资产泡沫。没有说出的前提是，如果东方人不再存钱，而是像西方人一样消费，世界将重返高增长道路。这一论调忘记了过分消费首先导致资源枯竭，而且推理过程有四个缺陷——消费偏好、价格扭曲、工具失效和制度偏差。

第一，结论认为新兴市场增加消费是解决全球经济失衡的正确办法。如果每个中国人或者印度人都像美国人那样消费的话，世界上将不再有任何自然资源。每一位经济和历史学家都知道，过度消费是玛雅文化和罗马帝国衰落的根本原因。

第二，如果没有基本激励机制的改变，特别是在价格方面，向低碳生活方式的转变将不会开始。大多数市场经济学家都同意，以化石能源为基础的全球经济对能源、水和电定价过低，主要是因为出于政治原因的政府补贴。不可替代的自然资源的价格过低，是目前的生产过程中浪费、低效的主要原因。

通过纠正价格扭曲、税收和补贴，同时教育公众接受低碳生活方式，世界才会可持续发展。假以适量的全球及地区性资助，低碳生活方式将能在各个国家实现。

第三，许多严肃的西方经济学家似乎认为，解决全球贸易不平衡的办法（也为了中国自身的利益）是重新调整汇率，而与其相左的论点都被扣以“误导”的帽子。

不幸的是，两个事实有力地反驳了这些经济学家。中国目前的国内生产总值为 4.8 万亿美元，而三大经济体（美国、欧盟和日本）的国内生产总值共为 37 万亿美元。如果人民币升值 40%，中国的国内生产总值将增加 1.92 万亿美元，还不到三大经济体总量的 5.2%。因此，依靠中国在短期内取代三大经济体作为全球经济引擎是不现实的。

另外，日本在 1985 年根据“广场协议”大幅升值日元以解决全球贸易不平衡。日美之间的贸易顺差并没有减少，日本却遭受了资产泡沫，进而伤害其金融系统，导致近 20 年的通缩。也就是说，对中国和世界来说，调整汇率的后果或许比问题本身更糟。

第四，布雷顿森林体系不是为恢复全球平衡而准备的，无法承担为全球整体利益服务的责任。相对于全球需求，该体系的资源太少。该体系的主要资源来自于其资本（主要是由西方国家出资），因此该体系全部的金融资源仅有债权国家官方储备的 1/4，不到传统的全球金融资产的 0.5%。无论从定量还是定性分析，布雷顿森林体系不能成为世界的央行，起到最终贷款人作用，也不能采取金融措施来缓解全球不平衡或危机的后果。这些事务仍属国家范畴。

我认为，未来一年中国际金融体系的变化将很小，因为目前没有一个明确的集体愿景。一座风格统一的建筑需要一位建筑师。很悲哀，目前我们无人可企及经济学家凯恩斯的高度，并像他一样指引方向。

经济思想危机

总的来说，变革的最大障碍是经济理论的失败。没有一个理论可以准确地预测和解释双重危机。目前的经济理论充其量不过解释一个危机，并提及另一危机。历史上的危机很少被提前预测到。“大萧条”是在 1929 年就开始的，但凯恩斯的理论直到1936年才发表。他的理论挑战了新古典主义，十年后才被逐渐接受，被用来解决周期性的经济问题。

对人类和市场行为，我们需要复杂的、非线性的解释，包括不同的机构如何来应对不完整的信息。我们需要一个更具包容性的理论，可以解释人类之间的危机（金融危机）和人与自然间的危机（气候变化）。否则我们的反应将是盲目的。部分解决一个危机的方案可能会恶化另一危机。

因此，目前真正的危机，是过时的经济理论和不同的机构来应对复杂的问题。而某些问题影响全人类，其复杂性远非一个机构或者意见不一的国家所能解决。

坦率地讲，我们目前的经济理论不能充分解释气候变化，就像玛雅牧师们发现更多的祭祀不能带来雨一样。

双重危机不仅是关于人类面对自己的愚蠢，同时还要应对不断变化的自然母亲。西方线性思维在实际应用中表现为传统的自上而下的官僚做派，即处理最紧急的而不是最重要的；忽略困难的外部问题；为了短期利益牺牲长期利益。

在过度消费后，西方开始指责东方储蓄太多。指责者恰恰忘记了这些储蓄来自于为西方的生产所得，其代价是污染了东方人的家园，压榨了东方廉价的劳动力。如果西方不消费，东方将不可能有储蓄。双方都有所得，唯有自然母亲受到伤害。我们忽略了生态环境的恶化，因为传统的经济学理论和国家统计很难或不方便把这些包括在内。

因此，最迅速的解决办法不是要求东方人消费，而是从长远考虑人类的可持续性发展。我们都需要经济学领域的深刻变化，包括如何计算绿色GDP。这将有助于我们更加准确地来衡量非持续性生产和消费带来的后果。

思维方式的冲突

双重危机迫使我们思考面临的选择。我不得不说，危机不是塞缪尔·亨廷顿所说的文明的冲突，而是“短期、片面和线性”思维方式与“长期、系统及非线性”思维方式的冲突。第一个很容易被归类为西方的思维，而后一个则不仅是东方学者们的共识，越来越多的西方学者也开始接受后一种观点。

我请求发展中国家的人们开始认真考虑改变生活方式，从而有益于生态环境。

实际上，不太可能有一个人能看透我们面临的所有复杂问题。理解和解决问题的过程将是多领域的，需要各个领域的专家，包括物理、生态、哲学甚至行为科学。

环境变化将影响我们全人类的未来，而不仅涉及某个国家。很不幸，在哥本哈根的谈判是发达国家和发展中国家之间的对立。控制人口增长和消费水平是解决气候变化的关键。气候变化是未来才发生的灾难，仅考虑眼前将于事无补。我们必须为了后代来应对这个问题。

世界正处在变革的前沿，西方和东方的杰出政治家需要共同努力。当世界呼唤历史性的重大决定时，全球政治家通常都言辞华丽，但裹足不前。历史表明，模棱两可的决定通常会为各个国家赢得时间，来考虑到底该怎么做。但是，时钟不会停下来。

回顾历史，我意识到历史上的转折点出现在动荡时期之后。混乱通常由战争或深刻的思维冲突来解决。因此，必须对旧的经济思想进行创造性的破坏，才能重建一个新的思想框架。

发起思想革命的时刻已经到来。这场革命是关于如何正确应用科学技术来促进可持续发展。如果我们不能在全球范围内实现这个目标，我们必须在国家和社会的层面来实现。人征服其他人不难，难的是征服自己和自己的贪婪。

资源收益分配扭曲加剧贫富分化

王小鲁（中国改革基金会国民经济研究所副所长）

长期以来，城乡间、地区间和不同阶层居民间的收入差距都在扩大。特别是阶层间差距的扩大速度很快，在过去一个时期已经成为带动收入差距扩大的主要因素。

以城镇10%的最高和最低收入家庭的人均可支配收入差距为例，据统计数据，1985年为2.9倍（稍高于1981年的2.8倍），到2008年持续扩大到9.2倍。按不变价格计算，2008年，收入最低10%家庭的人均收入仅为同类群体1985年的2.6倍，而收入最高10%家庭的人均收入则增至1985年的8.1倍。

直到近两三年，阶层间收入差距急剧扩大的趋势才出现了某些缓和的苗头。2008年与2005年相比，最低和最高收入居民的收入增长率双双达到了10.6%，说明近年来关注民生的政策起到了一定的作用。但过大的收入差距还远没有趋于缩小。

在用统计数据分析时，还必须注意到高收入居民的收入水平被严重低估了。中国居民收支统计完全依赖抽样调查。在涉及敏感信息时，数据就会发生偏离。作者三年前的一项研究显示，占城镇居民家庭10%的最高收入家庭，2005年实际的人均可支配收入大约是9.7万元，而不是统计调查数据显示的不到2.9万元；最高和最低10%城镇家庭的收入差距大约是31

倍，而不是统计数据显示的 9 倍。如果 10% 最高收入家庭人均可支配收入只有 2.9 万元，就根本无法解释近些年来住房、汽车和其他奢侈品市场的火暴。

因此，前面引用的统计数据，只能粗略反映各收入组别的相对变化，但缩小了这种相对变化的幅度，更缩小了各组间的绝对差距。也就是说，尽管近几年来收入差距扩大的速度有所减缓，但实际上差距还在继续扩大。这种情况不改变，就很难改善经济结构，调整储蓄和消费比例，也很难从机制上保障内需的合理增长。

考虑到中国目前所处的发展阶段，以及从计划体制向市场经济体制转轨的因素，收入差距在一定程度上扩大是难以避免的。但这并不意味着收入差距必然急剧扩大。

目前的居民收入差距扩大，在很大程度上是由现行体制的弊病造成的，特别是财政、税收及政府管理体制的诸多弊端导致资源收益分配扭曲，加大了阶层间收入分配差距。

在土地资源管理和收益分配上，这表现得尤其突出。随着大规模的城市化进程，地价大幅度升值，近些年来升值规模超过万亿元。但土地收益的分配目前极不规范，是导致收入分配差距扩大的重要因素。

在目前的体制下，土地收益成为各级地方政府的重大额外财源。一方面，中央政府执行严格的耕地保护政策，坚守 18 亿亩耕地的“红线”，另一方面，现行财政体制把各级地方政府的收入和卖地捆在一起，使它们有强烈的动机从事土地开发出卖，想方设法突破中央的限制。

这使耕地保护成为一纸空文，使多占地、乱占地层出不穷，使提高地价成为地方政府的利益所在，而且使土地收益的分配成为一个巨大的黑箱。地方政府获得的土地收入不纳入财政管理，在一些市县甚至数量上超过了正规预算收入。

这部分收入的管理，透明度低、规范性差，腐败现象频繁发生，扩大了国民收入分配的扭曲。而居高不下的房地产价格，则成为压在广大中、低收入居民头上的沉重负担。

现行财政体制存在两个方面的突出问题。

一方面，各级政府的公共服务职能没有充分的财政保证，财政资金分配的权力过多集中在中央。中央虽然对地方有大量转移支付，但资金转移缺乏规范性和连续性，常常是一事一议，随机决策，导致苦乐不均，“会哭的孩子有奶吃”。地方政府正常的城市建设、管理和公共服务缺乏经常性的财政资金来源。

另一方面，由于对各级政府的职责缺乏科学界定、合理规范和严格监督，地方政府往往不断自发膨胀，创造出大量非必需的财政需求，导致公共资源的浪费。这两方面原因使得很多地方的财政入不敷出。

可能是因为了解地方政府财政困难的情况，中央政府把获得土地出让金收益的权限给了地方政府，允许它们靠土地吃饭。但这使得地方政府日益严重地依赖卖地收入，地方财政变成了土地财政，在利益上与卖地捆在一起，与房地产开发商等利益攸关方捆在一起，形成了错综复杂的利益关联，成了滋生既得利益集团和扭曲国民收入分配的土壤。

各级政府有强烈的利益驱动，偏离其公共服务职能，过分热衷于开发建设和卖地创收，甚至在短期内把 70 年的长期土地收益挥霍殆尽。

现行的财政体制，加上土地资源的有限性、土地和资金管理的低透明度及缺乏监督，在土地开发转让过程中造成了巨大的寻租空间，导致官商结合、钱权交易。在福布斯 2008 年世界富豪排行榜中，中国大陆有 42 人入选，个人财产皆超过 10 亿美元。这 42 人中，除了分布于竞争性产业领域，有 13 人是房地产开发商，占比为 30%。这也可说明土地收益的分配如何导致财富的迅速集中。

住房市场的情况与土地市场高度相关。在各级政府垄断土地市场，同时又与土地开发利益相关的情况下，地价一涨再涨是必然的。加上投机资金大量进入房市，房价直线上涨。普通居民或被排挤出房市，或承受购房的沉重负担，而有财力从事房屋投机的富裕阶层则能大量获利，这无异于穷人向富人纳税，是不折不扣的“逆向再分配”。

但地方政府由于与房地产商的短期利益相一致，因之失去了对房市的调控能力和意愿，造成住房市场被既得利益集团挟持的局面。土地问题，突出显示了现行的政府管理体制和财政体制需要改革，否则无法根本解决收入分配差距过大的问题。

中国石油、煤炭以及其他矿藏等自然资源的收益分配状况也不容乐观。由于缺乏合理的资源税体系，长期以来资源收益混同于经营收益，使石油、煤炭等领域的经营者获得了远远超出竞争性领域的丰厚利润，导致了这些部门和其他生产部门之间巨大的收入差距。

丰厚的利益驱动，也助长了围绕矿山开采权的寻租行为、官商勾结和幕后交易，推动着屡禁不止的掠夺性违规开采，制造着频发的矿难。这些现象，促使了某些资源大省下决心对私人矿山采取国有化赎买政策。不过，如果不能建立一套合理的资源税体系和与之配套的监管、监督体系，无论是私有化还是国有化，恐怕都还难以根本解决问题。而由于既得利益集团实际上已经形成，这些领域的制度改革阻力重重，被屡屡推迟和削弱。

改善收入分配，缩小收入差距，不仅要靠建立覆盖全社会的社会保障和公共服务体系，还要靠改革财政体制和政府管理体制，以根本杜绝收入分配的扭曲。在前一方面，尽管还有很长的路要走，但近年来已经取得了很大进展。但在后一方面，财政体制和政府管理体制改革仍然严重滞后，这使收入分配状况的根本改善仍然遥遥无期。

扬汤止沸，莫如釜底抽薪。要解决上述问题，需要坚定不移地推进政府管理体制改革和财政体制改革。解决土地财政的问题，必须和改革政府管理体制、转变政府职能、实现各级政府财力与事权相统一等协同并进。

这是一项大工程。首先，需要全面规范各级政府的必要公共职能，根据公共服务职能的实际需要，合理核定政府支出，改变按照历史延续的既成事实定支和“谁哭声大，谁吃奶多”的随机分配现状。

其次，需要理顺政府财力与事权关系，从体制上确保各级政府合理但不过度的财政收入，以保证其公共服务的需要，使各级地方政府从对土地资源收益的过分依赖中解脱出来。

再次，需要重新规范土地和其他自然资源的收益分配体系，使资源收益成为保障社会长期协调发展的资金来源，而不是靠权力、靠关系、靠幕后交易获取的猎物。

最后，也是最重要的一点，是政府管理的透明化。只有实现了公共资源和资金管理的透明化和社会公众监督，才能真正实现收入分配合理化和社会的协调发展。

形势比人强

谢国忠（独立经济学家、玫瑰石顾问公司董事）

“刘易斯拐点”来临

如果某种供给是无限量的，那么，它就毫无经济价值。供给的价格即生产成本。当一个经济体开始工业化时，劳动力就成了这样的供给。当产业劳动力少于农村剩余劳动力时，前者对劳动力的需求并不能改变整个劳动力过剩的状况，也就是说，对劳动力的需求并不能导致劳动力要求更高的工资。工人成为产业劳动力所增加的生活成本，加上放弃农村安逸生活的价值，就是工资水平的均衡值。

但是，当剩余劳动力消失时，劳动力变为有限供给。如果某个行业希望雇用更多的工人，就必须开出比其他的工作岗位更具诱惑力的条件，也就是说，必须支付更高的工资。发展经济学理论把前者和后者之间的临界点称为“刘易斯拐点”。

中国近期劳动力出现短缺，意味着“刘易斯拐点”的到来。但是，“拐点”的到来并不是泾渭分明。大学毕业生就业仍然艰难，而且起薪很低。大学毕业生的工资比高中毕业生的工资高不了多少，无从反映大学教育的成本。如果用经济学术语，中国的大学教育可谓“附加值为负”。这似乎暗示着这部分中国市场的劳动力仍是无限量供应。

蓝领劳动力市场的情况也参差不齐。中年劳动力就业机会渺茫。的确，相当多中年劳动力很长一段时间都处于待业状态。如果他们重回劳动力市场，将极大地改变供求平衡。

"刘易斯拐点"的形成和到来是一个过程，而非一个具体的时间节点。青年蓝领工人作为中国劳动力市场的一部分，其资源已经枯竭。生产出口产品的工厂目前劳动力极度缺乏。这些工厂的经营模式就是建立在青年蓝领劳动力的基础之上。青年工人生活成本较低，劳动力更具流动性，对住房的要求有限。出口产业通过雇用青年劳动力大大节省了成本。随着年龄的增长，这些劳动力的医疗成本将呈指数增长。

出口型产业过去一两年中一直抱怨"劳动力短缺"，这一说法暗含玄机。任何紧缺的产品都意味着定价有误。产品的价格应当上涨，从而遏制需求、增加供给，直至达到新的供求平衡。因此，短缺实际上等于价格过低。

对短缺的物品重新定价，意味着整体供给的价格上升，而不仅仅是边际供给。这种特性导致产业拒绝通过提高工资待遇来吸引劳动力，因为他们必须支付给现有的工人更多的工资。他们更愿意降低产能，闲置部分产能也许更合算。

转移与转嫁

遭遇"劳动力短缺"，或者经历罢工的企业也无须对目前的形势过度担忧。薪酬的要求并非是个无底洞。笔者相信，只要工资水平以每年15%～20%的幅度增长，劳动力关系就可以重新达到供求平衡。薪酬上调，劳动力需求就将增加，雇用中年劳动力就有商业价值。劳动生产力也将随之增加，可以抵消工资成本增加的一半。工资成本增加的另一半可以通过通货膨胀转嫁给买家。

中国的出口商惧怕来自西方的买家。因为中国的工厂众多，但是，西方的买家却寥寥无几。要让买家承担价格上涨，貌似非常荒谬，因为西方的买家总可以转与另一家工厂合作。但是，如果中国的生产成本上涨，理论上的这种选择是不存在的。所有的工厂都必须支付同样的薪酬。因此，西方的买家就无法找到生产成本更低的工厂。这就是为什么尽管单家中国工厂并不拥有定价权，但是，中国这一世界工厂却掌握着定价权。

有些人可能会争论说，生产基地可能会从中国转移到别的国家。没错，有些产业的确会也应当转移到别的国家。这就是经济全球化的作用。如果某国的生产成本大幅上涨，生产基地就将转移至其他低工资国家。经济繁荣因此遍地开花。如果中国制定政策，希望阻止这一趋势，就大错特错了。

另一方面，生产基地转移到其他国家的余地受两个因素的制约。目前，还没有一个国家能在规模、成本和基础设施发展程度上超越中国。如果中国生产基地的一小部分转移至孟加拉、印度尼西亚或者越南，会导致这些国家产生高通胀，并将逐渐消磨掉这些国家的成本优势。这些国家可以选择诸如兴建基础设施的方式克服瓶颈阻力，重振竞争力。但是，这一过程极其漫长。另外，工厂不能离供应商和买家太远。转移至另一国家将极大地增加物流成本。移动整个供应链是极其困难的。

除此之外，西方的买家应当能够将成本的上涨再转嫁给零售消费者。虽然每家工厂的成本中只有10%为劳动力成本，但是，中国价值链中的整个劳动力成本占总体生产成本的约三分之一。而西方商品的最终零售价是中国出口价格的3～4倍。因此，中国的劳动力成本占西方最终零售成本的8%～9%。即使中国的劳动力成本翻番，西方的最终零售成本只需提高8～9个百分点即可。如果这种增长是在三年内逐步实现，就意味着将产生3个百分点的通胀增量，在可接受范围之内。

笔者相信，在某一幅度之内，中国可以提高劳动力薪酬，而不必付出大量失去其全球贸易市场份额的代价。这一机会窗口可能是十年左右。在此期间，中国出口额增加，主要依赖价格的上涨，以及部分出口量的增加。中国的出口额每年将增加7%～10%，出口额将在十年后翻番，达到3万亿美元。

中国将转型为消费经济，而从出口量的增加转为出口价格的增长至关重要。更多的劳动力将转向服务业。因此，出口量可能不会像从前一样增长强劲。进口额也将增加，而出口价格的增长将产生足够的收益弥补这一支出。

除了劳动力市场，资本市场也需实施实质性变革，达到新的供求平衡。20 世纪 90 年代，由于信贷飞速扩张，而产能不足以满足投资需求，中国经历了高通胀。通胀支持了产能的扩张。投资快速发展数年后，产能不再是发展的瓶颈。中国经济由于劳动力过剩，又出现通缩压力。中国加入世贸组织后，通缩压力吸引跨国企业将其生产基地落户中国。中国同时经历了国内生产总值两位数增长和低通胀的发展历程。

加息抑通胀

笔者认为，中国劳动力市场的变化必定产生更大的通胀压力。过去十年中，中国劳动力的收入总额占整体经济的比例大幅缩水，目前可能不足 40%。今后十年，劳动力收入占整体经济的比例将大幅增加，可能达到 55%～60%。美中不足的是，劳动力收入占整体经济比例的正常化将导致每年产生 5%，甚至更高的通胀率。

目前的利率结构符合通缩的环境，而完全不符合通胀的环境。正确的利率可能应该比现状高出 5 个百分点。调高利率有利于防范危机。如果保持现状，由于实际利率为负，通胀将进一步恶化。而且情况将恶性循环，从而引发危机。因此，中国必须加息，越快越好。

政府不愿意加息，转型难度由此可见一斑。在低息环境下，货币供应增长迅速，抬高房产价格。如果利率正常化，房地产市场将缩水 50%。地方政府靠房地产市场创收。如果房地产市场缩水过多，地方政府可能会面临融资难题。低息导致国有企业杠杆率过高。国有企业的杠杆水平可能在 100% 左右。如果利率提升 5 个百分点，国有企业额外的成本负担将接近他们目前的赢利。地方政府和国有企业是中国最大的利益集团。二者反对提高利息可能延缓中国经济转型。

中国的升息将是极不情愿的、缓慢的，因此，经济发展将进一步推高通胀率。现在很难预测通胀率最终将被推向什么水平。很重要的一个因素就是油价。指导油价的变数太多。公平地说，考虑到英国石油公司（BP）目前的处境，石油价格未来数年只会升，不会降。因此，中国的通胀率很有可能将突破两位数大关。

中国的货币不大可能像许多人期望得那样大幅升值。人民币升值的期望正在驱动中国的货币供给和房地产市场。现实将使投机者大失所望。今后十年大幅上涨的是工资，而不是汇率。在某些情况下，工资将上涨至足以对汇率产生贬值压力的水平。中国的货币有可能在 2010 年年末小幅升值，2011 年年初再次升值。但是，2012 年，中国的房产市场将走向下坡路。届时，全世界都将谈论人民币贬值。对人民币币值的态度转变可能导致中国经济硬着陆。

像中国这样经济转型而很难不伴生危机。转型时遇到阻力，则更加速危机的产生。但是，危机不是注定的。中国应当尽快以合适的速度开始加息。如果 2010 年加息 1.5 个百分点，2011 年再加息 2 个百分点，2012 年再次加息，中国即可实现经济软着陆，尽管房地产市场可能将硬着陆。

时代变了。中国的劳动力市场会导致通货膨胀。宏观层面，中国必须提高利率，避免过度通胀。微观层面，政府应当容忍通过罢工提出增加薪酬的合理要求。

中国人口红利仅剩三年

王丰（布鲁金斯学会高级研究员、清华－布鲁金斯公共政策研究中心主任）

由于中国生育率较长时间保持较低水平，独生子女政策实行30年之久，社会上对中国人口变化和政策选择的讨论也日趋热烈。在这些讨论中，人口红利成为一个越来越流行的词汇。

粗看上去，人口红利不难理解，即由于人口变化对经济发展带来的好处。然而，由于对这一词汇的准确含义和估算方法缺乏了解，在讨论人口红利对中国经济社会影响时，有很多误解，也常见到完全相反的结论和断言。

对人口红利的误解，一种极端是根本不认可这一说法，断言人口红利根本不存在。持这种观点的人（其中不乏人口或经济学者）认为，人口多并不意味着可以带来红利。他们会问：中国历史上人口一直很多，为什么以前没有带来红利？如今世界上人口多或人口增长很快的国家比比皆是，为什么有些国家并没有享受所谓的人口红利？中国政府几十年来控制人口的宣传教育，不都是在讲人口越多越落后，而中国近年来历史性经济腾飞不正是因为我们全力控制了人口增长吗？同时，人口增长快的地方不也常是经济落后的地方吗？贫困地区的家庭不也是越穷越生、越生越穷吗？

对人口红利误解的另一个极端，则认为人口红利不仅过去有、现在有，而且，在未来30年甚至更遥远的未来也会有。持这种观点的人，可能把简单的人口增长或劳动力年龄（20～60岁）人口增长与人口红利画等号，认为只要人口在增加，人口红利就可以源源不断。持这种看法的不仅有学者，也包括某些制定就业、社保有关政策的高级官员。这种认识的一个极端版本是“人口红利与日俱增，不可替代”。

以上两种对人口红利的误解，均出于对人口经济学中讨论的人口红利的概念与计算方法不了解。

人口红利如何计算

人口红利是过去20年间人口经济学界提出并验证的一个重要概念。这一概念的提出基于对20世纪后半叶诸多国家所经历的人口历史性变化的观察和分析。这一历史性变化就是，在20世纪，世界上众多国家的人口期望寿命翻了一番，人们平均生育子女数减少了一半以上。在人类生存的漫长历史过程中，没有任何一段时间堪与20世纪相比。

由于生育水平的下降一般都滞后于死亡率的下降，20世纪后半期，世界也经历了史无前例的爆炸性人口增长。按公元1750年时的人口增长率，世界人口每翻一番所需时间大约是1000年；按1950年时的增长率，则不到120年，而到2000年，仅为40年。也正是由于20世纪后半叶如此急速的人口膨胀，才会有包括中国在内的严格控制人口增长的政策。

人类社会所经历的从高死亡率和出生率决定的人口快速增长，转为低死亡率、低出生率决定的人口低增长，被称为人口转变过程。在此过程中出现的人口增长，除了其对经济、社会、资源和环境带来的压力，还有一个历史性机会，这就是造成人口红利的机会。

在人口转变过程中，在一定历史时期内，会有一大批人陆续走完儿童、劳动年龄、老龄的生命历程。这批人处在劳动年龄时，便创造了人口红利的条件。人口红利泛指在人口转变过程中死亡率和出生率下降所带来的经济影响。具体是指在给定的经济条件下，由于死亡率和出生率下降的时间差所带来的经济后果。人口红利其实是生产与消费的差异与人口年龄结构变动相互作用的经济后果。以往经济学研究主要考察人口总量与人口增长率对经济发展的作用，与此不同，人口红利研究的是人口年龄结构变化对经济增长的作用。

但是，人口年龄结构的变化，劳动年龄人口增加，并不一定就有所谓人口红利。实现人口红利，一个简单条件就是这些新增劳动力必须能够就业、创造财富，否则，无所谓红利可谈。因此，在计算人口红利时，一定要把不是由劳动年龄人口变化条件所带来的经济效益剔除出去。

一种估算人口红利的方法便是使用时间序列的宏观人口经济数据，用多元回归的数理统计方法，通过在回归方程中带入人口及其他各种因素，观察人口变化对经济增长解释能力的贡献。另一种计算人口红利的方法是，通过计算有效生产者与有效消费者人数，然后把这两类人数的比例作为抚养比。注意，这里所使用的抚养比与通常所说的抚养比不一样。

这种计算人口红利的方法是，把经济变化的指标——人均产出增长率——分解为两个部分，即有效生产者人均产出的增长率与抚养比的增长率。这两个组成部分中，第一个是劳动生产率，第二个是人口因素。在假设有效生产者人均产出增长率不变的条件下，抚养比增长率的变化便可直接等同于其对人均产出增长率的贡献，也即人口红利。

实际上，人口变化对经济发展带来的红利，不仅包括劳动力供给的增加，还包括扩大积蓄以及人力资本投入与回报上升。由于人口在 40 ~ 60 岁年龄段积蓄的可能性最大，更多的人能活到这个年龄，就会带来更多的积蓄。更多的储蓄意味着更多的资本。每个劳动者资本占有量提高，可提高劳动生产率。

同时，期望寿命的延长也从根本上改变了人们对人力资本投资的观念，造成了更多技术发明使用的机会，提高了人力资本投资的回报。一个更健康的人口也就是一个更富有生产力的人口。健康的作用远不限于增强体力，而更在于智力思维的开拓与使用。

由此可见，人口红利的计算需综合考虑就业、收入及对经济增长的其他变量的影响，而不是像有些人误解的只依靠劳动年龄人口的数量。同时，随着人口转变，人口年龄结构的变化是不可重复的，也不存在所谓“源源不断”的人口红利。

人口红利还有几年

使用人口和经济发展数据对中国人口红利的计算表明，人口转变在中国过去20多年的经济起飞中产生了历史性的、相当可观的人口红利。中国的经济腾飞与人口红利的产生历史性地结合在一起，对经济发展而言，可谓如虎添翼。

使用不同方法对人口红利的计算所得出的结论是相近的。但是，由于数据与方法的不一，对中国人口红利的规模的估算有所不同。

蔡昉、王德文等学者使用回归方法计算得出的结果是，中国20世纪最后20年人均收入增长的1/4可归因于人口红利。美国学者使用类似方法得出，东亚地区经济增长的1/3是由于人口红利所造成的。美国夏威夷大学和东西方中心经济学家梅森和作者本人使用有效抚养比方法计算得出的结论是，1982—2000年间，人口红利对中国人均收入增长的贡献约为15%。

左图是使用抚养比的方法，对中国1982—2050年人口红利的估算结果。2000年后的结果是通过预测中国未来人口变化（假定出生水平维持在2000年官方认定的每对夫妇平均生1.8个子女），和以2000年时中国城市家庭收入消费的年龄模式为假设模式而得出的。有效抚养比在2013年以前均呈上升趋势，在1982—2000年这一阶段上升速度最快。2000—2013年间，抚养比仍呈上升趋势，但速度趋缓。2013年是一个转折点，有效抚养比在此后呈不断下降趋势。

因此，由人口转变带来的人口红利即将竭尽，不久将成为制约人均收入提升的负面因素。由于人口老化，中国有效消费者人数将持续上升。人口红利即将在2013年由正转负。

第二个人口红利？

以上所述是指由于生育率下降带来的人口红利，也即所谓的第一个人口红利。计算这一人口红利的一个基本假设是，有效生产者人均产出的增长率不变。近年来，一些学者对这一假设条件加以改进，提出了伴随人口老龄化有可能产生第二个人口红利的论述。

理解第二个人口红利的关键，是生命周期财富的概念以及它与人口年龄结构的关系。与第一个人口红利相比，第二个人口红利基于年龄结构变化对财富创造过程的影响。人口老龄化有可能加速资本积累，从而加剧经济的资本密集度，进而提高劳动者人均产出。在传统经济学中，人口因素对资本累积的影响是用标准的新古典模型来衡量，它假定储蓄率为常数。第二个人口红利的概念拓展了新古典模型，将储蓄和财富都视为内生变量。

然而，人口年龄结构老化与生命周期财富总量的变化，并不等于第二个人口红利会自然产生。第二个人口红利的产生取决于一定的制度环境。产生第二个人口红利的基本条件是，随人口老化新增的储蓄必须以资本的形式进入市场，才能提高劳动者人均产出，从而产生人口红利。

代际之间的财富再分配可以通过三种方式来完成：资本积累、转移支付或贷款。在这三种方式中，只有资本积累才可以影响产出水平和经济增长，而其他形式的财富转移则不会。例如，如果退休人员的消费需求是靠家庭或政府发起的转移支付来满足，便没有所谓第二个人口红利可谈。这种做法能有效地在各年龄段人群间进行资源再分配，但它不能创造资本。而且这种再分配通常依靠政府税收政策来实现，而对就业者过高的税收反而会削弱劳动者的工作积极性。

如上所述，人口老化有可能通过储蓄与资本积累带来新的机会，可能产生第二个人口红利，但这绝不意味着人口老化会自然而然地带来源源不断的人口红利。这是因为，建立有效、可靠的资本市场绝非易事。过去两年中，全球金融危机与众多退休基金所面临的困境，就是最好的警示。

人口老化与中国转型

讨论中国经济转型，不仅要考虑未来经济增速、劳动者收入水平、资源依赖性、环境保护、贸易关系等，更要考虑人口年龄结构的变化。从根本上说，过去二三十年中国依靠大批廉价年轻劳动力，以劳动密集型产业和外贸出口、来料加工为主的发展模式，无法长期继续下去。

与 2000 年相比，2010 年中国 20 ~ 29 岁年轻劳动力的规模已缩减了近 15%。在未来 20 年内，这个人群组的规模还会进一步缩减近 20%。面对中国年轻劳动力人数的变化，中国没有其他路可走，只能转向发展高技术、低消耗、低污染产业，同时加大人力资本投资、强化人力资源开发。

劳动力特别是年轻劳动力供给的下降，与老年人口的增加一起，会促使社会转型。这个转型会使一般劳动者的收入能够与经济发展同步提高。这不仅是一个社会公平问题，也是一个经济转型和发展的根本条件。普通劳动者收入增加，生活水平提高，是扩大国内消费市场的基本条件。同时，只有广大劳动者收入提高，家庭和个人才能不断增加对人力资本的投入，以适应转型后经济对劳动力的需求。

这个转型也要求中国必须进一步完善社会保障与医疗体系。这不仅关系到劳动者的健康，也影响到居民的消费行为。未来中国 60 岁以上的老年人口，将从现在的 1.65 亿，增加到 2020 年时的 2.4 亿、2030 年时的 3.4 亿，占到总人口的 1/4。在低生育率、家庭养老受到严重限制的环境中，如果住房、医疗和养老等基本社会保障均存在巨大或较大的不确定性，居民的消费支出很难有持续性增长。

30 多年来的实践证明，人口转变带来的人口红利，已为中国的经济增长创造了历史性机会与条件。目前，这个人口红利近乎竭尽，关键转折点将发生在 2013 年。这必将使中国经济与社会发展的转型更为紧迫。

第十三章 | 结构调整的方向

增长放缓不足惧

吴晓灵（全国人大财政经济委员会副主任委员）

一年时光走过半程，尽管已经率先复苏，但中国经济面临的不确定性有增无减，发达市场增长疲弱，内部宏观调控举措正释放效力。此前，人们担心强大经济刺激计划可能强化了原有的发展模式，并催生资产泡沫及通胀预期，现今，担心转向了经济增速放缓，使决策者舍弃本该着力的发展方式转变及经济结构调整。

面对新旧矛盾，如何确立未来的选择方向？7 月 8 日，全国人大财政经济委员会副主任委员吴晓灵向本刊记者特别强调，现在到了突出增长质量的时候了。

《新世纪》：中国经济在长期矛盾与短期政策之间，能否兼顾？政策着力点应当放在哪里？

吴晓灵：中国经济自 2002 年开始的上升周期，到 2007 年年末已达到顶端。从中国的资源、环境状况以及劳动力价格要求的变化来看，上一轮经济周期的发展模式已不可持续。

推动这轮经济周期的要素，如低原料价格、高能耗，低环境治理、高污染，廉价劳动力，以及房地产市场消费需求的极大释放和出口的带动，这些因素带来的问题，到2007年时积聚一起，达到顶峰，那时经济就该下滑了。我们本来就该采取措施，解决这些矛盾。

但是，金融危机来了，我们就放弃了本该做的工作。那时候中国的政策出现“冰火两重天”的大变化，这样做情有可原，因为主要发达国家金融危机引发的世界经济危机，让人不知道未来会发生什么。但是，从2008年第四季度到2009年整个一年的表现，大家已经看到了我们刺激政策的副作用。现在世界经济已经趋于平缓，再坏也坏不到哪去了。在这种情况下，我们应该回过头来做过去该做而没做的事情，所以中央提出要把加快经济结构调整和经济发展方式转变作为2010年的首要任务。这项任务已经提出十几年了，还没有切实的突破，这是我们当前必须要做的。

《新世纪》：如何对待经济增长速度的放缓？

吴晓灵：只要做这件事，经济增长速度放缓是必然的。

现在各方面对2010年经济增长的预测都在9% ~ 10%，但会呈现前高后低的趋势，四季度有可能是百分之八点几。“十一五”的目标不就是每年增长7%吗？百分之八点几也不错，即使低于8%也不必惊慌。

如果把增长数字看得比解决实际问题更重，这会导致我们的政策出现失误，因为谁也没有真正论证过，1个百分点就有几百万的就业岗位增加或者丢失。

中国经济在下一阶段增速下行是必然的，而且，我们要完成经济结构调整和发展方式的转型，就必须承认实际的增速结果，是多少就是多少。我并不认为增长速度越低越好，我也不希望它低，但是，要说质量和速度比较，中国到了该讲增长质量，放低速度的时候了。

《新世纪》：除了更重视质量，我们一直提出扩大内需，这方面可以做哪些事？

吴晓灵：内需的消费方面，住房需求对增长的拉动作用较为明显。在中国城镇化过程中，住房需求仍将是中国经济增长很重要的一个引擎，但是，现在它并不必然是这样，为什么？因为我们的住房政策和房地产政策混在了一起。

住房市场是房地产市场的重要组成部分，具有较强的社会保障和准公共产品属性，主要满足人民群众基本居住需求，虽然它也会间接起到拉动经济增长的作用，但这不应成为发展住房市场的目标。

而在现行财税体制下，地方政府更关心怎么提高土地价格，片面发展房地产业。当住房失去了对大多数人的保障功能后，房地产就不可能很好地推动经济发展，反而引发投机盛行和泡沫积聚，给经济社会带来严重问题。因而，住房政策要回归到满足人民基本生活需要上来。政府的责任，首先是满足大多数人的需要。

至于高端房地产到底定多少价格，不是政府能调控的事情。为调控房价控制住房按揭信贷的供给是对的，但把房地产商的融资渠道都堵死，这对经济是不利的。当前的投资便是未来的供给，如果这一期不投资了，半年后将对供给产生较大影响。我们应该利用这次调控的时机取消住房预售制度，同时对房地产商适当放开银行信贷之外的融资渠道。这样才有利于解决预售房对消费者权益保护不够的问题，同时也能促成开发商的优胜劣汰。

住房政策的错位，使得住房本该发挥的拉动经济增长作用，到现在已经不可能了。如果政策回归的话，中国城镇化还有很长的路要走，住宅还能成为一个重要的消费领域，拉动经济增长。但目的不是拉经济增长而刺激房市，是为了满足老百姓的生活而得到生产的发展。它是结果不是目标，现在把结果当成了目标。

为了更好地扩大国内消费，更重要的还是要加大改革力度，调整国民收入分配结构，扭转劳动报酬占国民收入分配比重下降和居民收入占国民可支配收入比重下降的趋势，同时加快社会保障体系建设，让中国居民有能力消费和有信心敢于消费。

如何实现经济发展方式转变

朱小黄（中国建设银行副行长兼首席风险官）

转变经济发展方式、深化结构调整是中国经济面临的战略性任务，其重要性和紧迫性在后金融危机时代更为凸显。如何认识当前中国经济存在的深层次矛盾和问题，科学谋划经济发展方式转变与经济结构调整的合理路径，是需要认真研究的课题。

准确把握经济发展和经济结构的内涵

讨论经济发展方式转变和经济结构调整，首先必须准确理解“经济发展”和“经济结构”的内涵。目前对此还存在一些模糊认识，需要加以厘清。

——经济发展不能简单等同于经济增长。很多人对此不加区分，实际上这是两个不同的概念。经济增长侧重于经济总量的增加（GDP是其中重要的衡量指标），而经济发展则强调整体经济的数量与质量、总量与结构、物质财富与社会民生福祉的提升。因此，经济增长只是经济发展的一个方面内容，是实现经济发展的手段。经济增长本身不是目的。如果将“发展是硬道理”简单理解为“增长是硬道理”，甚至庸俗化为“GDP增长是硬道理”，一味追求经济指标的增长，而不顾及环境、资源、公平、安全等经济伦理和社会公义的平稳中正，那就不是有效、可持续的经济发展。“拉美化”发展模式就是前车之鉴。

——经济结构不能片面理解为供给结构。经济结构包括需求结构和供给结构两个方面，二者相辅相成。但是很多人在使用“经济结构”一词时，往往将其片面理解为供给结构，主要关注产品结构、行业结构等，这明显有失偏颇。局限于供给的层面来研究经济结构问题，很难得出准确、完整的结论。实际上，一定时期的需求结构决定供给结构，消费结构决定生产结构，需求结构的升级是经济结构变迁的内生驱动力。很多矛盾表面上看是供给结构的问题，但根源却出在需求结构上，因此，调整经济结构应同时从需求与供给两个方面着手，否则，容易出现“按下葫芦又起瓢”的现象，表面上看解决了供给结构的矛盾，却引发新的需求和供给失衡。目前中国需求不足的主要原因是服务业供应不足。服务业的缺失，限制了人们通过寻求服务提高生活质量的需求实现路径。

——没有最好只有最合适的经济结构。经济结构不能脱离特定的经济发展历史阶段，更不能揠苗助长。中国国情差异巨大，农耕村落、小型城镇、中小城市、大型城市、国际化都市并存，整体消费状态、实际需求内容，跨越经济发展的不同阶段，呈现出复杂多样的梯次结构特点。可以说，在当前中国国情下，某一行业、某一类产品颠覆性淘汰的现象其实极其罕见，主要还是成本竞争驱动下的产品更新换代和产业梯次升级。因此，反映到经济结构上，必须要认识到这个国情，选择最合适的结构和最合理的调整路径。转变发展方式问题是一个社会模式问题，而不是个体（企业）行为，但调整结构却是由个体行为集合而成的结果。

经济结构调整是经济发展方式转变的重要范畴。在当前的历史背景下，经济发展方式转变和经济结构调整是同一件事情的两个方面——如何实现中国经济的可持续发展，这是我们讨论问题的逻辑起点。

深层次矛盾和问题

改革开放以来 30 多年中国经济持续高速增长，迈上了工业化、城镇化的道路。但是，在发展过程中，长期以来积累了大量的深层次矛盾，逐渐成为制约可持续发展的瓶颈。很多问题已到了非解决不可的地步，如果不妥善处理，将导致经济发展动能的急剧衰减。笔者以为，解决当前社会经济发展中的突出问题、保持社会经济可持续发展状态，才是转变经济发展方式的本质。目前突出的矛盾和问题主要有以下方面：

——资源环境问题。工业化进程及其带来的新的生活方式，使得资源和环境的压力与日俱增。在目前经济发展模式下，资源耗费过高，除了矿石、煤、石油等各类经济资源外，像土地、水、空气等生活资源也耗损严重。中国 GDP 占全世界 6% 左右，但是石油消耗占到世界年消耗量 8% 以上，钢材消耗占 30% 以上，碳排放大致占到 25% 以上，单位产出的资源消耗远高于世界平均水平。尤其令人担忧的是，环境恶化已经成为制约经济发展、影响社会稳定的重要因素。

在研究经济发展与环境污染问题方面，库兹涅茨曲线（Kuznets Curve）描述了经济增长与环境污染之间的“倒 U 型”关系，这在很多国家和地区得到实证数据的印证。

库兹涅茨曲线如果能说明问题，那么应该说目前中国也许已进入生态环境的承受顶点，要实现经济社会可持续发展，环境已经是不能不考虑的紧迫问题。实际上，库兹涅茨曲线还只是个理想状态。生态系统对污染的承受能力是有一定限度的，专家称之为生态阈值（Eco-threshold），如果放任污染加剧导致超出生态阈值范围，那么生态破坏将成为一个不可逆的过程。笔者认为，一旦出现这种情况，库兹涅茨曲线右侧的下降（环境污染下降）是不可能实现的。

——贫富差距问题。可持续的经济发展方式和经济结构，其重要内核是公平公正的收入分配。改革开放以来，虽然中国经济实现了高速增长，但是居民实际收入年均增长却仅 7% 左右，且收入差距明显扩大。从当前情况来看，我国贫富差距状况已接近经济社会发展可容忍的底线。世界银行测算我国的基尼系数为0.47，虽然有的专家对这个数据还存有争议，但是基尼系数不断攀升的趋势却是不争的事实。

根据联合国开发计划署的统计数字，中国目前占总人口20%的最贫困人口，其收入或消费的占比仅4.7%；而占总人口20%的最富裕人口，其收入或消费的份额则高达50%。贫富差距逐步扩大，不仅带来整体消费和经济需求结构的失衡，影响经济持续发展的后劲，而且容易由此带来各种社会矛盾的滋生、积聚和叠加，使得经济增长失去其应有的意义。

——安全成本问题。近年来层出不穷的安全生产事故，其实是经济快速发展与必要管理成本之间的矛盾所致。虽然说安全成本是经济快速增长无法回避的代价，但是安全成本太高，对经济发展显然是个不可持续的负面因素。近年来，在全国范围的严厉整治和高压态势下，安全生产形势总体保持稳定，煤炭安全等重点领域趋于好转，但是从整体来看情况还不容乐观。

——劳动力成本问题。人口红利对经济发展的促进是非常显著的。从农村源源不断转移过来的低成本劳动力，使得中国很快在国际分工中确立了比较优势，实现出口快速增长，并奠定“世界工厂”的地位。但是，随着人口红利效应的逐渐衰减，低成本劳动力无限供给的状况不可能长期持续，部分地区出现的“民工荒”就是征兆。更值得担忧的是，长期的劳动力低成本状况与城市财富的高速增长形成强烈反差，由此带来经济社会诸多矛盾的积累，也招致道义上的质疑和批评。

有专家指出，目前中国已经基本达到劳动力过剩向短缺转折的“刘易斯拐点”。是不是可以得出这个结论还需要实证研究，但从趋势来看必须高度关注，这是工业化发展的必然趋势。

——城镇化问题。目前中国的城镇化率还很低，只有46.6%，远低于发达国家水平。研究表明，城镇化每增长1个百分点，大致可拉动经济增长约1.5个百分点。中央明确将城镇化作为扩大内需的战略重点，以加快城镇化为依托，调整优化城乡和区域结构，扩大消费需求和投资需求。这是非常有前瞻性、针对性的战略定位。

但同时需要关注的是，在城镇化过程中也出现一些扭曲的现象。重速度不重视质量的高速城镇化，不仅不能够促进经济社会的发展，反而造成大量资源的低效或无效配置，并引发一系列严重的社会问题。因此，经过一段高速城镇化进程之后，适度放慢城镇化速度，同时加强城镇服务业发展，把城镇化的过程转型为城市服务业逐步发展兴旺的过程，从而调整和消化一些社会矛盾是必要的战略考量。

——经济发展速度问题。改革开放以来，中国经济平均以 9.8% 的速度增长。长期高速发展解决了旧体制和旧的发展方式存在的矛盾与问题，但同时也积累了新的矛盾和问题，也需要调整发展方式，对既有经济结构作“休养生息”的调整。

可行的变革路径

面对经济发展中的矛盾和问题，必须见危于未萌、弭患于无形，行动越早越主动。经济发展方式需要转变，经济结构需要调整，这已成为政学商各界的共识，但是如何实现这个转变和调整却是语焉不详。

笔者认为，基于当前国情，市场需求结构的多样化决定了产业结构的多元化，也决定了经济结构调整的市场路径。经济结构调整是市场自然淘汰的过程，竞争是动力，应坚持市场化的原则，依靠市场自身的力量来解决市场存在的问题，不能依赖行政推动。调整结构依靠企业的市场选择，因此，企业才是结构调整的主体。

而经济发展方式转变的当务之急，是目前实现经济可持续发展的制高点，其本质是抵制住非理性的、不可持续的经济行为，如带来污染、高耗能、明显技术落后、组织生产的方式违背道德共识等经济活动和行为，从而设定社会经济生活的边界。它涉及政策、法律、财政、税收、社会保障乃至文化、教育等方方面面，需要政府“有形之手”来推动。因此，转变发展方式的主体应是各级政府。关键是要下定决心，毫不通融，在所不惜，“市场调结构，行政转方式”，双管齐下。

其一，运用行政力量推进发展方式转变。其要点包括：

——破除 GDP 优先观念，适度放慢发展速度，守住能源和生态环保的底线。在经济发展目标定位上突出“3E”发展模式，即将经济发展目标与资源目标、环境目标有机结合起来。坚决砍掉高污染、高耗能、高排放项目，淘汰落后产能，画出红线，不允许的事情坚决不能干，即便牺牲掉一部分 GDP 增长也在所不惜。着力改变长期以来环保执法薄弱状况，从运动式的“环保风暴”转向常态化、制度化的管理。强化资源和环境保护在各级政府政绩考核指标体系中的权重，引入“绿色 GDP”概念，落实责任制，杜绝一些地方政府在节能和环保领域不尽职、不作为的现象。

同时，通过金融、税收等多种手段推动和深化节能减排和环境保护。如着力打造绿色信贷等绿色金融体系，加快探索推进资源税改革，研究建立环境税体系。

——调整收入分配政策，促进社会经济的公平正义。经过 30 多年的发展，目前的关注焦点应该从“让一部分先富起来”转向“有利于穷人的经济增长”（PPG，Pro-Poor Growth）。“有利于穷人的经济增长”的概念，是 20 世纪末世界银行等国际机构提出来的，笔者认为当前的中国也开始面临这一严峻的课题。

具体在分配政策方面，要兼顾效率和公平。在一次分配中，要改变向资本要素过度倾斜的状况，提升劳动力要素分配的比例，矫正资本收益和劳动者收益的失衡。一次分配诚然是以效率为主，但是不能无视公平。在二次分配中，要通过税收倾斜、财政转移等机制，强化社会保障和公共服务，调节贫富差距，特别要避免出现贫困的“代际转移”。这方面政府必须要承担起责任，真正使经济发展成果惠及广大人民群众，尤其是社会的弱势群体。

——控制安全成本，突出对劳动者生命价值的尊重。安全生产事故具有的外部性特征，决定了市场机制在控制安全成本方面难以起到有效作用，必须通过政府的主动干预予以矫正。目前更需要重视研究和完善安全成本的衡量尺度和补偿标准。例如，长期以来我国是以工资（或当地人均可支配收入等）为基数乘以一定年限确定事故赔偿金，计算结果往往明显偏低，大大低于国外的赔偿标准。合理提高安全事故赔偿标准，既是对劳动者人身价值的尊重，也有利于促进企业提升安全管理水平。

——实现劳动力成本的常态化回归，形成良性“倒逼”机制。长期以来我们依靠低成本劳动力推动经济高速增长的模式已经逐渐走到尽头，如果继续人为控制劳动力价格上升，实际上是一种变相的掠夺。提升劳动者报酬不仅仅具有经济上的意义，而且体现了道德上的诉求。从另一方面来看，扭曲的劳动力价格实际上是保护落后。一旦形成对低成本劳动力的依赖，企业很容易丧失产品创新的动力，延滞产业升级的进程，不利于经济结构调整和产业升级。因此，劳动力成本回归常态，客观上可以形成一种良性的“倒逼”机制，督促企业摆脱惰性，加快创新步伐。

——着力提升城镇化质量，打造扩大内需的有力引擎。城镇化不能盲目求快，单纯数字上的城镇化率没有太大意义，关键是提高城镇化的质量。我国城镇化率每增加 1%，意味着将有 2000 万人口进城，能不能解决好农民进城后的衣食住行，是衡量城镇化质量的基本尺度。当前，需要立足于区域经济发展状况，统筹好城镇化进程，抓好配套的科教文卫、基础设施、社会保障、公共管理等。起码要做到农民进城后可以得到基本平等的待遇，有合适的就业机会和谋生途径，能够过上有尊严的生活。

目前我国城镇化率还很低，城镇化质量更是参差不齐。这是差距，也是巨大的潜力。从内涵和外延两个方面大力提升城镇化水平，必将为下一步内需的扩大、产业结构的升级提供强大、持续的推动力。

其二，发挥好市场机制作用，推动经济结构调整和产业升级。

经济结构调整和产业升级，主体是企业行为。当前面临的主要任务，一是解决需求结构和供给结构不平衡问题，既包括过剩也包括短缺。二是解决资源配置效率不高的问题，使生产要素向更有效率的领域转移。实际上，核心是资源有效配置。发挥好市场机制在资源配置中的基础性作用，是当前加快经济结构调整和产业升级的主要抓手。

在控制过剩产能方面，当前还存在一些模糊认识。实际上，过剩是市场经济的常态。在市场经济条件下，考察供给和需求更需要关注的是“边际性”。只要存在市场有效需求，那么所有过剩行业、过剩产品都是“边际性”过剩。

对过剩产能主要是控制边际增量，而不是限制整个行业。有市场需求、合理的产能还是要维持。正因为这种边际性，解决产能过剩的动力只能来源于市场竞争，通过市场淘汰劣质产品、落后技术、高成本的同类产品，实现产能与市场需求的大致均衡。简单一刀切的做法是违背市场规律的。

——厘清政府职能边界，促进政府职能转变。

在推进经济发展方式转变与结构调整的过程中，需要对政府和市场的作用有清醒、准确的认识。以笔者的观察，有两个方面苗头值得关注：

一是对市场机制的作用抱有怀疑。虽然中国目前最主要的经济因素都已实现市场化运行，但是一些地方的政策制定者往往希望得到短期立竿见影的效果，习惯于运用行政手段，对那只“看不见的手”总是不太放心。

二是对政府直接控制并配置经济资源的做法习以为常。尤其是 2009 年“4 万亿”投资计划实施以来，很多地方政府对经济总量与结构调控的细致程度不亚于过去计划经济时代，如果将其作为常态延续下去，其患可忧。

因此，在后金融危机时代，有必要对政府职能边界进行重新认识和准确界定。政府直接控制和配置的资源太多、行政手段的运用范围太广，这本身与市场经济大方向是背道而驰的。这种“类计划经济模式”可以作为权宜之计，但是经济进入常态运行后应该尽快退出。政府直接控制和配置的经济资源，主要用于影响经济发展大方向、关系国计民生的关键领域，而不宜大量介入竞争性领域。

在经济结构调整和产业升级方面，只要在政府容许的范围之内，向哪个方向调整、调整什么、怎么调整，应该由企业根据市场情况自主判断、自行决策、自担风险。

——以低碳消费模式和生活方式推动经济发展方式转变。

生活方式决定需求，需求决定供给。效率推动生活方式的改变，成本推动新产品的创新，这是一般规律。着眼于效率和成本，积极倡导低碳的消费模式和生活方式，既是一种新的风尚，更是推动经济发展方式转变的原动力。

在这方面，政府有责任也有能力加强引导，淳化风尚，所谓“移风易俗，令往而民随者也”。低碳经济其实并不是一个遥远的概念，只要大家都接受了低碳的观念，形成了低碳生活习惯，那么向低碳经济转型就是水到渠成的事情。

经济发展方式转变与经济结构调整是一个长期艰巨的过程，不可能一蹴而就。但是只要我们认准了方向，找到了正确的路径，那么一定可以实现既定目标，迎来一个新的经济发展黄金时期。

以金融革命促发展方式转变

黄益平（北京大学国家发展研究院教授、财新传媒首席经济学家）

中共中央关于制定“十二五”规划的建议总共包括12个部分，其中第一部分是“加快转变经济发展方式”，这说明中国最高决策层已经将发展方式转变提高到战略性的高度。这一决策应该说是既恰当又富于远见的。中国改革开放30多年，经济一直保持高速增长，年均达到10%，在国际上被称为“中国奇迹”。与此同时，经济结构失衡和经济效率低下的问题也非常突出，这样的经济发展方式是“不平衡的、不稳定的，并且不可持续的”。“二战”之后许多拉美国家在成功实现经济起飞之后，却无力保持可持续增长。我们需要谨防陷入所谓的“中等收入陷阱”。

中共中央的“建议”提出了一系列的政策，帮助实现经济发展方式的转变，具体的措施涉及消费、投资和出口的互相协调、城市化、科技进步和创新、社会保障和改善民生以及资源价格改革，等等。这些都十分重要，但是，改变发展方式绕不开一个核心问题，就是要素市场的改革。今天发展方式的许多问题，其实与要素成本普遍低估紧密相关。要素市场扭曲的一个重要表现，就是普遍而严重的金融抑制。金融抑制的问题不解决，不但很难真正消除经济结构失衡的现象，金融风险也可能显著上升。但是，顺利推进要素市场尤其是金融体系的改革需要一个重要的前提条件，即真正淡化增长指标在经济决策中的地位。

转变发展方式为什么这么难

其实，过去十年来，政府一直在试图转变“增长方式”和“发展方式”，取得了一些成绩，不过，总体看来成效并不显著。事实上，过度投资、消费不足、庞大的外部顺差、收入不公和环境污染等问题变得越来越突出。难以转变经济发展方式，主要是两个方面的原因：

第一个原因是中国的宏观经济政策同时存在三大目标，即保增长、防通胀和调结构。这三大目标各自的重要性非常清楚。保增长，是为了创造足够的就业机会，从而保障社会稳定。防通胀是为了保护老百姓尤其是低收入阶层的生活，避免政治与经济风险。而调结构则主要是为了提高效率并支持可持续增长。问题是，这三者之间有时候存在一定的权衡关系，每当决策者需要作选择，通常都会首先保增长和防通胀，而牺牲调结构。

第二个原因是过去调结构主要依赖行政手段。现在既然走市场化道路，如果激励机制不改变，经济主体的行为就很难发生变化。比如，每当政府担心经济过热特别是投资过多的问题，一般都会由相关部门控制项目审批，甚至派出调查组到各地查处违规项目，等等。每当通胀压力上升，政府有关部门便会出台一系列措施控制价格。这些手段在短期内能够起到一些作用，但大多是治标不治本。如果资本成本过低，投资就有巨大的获利机会，控制投资就很难见效。马克思曾经指出，如果利润率超过300%，资本家就愿意冒上绞刑架的风险。行政调控的问题是不能从根本上改变供求关系，同时还容易造成经济活动的大起大落。

经济学家们认为，“中国奇迹”的主要促成因素是由计划经济到市场经济的转变。不过，仔细观察30年来的政策演变，就会发现其实中国的市场化改革并不彻底，或者说是不对称的。一方面，产品市场改革走得比较彻底，起码95%以上的产品的价格已经完全由市场机制决定；另一方面，要素市场扭曲依然十分严重，劳动力、资本、土地、能源和其他资源的交易和价格受到各种各样的政策与制度的限制。要素市场扭曲的一个共同结果，就是普遍压低了要素价格。要素成本被压低，实际是人为地提高生产利润率、投资回报率和出口竞争力。这样便不难理解为什么全世界的投资者都要到中国来，更不难理解过去的高速经济增长。但是，这些扭曲也直接导致了经济结构失衡的问题。

金融改革、金融发展与金融抑制

要素市场扭曲的一个重要表现，是国内普遍的金融抑制政策。

30年来，中国从改革初期的单一银行发展到今天相当完整的金融体系，包括中央银行、国有银行、股份制银行、城乡商业银行、保险公司、证券公司以及一系列的货币与资本市场。当前，银行总资产占 GDP 的比例已经高达 200%，股票市场的市值在最高位时也达到 GDP 的 120%。与此同时，当局还大力推进了一系列金融改革与市场开放。金融体系的发展与改革对支持中国经济增长发挥了非常重要的作用。

不过，总体看来，中国金融改革的进程还是明显滞后于多数发展中国家，特别是一些东亚邻国。如果对照麦金农的理论，中国金融抑制的现象可以说是既普遍又严重，包括当局对利率的管制、对资金配置的干预、对存款准备金率的频繁调整和对跨国资本流动的限制。中国改革期间金融发展较快，同时金融抑制严重，这是一个有意思的现象。究其原因，部分是因为考虑到部分金融机构的素质，随意放弃管制可能带来巨大的风险。但更重要的，恐怕还是部分政府官员对市场不信任，尤其是经济增长目标至高无上。对各级官员来说，直接控制金融资源，比如信贷和上市额度并干预金融价格比如利率和汇率，也许最有利于调动一切可以调动的资源来支持经济增长。

需要指出的是，并非所有的抑制性政策都是不好的。全球金融危机期间，中国正是由于资本项目管制才部分地保护了国内的金融机构。说穿了，任何政策选择都是成本效益分析的结果。但总体看来，中国的金融抑制政策降低资本效率、遏制经济增长并增加金融风险。我和王勋最近做的一项研究表明，如果我们将改革初期金融抑制指数设定为 1，同时假设完全无抑制时为 0，那么，2008 年时，该指数大概为 0.58。也就是说，30 年来金融抑制的程度还是在大幅降低的。金融抑制给 GDP 增长带来的损失，1978 年时是 3 ~ 3.5 个百分点，到 2008 年为 1.7 ~ 2.1 个百分点。

不过，与对 GDP 增长的影响相比，金融抑制所造成的经济失衡和金融风险可能更为可怕。实际利率压得太低，投资者只好拼命地投机，投资过热与资产泡沫都是由此而起。拉迪教授认为，实际存款利率过低相当于从居民手中剥夺了大量的收入。据他测算，2008 年的数额高达 GDP 的 4%。因此，要改善国民收入分配格局，不能仅仅考虑工资因素，金融改革也十分关键。金融抑制还有一个重要后果，就是金融机构在资金配置时没有充分考虑潜在风险。改革开放初期，政府将人民银行当做取款机，财政缺钱，就向央行借。这一点已经被《中国人民银行法》叫停，但现在各级政府将商业银行当成了变相的取款机，过去两年，银行发放大量贷款来支持经济增长，尤其是各级地方政府的融资平台大量借钱搞项目，已经酿成了巨大的金融风险。

完成未竟的金融革命

1998 年，拉迪教授发表了影响广泛的著作《完成未竟的金融革命》。12 年之后，我们仍然面对同样的挑战。在许多领域，甚至挑战变得更加严峻。这些问题不解决，转变发展方式或者实现可持续增长，都可能流于空谈。现在，政府制定“十二五”规划，将转变发展方式作为一条主线，甚至切入资源价格改革的问题。但是，要素市场的改革应该超越资源价格，包括劳动、资本和土地，而其中的金融改革更是一个核心的问题。

当然，规划金融改革，并不是放开就了事，过去有不少发展中国家没有考虑自身的具体情况而放开了金融市场，导致了严重的金融危机。金融改革需要考虑一些前提条件和开放的次序。

金融改革的任务仍然十分广泛，不过，“十二五”规划可能需要考虑如下四个方面的政策：

第一，建立独立的中央银行。这一点目前看来不一定做得到，但增强央行的相对独立性还是可以考虑的。央行不独立的结果，就是金融风险、金融效率、金融稳定最终让位于其他经济目标。

第二，真正实现商业化的金融机构。现在，很多银行都上市了，但重要决策还是留在党委会而非董事会。这样的决策如何保护股东的利益、如何控制银行的风险?

第三，建立市场为基础的利率和汇率体系。利率、汇率管制究竟谁得利、谁受损?如果这样的管制不利于宏观经济的长期稳定，就必须尽快推进改革。

第四，逐步开放资本市场。当然，我们并不预期“十二五”期间中国的资本项目会完全开放，但是，可以开放的领域很多，包括对外直接投资和债券融资，有一些已经管不住，管住了也是得不偿失。

地方政府公债发行束缚待解

赵全厚（财政部财政科学研究所金融研究室主任）

在国际金融危机的冲击下，2008 年年底中国重启积极财政政策，出台了两年一季度 4 万亿元的经济刺激方案，其中，中央政府投资约 1.18 万亿元，地方政府需筹集 1.25 万亿元。在财政增支减收的情况下，政府举债成为确保积极财政政策实施的重要手段。

近两年，地方政府债务规模膨胀，由此引致的财政风险值得关注。当前，探讨地方政府公债发行及规范管理的可能性和制约因素，有迫切的现实性。

监督不足易致债务泛滥

所谓地方政府公债，是地方政府为了特定支出目的，利用债务信用工具筹集资金的一种融资形式。一般来说，在市场经济条件下，地方政府公债是以地方政府的名义直接面对社会公众以市场化的方式发行的。

地方政府公债作为一种信用形式必须到期清偿，而且从债务偿还的法律责任来说，地方政府是第一法律债务人，直接面对社会公众和市场，负责债务清偿。如果出现债务清偿危机，容易造成地方政府财政风险，影响地方政府的正常运行。因此，地方政府公债制度的建立不仅需要考虑地方政府的筹资需求，而且需要考虑其债务风险控制能力和债务清偿能力。如果缺乏良性的“闸门”，地方政府公债制度的确立就因失之偏颇而不可持续。

在国际上，因为各国政体不同，地方政府的运作方式也不同。联邦制与单一制国家地方政府的运作方式有明显差异。一般而言，联邦制国家地方政府相对具有较高的宪法权限，地方公债立法权也相对较大，公债发行的自由度比较高，同时承担的法律责任也比较大。

中国是单一制国家，而且处于体制转轨期间，上下级政府之间缺乏明确的责任划分，预算约束有待进一步硬化，民主化监督力量明显不足，这些因素必然影响地方政府公债制度的有效建设。换而言之，由于中国行政体制改革尚待深化，行政考核体系有待健全，目前地方政府“惟上”的多，“虑下”的少，容易形成严重的信息不对称，单纯依靠上级政府监控的地方政府债务发行，容易失去有效的监督与制约，因此不能排除地方公债滥发的可能。尤其是在中央与地方预算软约束的情况下，因为道德风险的存在，很可能会进一步助长地方公债的泛滥，引发大的财政风险。

目前，下级政府只是或主要是向上级政府负责，由此导致上级对下级监督不力。若不能有效解决这一难题，中国地方政府公债制度建设难有重大突破。

“中央代地方发债”的临时模式

中国地方政府或多或少与中央政府存在着利益博弈，在制度软约束条件下，容易产生道德风险。1998—2003 年的积极财政政策期间，中央政府采取国债筹资并且转贷的方式为地方政府融资。但在“国债转贷”方式下，第一债务人或者说法律上的债务人依然是中央政府，因此，地方政府有使用资金的积极性，却缺乏按期偿还的热情，结果是中央财政不得不代替地方政府偿还许多国债转贷资金。

2009 年和 2010 年，中央政府采取代理发债的方式为地方政府融资。从

“国债转贷”到“代理地方政府发债”，表面看来，地方政府融资似乎逐步接近建立地方公债融资制度，因为地方政府在法律名义上拥有了自己的债务。这些改进，虽然能发挥地方债作为一项临时性筹资工具的作用，也能相对强化地方政府的责任，但无法形成长效机制。

主要原因在于，首先，中央政府代理地方政府发债，除了“以地方政府的名义”进行举债，其余所有债务发行要素，如债券发行管理机构、发行条件、承销商等均遵循国债发行的体系，与地方政府债务管理机构几乎绝缘，这显然无助于地方政府债务发行管理机构的成熟，也不能有效地形成地方债券发行市场。

其次，中央政府代理地方政府发债，由于隐含了中央政府的担保职责，基本上无须地方政府真实客观地披露其财政信息，因此，无助于逐步厘清作为债务发行者的地方政府的资产负债状况，不能有效区分和评估债务发行者的资信等级。

再次，地方政府债券发行规模不是基于地方政府自主确定项目所决定的资金需求规模，而主要由国家批准的相关项目需要地方政府配套的资金规模决定。因此，无论从项目决定还是融资规模的决定看，地方政府均无主动性，其债务偿还的能动性也就大打折扣，道德风险的衍生正是基于此。

最后，从地方政府债券投资者角度看，一旦出现违约风险，中央政府依然会成为第一被追索者。也就是说，中央政府实际上履行着最终负担者的职责。由此可见，中央代理地方政府发债，只能是一种临时性债务融资方式，没有真正具备地方政府自主发债所需的各种前提条件。

政府资产负债表披露两难

在市场经济条件下，和其他经济人一样，地方政府作为债务人入市举债，不仅要看其筹资目的的正当性，还要考虑其往昔的“债务业绩”，需要公开其真实的资产与负债情况。

目前，中国地方政府普遍存在“债台高筑”的现实。根据相关统计，目前地方政府债务总规模已达7万亿元以上。某些地方政府债务规模甚至超过其年度财政收入数倍。一旦公开披露这些信息，很可能会显示该地方政府不具备足够的筹资债信，反而出现事与愿违的结果。换言之，隐性债务显性化是制约地方政府规范举债的一道鸿沟。

然而，目前中国地方政府在高额债务困扰的同时，还能源源不断地融资。这是因为，地方政府经过较长时期的“摸索”，已经形成较为经典的融资模式，即利用城市投资建设公司或者土地储备整理中心等融资平台筹资。

其有利之处，不仅在于能够绕开《预算法》第28条“除法律和国务院另有规定外，地方政府不得发行地方政府债券”的限制，还在于仅仅披露融资平台的财务信息就可以筹集资金，而不必公布地方政府的整体财政状况。这样，政府可以通过披露有限信息达到理想的融资目的。其中，地方政府需要“精心筹划”的地方仅在于，如何适当增添一些融资平台的必要资产（如土地注资、财政承诺等），或通过融资平台的“重新组合”（如剥离资产负债严重失衡的子平台）来减少债务。如此一来，融资平台经过“美容化妆”靓丽地登上融资舞台，资金便会源源不断地筹集而至。

有了这样的“便利”之路，地方政府能够达到“新官不理旧账”的目的，形成了典型的路径依赖。很可能大多数地方政府就不会主动选择走那条“需要久经考验”的、规范的地方政府公债之道。由此看来，规范透明的公债融资制度对地方政府缺乏足够的吸引力。

地方公债制度不可能一蹴而就

基于上述分析和判断，构建规范的地方公债制度不可能一蹴而就。在面临许多不确定性和历史遗留问题的情况下，中央政府必然会采取谨慎的态度。只有待决策民主化程度进一步提高、监督更加有力、债务规模适度、举债行为透明基本条件相对成熟时，地方政府才可能逐步被赋予债务自主发行权。

概括而言，建立规范的地方公债制度，需要“消其肿”（逐步化解地方政府现存债务)、“断其台”(严格限制乃至于禁止变相利用各种融资平台行政府举债之实)、“建其责”(构建有效的问责机制，防止地方公债泛滥)，“评其级”(建立科学合理的信用评级体系)。

在地方政府公债发行的基本条件相对成熟之前，还有几方面的准备工作需提前着手。

构建符合现实的政府债务风险预警系统和风险防范化解机制，是实现公债管理的规范化、系统化和科学化的重要环节。近年来，从中央到地方的各级政府在不断探讨债务风险的预警防范措施，有的已经制定了一些具体措施。但这些预警制度无论是监控指标设计还是指标评价标准仍然处于探索中，因此应该尽快加强这方面的规范性研究和试点，尽早建立统一的预警体系，为公债管理的现实服务。

此外，还应进一步健全完善偿债基金。偿债准备金是财政部门按债务余额一定比例建立的，用于正常还款出现问题时临时垫付的周转性资金，目的是保证按时还本付息付费，维护政府信誉。从资金来源看，偿债准备金可由地方各级财政部门通过年度预算安排、财政结余调剂以及项目效益一定比例的划转等途径解决。在管理上，可由各级财政部门统一进行财务管理，实行专户存储，单独核算。在使用上，应严格偿债准备金的使用和回补程序，防止偿债准备金成为一次性资金，垫付后应及时采取措施回补，以保证偿债准备金的完整和不断增值。

求解劳动力供求新格局

蔡昉（社科院人口与劳动经济研究所所长）

2010年春节后，“民工荒”由先前的东南沿海招工难发展成包括劳动力输出地在内的全国性劳动力短缺。面对这个现实出现了多种反应和声音。

对现实生活中一种现象的有益理论解说，最重要的莫过于理论上的一致性和一贯性。若干年前我做出“刘易斯转折点”到来（劳动力供不应求引起工资上涨）、人口红利开始式微的判断时，一些学者对其持批评态度。虽然这些学者如今改变了看法，几乎众口一词地解释这一轮“民工荒”，但是，如果在理论逻辑上仍然没有把过去多年劳动力市场发生的变化联系在一起，把自己的分析统一在一以贯之的框架内，同样的话语依然反映不同的信息，面对那些否认劳动力供求关系发生了根本性变化的说法，就缺乏理论的自信，更谈不上为决策者提出正确的政策建议。

几年前，我和同事做过一个关于劳动力供求的预测：如果把劳动年龄人口作为劳动力供给，用高、中、低三种GDP增长率与高、低两种就业弹性组合，则产生六种劳动力需求的情形。从这个预测可以看到，从劳动力供给大于需求，到劳动力需求超过供给的转折，必然会发生在2004—2009年期间。

有趣的是，这个区间的一头一尾，恰恰是“民工荒”现象突显的两个年份，只不过由于遭遇金融危机，2009年被推迟到了2010年的春节后。

其实，即使不做复杂的模型，只需观察实际情况，也可以看到劳动力供求态势的巨大转折。2002—2009年期间，劳动年龄人口的增量逐年递减，从1511万降至665万。而在这两个年份，城镇新增就业分别为859万和1020万，农村劳动力外出就业增量分别为2071万和459万。显然，新增就业已经超过劳动力增量。

不过，就像不苟同劳动力供给长期大于需求的说法一样，我也不情愿说，从今以后劳动力市场上都会出现供不应求的局面。几年前在解释上述预测结果时，我曾表示，经济学家做预测，在很多场合，其实就是不希望预测的结果发生。但是，这种希望是否能够实现，需要进一步探究在赖以做预测的各种变量中，究竟哪些成分是不可变的，哪些是我们不希望变的。此外，我们也需要指出哪些变量没有在预测中给予考虑。

具体而言，作为劳动力供给基础的劳动年龄人口的变化趋势是无法改变的。这个年龄组人口的增长率越来越慢，2002年以来平均每年增长率只有1%略强，并预计到2015年停止增长并随后转为负增长，传统意义上的“人口红利”就此消失。因为这个趋势是人口再生产类型从“高出生率、低死亡率、高自然增长率”到“低出生率、低死亡率、低自然增长率”的转变过程的结果。这个人口转变是伴随经济增长和社会转型必然发生的，难以逆转，甚至不能指望以生育政策的调整来改变它。

作为劳动力需求因素的经济增长，则是很少有人希望其速度有所减慢。至少我个人判断，如果可以充分释放基于劳动力数量与高储蓄率的“第一次人口红利”的潜力，并开发出基于提高人力资本和完善社保的“第二次人口红利”，与逐步消失的“第一次人口红利”相衔接，中国经济可以在今后10～20年保持过去的高速度。于是，可变的并且没有反映在预测中的因素，便是劳动者的工资水平。

一方面，“民工荒”的持续出现必然导致普通劳动者报酬的提高，实现人们期待的“刘易斯转折点”与“库兹涅茨转折点”（收入差距开始随经济增长而缩小）相遇；另一方面，工资可以发挥调节劳动力供求关系的作用，减少“民工荒”发生的频率。

由此可见，无论是说劳动力供给仍然长期大于需求，还是断言劳动力会进入持续短缺的状态，其实都不是决定政府对待就业问题的重视程度，以及制定适宜的就业政策的必要条件。

在发达国家，劳动力历来是经济增长中的制约性要素，但是，这些国家中的绝大多数，失业仍然是显著的社会问题，就业在宏观经济政策目标中的地位比我们要高许多。因此，只有正视中国劳动力市场发生的变化，认识到不同就业人群的劳动参与新特点，才能根据他们各自在劳动力市场上的特殊需求，有效地实施更加积极、广义的就业政策。

在整个改革开放期间，中国都处于二元经济发展与体制转变的双重过程之中。在劳动力市场上，则表现为三种失业类型的并存及消长：第一，作为一个具有劳动力无限供给特征的二元经济，中国还面临着隐蔽性失业问题的困扰，表现为农村剩余劳动力和城市企业冗员。较早的时候，人们对城乡劳动力富余程度的估计，分别都为30% ~ 40%之间。第二，与宏观经济波动相关的周期性失业。第三，受劳动力市场功能摩擦性因素，以及技术进步和产业结构变化的结构性因素影响的自然失业。随着向市场经济体制的转轨，劳动力资源在越来越大的程度上通过市场机制配置，后两种类型的失业会更加显著。

近年来，两个历程使劳动力市场格局发生了根本性的变化。首先，随着阻碍劳动力流动的制度性障碍不断得到清除，农村劳动力大规模向城市转移，农业中劳动力剩余程度显著减轻，而且剩下的劳动力中，一半以上超过了40岁。此次金融危机的经历显示，农业不再是剩余劳动力的蓄水池，城市对他们的劳动力供给愈益成为一种刚性需求，转移出的农村劳动力不再具有回到土地上的可能性。其次，随着城市就业政策的调整与企业打破“大锅饭”的改革，劳动力市场加速发育，城市劳动力通过市场机制最终实现了重新配置，一度的企业冗员大幅度被消化。

上述变化导致原来的隐蔽性失业显著减少，不再显现劳动力供大于求的性质。但是，农村剩余劳动力和城市冗员则分别具有了不尽相同的新特点。

首先，农民工成为主要的劳动力供给来源，但未被劳动力市场制度良好保护，因此，他们中的主要部分易受周期性失业的影响，随宏观经济景气变化交替表现为失业和短缺。积极的就业政策需延伸到这个群体。同时，针对他们的制度需求，应实现农民工的市民化和社会保障的均等化，冲破户籍制度设置的劳动力市场和公共服务的制度分割。

其次，经过就业制度改革和劳动力市场冲击的城镇就业人员，虽然通过重新配置实现了就业模式的转换，从冗员形式的隐蔽性失业状态，甚至可能经过了下岗和失业，实现了再就业，但是，其中一部分特别是人力资本有脆弱性的 40 ~ 50 岁人员，常常陷入结构性、摩擦性自然失业的困扰。对这个就业困难群体，积极就业政策应更加集中于提高他们的就业能力，社会保护政策的实施则需要提高瞄准效果。

再次，扩招后的高校毕业生具有人力资本的专用性，其就业预期与劳动力市场需求也存在是否匹配的问题，因此，这个群体也将长期面对结构性和摩擦性的自然失业难题。正像城市企业冗员经历了长期痛苦历程才得以缓解一样，因数量扩大和人力资本不匹配引起的大学生就业难将长期存在，但适度的社会保护和积极的培训、中介等公共就业服务，可以缩短这个痛苦的过程。

总之，虽然劳动力市场总体供求形势发生了变化，但这并不意味着积极的就业政策完成了它的历史使命。理解就业群体结构的变化及其各自面临的不同制度需求，正确划分促进就业和劳动力市场发育方面政府和市场的界限；宏观经济调控部门着眼于应对周期性失业问题，劳动部门关注摩擦性失业、并与教育部门携手解决结构性失业问题，社会保障部门和民政部门为劳动者提供更充分的社会保护，可谓劳动力供求新格局之下的就业政策正解。

图书在版编目（CIP）数据

变革世界的中国策Ⅱ／王烁主编.—南京：江苏文艺出版社，2011.6
（财新图书）
ISBN 978-7-5399-4350-3

Ⅰ.①变… Ⅱ.①王… Ⅲ.①中国经济－文集 Ⅳ.①F12-53

中国版本图书馆CIP数据核字（2011）第043155号

上架建议：经济趋势

变革世界的中国策Ⅱ

选题策划：财新传媒
责任编辑：刘 霁
监 制：伍 志
特约编辑：于向勇 黄 湘
封面设计：柏拉图创意机构
出版发行：凤凰出版传媒集团
江苏文艺出版社 http://www.jswenyi.com
集团网址：凤凰出版传媒网 http://www.ppm.cn
印 刷：北京鹏润伟业印刷有限公司
经 销：新华书店
开 本：720×1040 1／16
字 数：310千字
印 张：20
版 次：2011年6月第1版
印 次：2011年6月第1次印刷
书 号：ISBN 978-7-5399-4350-3
定 价：45.00元
（江苏文艺版图书凡印刷、装订错误可随时向承印厂调换）

财新图书
Caixin book
series

财新图书
Caixin book
series